Curso avanzado de
Excel paso a paso

wordexperto.com

INTRODUCCIÓN

MOTIVACIÓN

Microsoft Office Excel es parte de la suite ofimática Microsoft 365. Es una potente aplicación de hojas de cálculo con multitud de funciones, no solo financieras y de contabilidad, sino también como base de datos. Algunas de ellas poco conocidas por la mayoría de usuarios.

Este es el curso que imparto en la Universidad Politécnica de Cartagena, en el que muestro todo el potencial de análisis de Excel, descubriendo todo el arsenal de funcionalidades de esta aplicación, como herramienta de productividad y mejora de la eficiencia.

Hago especial hincapié en el uso de estructuras de libros adecuadas y eficientes que permitan, mediante el uso de Tablas dinámicas, hacer, fácilmente informes y resúmenes de datos.

Igualmente, con las también poco conocidas, herramientas de análisis, escondidas como complementos de Excel, antes llamadas Ysi, entre las que destaca Solver. No pueden faltar, a lo largo de todos los ejercicios, ejemplos de uso de muchas de las fórmulas y funciones de Excel, con especial importancia a las de búsqueda y referencia.

Finalmente, destaco la importancia del uso de las herramientas gráficas de Excel. A la hora de redactar informes, una imagen vale más que mil palabras. El uso de los métodos abreviados (atajos) de teclado, es una constante en todos los ejercicios del libro.

La intención del autor de este libro es darlas a conocer para mejorar la productividad y la eficiencia a la hora de trabajar con esta aplicación.

A QUIÉN VA DIRIGIDO ESTE LIBRO

Este libro se dirige a todo tipo de usuario, ya que los ejemplos que contiene van indicados paso a paso. Todo usuario que lo lea y repita sus ejercicios, mejorará sensiblemente sus habilidades.

Trabajadores administrativos y auxiliares administrativos del sector público o privado, estudiantes y profesores en los niveles de enseñanza secundaria y superior, para sus trabajos académicos, tesis, proyectos fin de grado o máster. Trabajadores de los sectores legales, abogados, notarías etc.

Finalmente, está recomendado, también para personas que se dedican a la docencia de Excel, al proporcionarles material para sus clases y ejercicios. De hecho, este es el material que yo utilizo para las clases que imparto. Hay material para realizar un curso avanzado de 25 horas presenciales sobre Excel.

CÓMO USAR ESTE LIBRO

El libro está dividido en 14 capítulos, cada uno con hasta siete apartados con, al menos, un ejercicio con todas las indicaciones para realizarlo paso a paso y que cubren la mayoría de las funcionalidades de

Excel. Aproximadamente 80 ejercicios con 111 imágenes explicativas e indicativas de las acciones a realizar, distribuidas a lo largo de cerca de 200 páginas de contenido.

Quienes sigan el libro de principio a fin y realicen todos sus ejercicios, obtendrán el máximo aprovechamiento. Pero quienes tengan interés en una sola parte, como las Tablas dinámicas o la parte orientada a la realización de Análisis de hipótesis, también mejorarán profundamente sus habilidades en estos aspectos.

Este libro es «hermano» del Curso avanzado de Word paso a paso, que se complementa con mi blog personal y mi canal de YouTube, donde podéis ampliar conceptos o repasar otros no avanzados y que se omiten en el libro.

Los ejercicios numerados paso a paso, contienen rutas para llegar a un comando o cuadro de diálogo, escritas en *cursiva* con los comandos con las acciones a realizar en **negrita**:

Clic *Archivo* y en el panel derecho clic en la flecha *Propiedades* y clic en **Mostrar el panel de documentos**. Se abre el panel *Propiedades del documento*.

Otras veces, más adelante en el curso, se pueden simplificar las indicaciones de la ruta con el símbolo mayor que (>):

Archivo > Nuevo > Plantillas de ejemplo. Escribid en el cuadro de búsqueda *Informe de tabla dinámica,* elegid *Informe de tabla dinámica sobre los clientes* y clic en **Crear**.

Desde el principio hago mucho hincapié en el uso de los métodos abreviados (atajos) de teclado, explicados los diferentes métodos y cómo hacer las pulsaciones de teclas:

pulsad **Mayús** y **Flecha derecha, Ctrl+N**. aparecen A1 y B1 con el texto en negrita.

Finalmente, un completo índice de palabras, sirve al lector para buscar un comando, cuadro de diálogo u opción de configuración en la página o páginas en la que se trata:

Segmentación de datos   63

Efectivamente, en esta página hay un ejercicio y una imagen que explican esta funcionalidad.

A destacar, del índice, que incluye las funciones usadas en el libro, con las páginas en las que se encuentran[1].

=(aleatorio.entre	5
=agregar	40
=Ahora	32

---

[1] [1] El número de página de este ejemplo puede no coincidir con el real, debido a futuras actualizaciones. El que si será el correcto es que figure en el Índice en cada momento.

=BUSCARV	45
columna	45
=columna	45
=CONCATENAR	44

El libro, impreso en pdf, es completamente navegable utilizando los marcadores del visualizador de pdf que uséis.

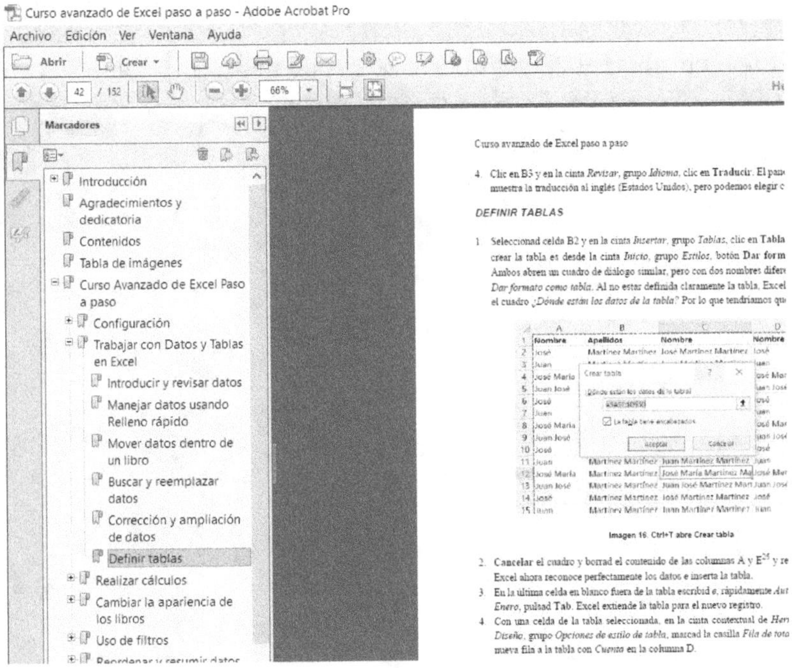

Imagen 1. Usando el panel de marcadores de Adobe podemos navegar a cualquier lugar del libro.

CONTACTO Y OPINIONES

Todos los lectores, pueden usar mi email jmmarz@hotmail.es para comentar dudas, sugerencias o errores.

Son muy importantes para mí las opiniones y comentarios con el fin de mejorar el libro en futuras ediciones.

Aprovecha esta **PROMOCIÓN**.

PROPIEDAD INTELECTUAL

Las marcas que se mencionan como Microsoft, Office, o Excel son marcas registradas de Microsoft Corporation. Otras como la Universidad Politécnica de Cartagena, se citan a modo de ejemplo y se utilizan sus logotipos, extraídos de sus páginas de internet, únicamente con propósito didáctico y de ejemplo.

EXENCIÓN DE RESPONSABILIDAD

El autor no se hace responsable de cualquier incidencia directa o indirecta que se pueda alegar por seguir las indicaciones del libro.

EDICIÓN

Este libro se terminó de editar el 28 de julio de 2025 por wordexperto.com.

AGRADECIMIENTOS Y DEDICATORIA

A todas las personas que altruistamente comparten sus conocimientos en la web. Sin ellos no habría obtenido el conocimiento para editar este libro.

A los seguidores y lectores de mi blog.

A mi familia. Lo más importante.

CONTENIDOS

Introducción	i
Motivación	i
A quién va dirigido este libro	i
Cómo usar este libro	i
Contacto y opiniones	iii
Propiedad intelectual	iii
Exención de responsabilidad	iv
Edición	iv
Agradecimientos y dedicatoria	v
Contenidos	vii
Tabla de imágenes	xi
Curso Avanzado de Excel Paso a paso	1
Configuración	1
Crear libros	1
Métodos abreviados de teclado	2
Modificar libros	3
Modificar hojas	5
Personalizar la ventana del programa	7
Ayuda	10
Trabajar con Datos y Tablas en Excel	12
Introducir y revisar datos	12
Manejar datos usando Relleno rápido	13
Mover datos dentro de un libro	14
Buscar y reemplazar datos	15
Corrección y ampliación de datos	18
Definir tablas	19
Realizar cálculos	20
Poner nombre a grupos de datos	20
Creación de fórmulas	21
Resumir datos que contienen condiciones específicas	23

Curso avanzado de Excel paso a paso

Cálculos iterativos y automáticos	24
Usar fórmulas matriciales	25
Encontrar y corregir cálculos	26
Cambiar la apariencia de los libros	28
Formato de celdas	28
Estilos	29
Aplicar Temas y Estilos de tabla	30
Haciendo los números más fáciles de leer	33
Ejercicio de tiempos.	36
Cambiar la apariencia de los datos según su valor	36
Añadir Imágenes	38
Uso de filtros	39
Limitar los datos que aparecen en pantalla	40
Filtrar una tabla usando Segmentación de datos	42
Manipular datos (Ver Resumir datos que contienen condiciones específicas)	43
Validación de datos	44
Reordenar y resumir datos	45
Ordenar datos	45
Organizar datos en niveles	46
Buscar información en una hoja de cálculo	47
Combinar datos desde múltiples fuentes	50
Usar libros como plantillas para otros libros	50
Listas Dependientes	53
Vincular a datos en otras hojas o libros.	54
Consolidando múltiples conjuntos de datos en un solo libro	55
Agrupar múltiples conjuntos de datos.	57
Análisis de datos alternativos (Análisis de hipótesis)	58
Examinar datos usando Análisis rápido	58
Administrador de escenarios (Conjuntos de datos alternativos)	58
Tablas de datos	60
Funciones financieras en Excel	61

Cálculo de un préstamo	63
Variar datos para obtener el resultado deseado. Buscar objetivo	63
Encontrando soluciones óptimas con Solver	64
Analizar datos usando Análisis de datos. Estadística descriptiva	69
Creación de hojas dinámicas usando Tablas dinámicas	72
Previsión	72
Analizar datos dinámicamente	73
Filtrar, mostrar y ocultar datos en una Tabla dinámica	75
Editar Tablas dinámicas	76
Gráficos dinámicos	82
Formato de Tablas dinámicas	84
Crear Tablas dinámicas a partir de datos externos	85
Creación de gráficos	86
Crear gráficos	86
Personalizar la apariencia de los gráficos.	88
Gráficos recomendados. Elegir el tipo de gráfico.	89
Buscar tendencias en los gráficos.	91
Resumir datos usando Minigráficos	93
Crear gráficos dinámicos	93
Crear diagramas con SmartArt	94
Crear Formas y Ecuaciones matemáticas	95
Imprimir	96
Añadir Encabezados y Pies de página	97
Preparar hojas para la impresión	98
Imprimir hojas	99
Imprimir partes de hojas	99
Imprimir gráficos	100
Automatizar tareas repetitivas con Macros	101
Crear y modificar macros	101
Habilitar y examinar Macros	102
Crear macros que se ejecutan al abrir un libro	103

Curso avanzado de Excel paso a paso

Crear funciones personalizadas	104
Trabajar con otros programas de Office	104
Incluir documentos de Office en un libro	104
Almacenar libros como parte de otros documentos de Office	106
Crear vínculos	106
Pegar gráficos en otros documentos	108
Colaborar con colegas	108
Compartir libros	108
Coautoría en Excel	109
Administrar Comentarios	110
Administrar cambios	110
Proteger libros y hojas	112
Crear firmas digitales	114
Publicar un libro en la web	116
Índice	117
Bibliografía	125

TABLA DE IMÁGENES

Imagen 1. Usando el panel de marcadores de Adobe podemos navegar a cualquier lugar del libro. iii

Imagen 2. Los metadatos nos informan de la fecha de creación y de última modificación, entre otros datos. 2

Imagen 3. La pestaña Datos mostrando los atajos de teclado con la tecla Alt. 3

Imagen 4. Desde este cuadro de diálogo podemos unir hojas de varios libros en uno solo. 4

Imagen 5. Uno de los accesos y el cuadro de diálogo Listas personalizadas. 6

Imagen 6. Podemos personalizar la Bara de herramientas de acceso rápido (QAT) para añadir comandos que ya no están en las pestañas y que usamos, como **Formulario** o el **Asistente para tablas dinámicas**. 8

Imagen 7. También accedemos rápidamente a este cuadro de diálogo haciendo clic derecho sobre cualquier pestaña de la cinta. 9

Imagen 8. La nueva pestaña Ayuda de Excel 365. Aquí se muestra la pestaña **Ayuda** y el panel del mismo nombre. 10

Imagen 9. De estas dos últimas formas, la ayuda que ofrece es sobre esa funcionalidad. 11

Imagen 10. El cuadro de diálogo nos permite controlar el relleno automático de series. 13

Imagen 11. Las opciones de relleno de Flash 14

Imagen 12. La Barra de estado nos informa de las diferentes opciones 15

Imagen 13. Si en Buscar en: elegimos Fórmulas, podemos buscar y reemplazar rápidamente, también en las fórmulas. 16

Imagen 14. Las búsquedas y reemplazos se pueden hacer de valores y de formatos. 17

Imagen 15. Rápidamente detecta errores y propone sugerencias, si las hay. 18

Imagen 16. Ctrl+T abre Crear tabla. Con esta estructura de datos, Excel no acierta con los rangos. 19

Imagen 17. Excel identifica el nombre y el rango. 20

Imagen 18. El Cuadro de nombres es muy útil. Aprende más usos en este vídeo del curso sobre Excel en YouTube. 20

Imagen 19. Si como en este ejemplo, repetimos tres veces Nombre, el nombre se redefine dos veces y deja solo el último. Los nombres han de ser únicos para el mismo ámbito (Se refiere a:). 21

Imagen 20. Las fórmulas de B4 y B5 dependen, a su vez, de los valores de B4 y B5. 25

Imagen 21. Los corchetes NO se pueden introducir manualmente. Solo con **Ctrl+Mayús+Intro**. Observad que la selección del rango de salida de la fórmula matricial tiene que ser congruente. En este caso, al multiplicar un rango de seis celdas por una, el resultado debe ser un rango de seis celdas, que hay que seleccionar previo a la introducción de la fórmula matricial. 26

Imagen 22. Evaluar fórmula, es una manera rápida de encontrar errores. 27

Imagen 23. Siempre es mejor utilizar Centrar en la selección que Combinar y centrar. 28

Imagen 24. Crear estilos personalizados o aplicar los predefinidos, es una manera rápida de dar formato. 29

Imagen 25. Los estilos rápidos de tabla permiten que todas nuestras tablas similares, tengan el mismo formato. 31

Imagen 26. El referido color verde. 33

Imagen 27. Ahora podemos copiar cm^3, de la celda en la que lo hayamos escrito, o, mejor, desde la Barra de fórmulas, y pegarlo en Autocorrección... Para conseguir un formato personalizado, como # **"cm³"**, y usarlo sin que cambie el valor de la celda debemos pegarlo como formato personalizado. Solo cambiará la apariencia (mostrará cualquier número como centímetros cúbicos). 35

Imagen 28. Para comprender como interpreta Excel los tiempos, cambiad el formato a Número. 36

Imagen 29. Los formatos condicionales tienen que recalcular las fórmulas internas que usan, cada vez que hacemos un cambio, por lo que requieren muchos recursos del sistema. No hay que abusar de ellos. Usadlos en Tablas pequeñas o en Tablas dinámicas grandes. 37

Imagen 30. Utilice una fórmula..., es la mejor opción, es la que usa Excel internamente y nos permite un control total sobre el formato condicional. Así para el ejemplo anterior, sería: **=F2<200**. 38

Imagen 31. Si no detecta bien la zona, usamos el comando Eliminar marca. 39

Imagen 32. Si no encontramos el filtro que necesitamos, podemos usar Filtro personalizado... 41

Imagen 33. Al insertar Segmentación de datos, tenemos a nuestra disposición una nueva pestaña contextual, Opciones, para controlar su formato y diseño. 42

Imagen 34. Con Números de función de una cifra (1, 2, 3...), incluye las filas ocultas, si son de tres cifras (101, 102, 103...), las ignora. 43

Imagen 35. Al marcar Aplicar estos cambios a otras celdas con la misma configuración, se extiende automáticamente. 44

Imagen 36. Las opciones de orden permiten la ordenación horizontal. 45

Imagen 37. Con Resumen debajo de los datos marcado, Excel lo añade. 46

Imagen 38. Esta validación impide introducir datos repetidos. 48

Imagen 39. Así podemos hacer consultas a una base datos. 49

Imagen 40. El cuarto argumento de BUSCARV, 0 equivale a FALSO y 1 a VERDADERO. 49

Imagen 41. Otra utilidad de las Propiedades es usarlas en los Encabezados y Pies de página. 51

Imagen. 42. Cambiando la localización podemos tener Plantillas de Libro o de Hoja. 52

Imagen 43. Aquí insertamos una Plantilla de Hoja de cálculo. 53

Imagen 44. El libro preparado para crear Listas dependientes. 54

Imagen 45. El cuadro de diálogo **Editar vínculos** y sus opciones. 55

Imagen 46. Muestra la consolidación con niveles de esquema. 56

Imagen 47. Esta funcionalidad ha desaparecido de Excel 2016 57

Imagen 48. El comando Análisis rápido, antes de hacer clic. 58

Imagen 49. Es conveniente practicar los Estilos de celda aprendidos. 59

Imagen 50. Empezamos en C15, Crecimiento Ingresos en D15. En H15 debe poner Gastos Año 1
59

Imagen 51. En Modificar escenario introducimos los escenarios del rango C15:H18. 60

Imagen 52. Los valores son desde D16 a H16 para el escenario Pesimista… 60

Imagen 53. Aquí veremos cómo evoluciona la cuota mensual de un préstamo al cambiar los plazos
o el tipo de interés. 61

Imagen 54. Después de introducir el 1 se arrastra, con Ctrl pulsado, hasta llegar a 10. 61

Imagen 55. Hay que mantener la concordancia de unidades en las fórmulas. En la columna B están
en meses y en la C en años los periodos. Por esto en la última fórmula Tasa no va
dividido por doce, ya que el periodo está en años. 62

Imagen 56. Al introducir las fórmulas observad cuidadosamente toda la información en pantalla.
62

Imagen 57. Todas las referencias son absolutas excepto el Periodo (Columna D). 63

Imagen 58. De momento quitamos total a pagar e intereses totales 63

Imagen 59. Un sencillo ejemplo usando una fórmula. Esta es sencilla: e=vt. 64

Imagen 60. Observad las conclusiones 65

Imagen 61. Es mejor utilizar en G3: =SUMAPRODUCTO(C3:D3;E3:F3). 66

Imagen 62. Se puede cambiar el Método de resolución a GRG Nonlinear. Observad los cálculos en
la Barra de estado. 67

Curso avanzado de Excel paso a paso

Imagen 63. Desde este cuadro de diálogo podemos navegar a los anteriores y marcar Informes de esquema. 68

Imagen 64. Un sistema de tres ecuaciones igualado a cero. 68

Imagen 65. Estos son los parámetros de Solver 69

Imagen 66. Podemos marcar más opciones, como el k-ésimo mayor. 70

Imagen 67. Para establecer los rangos de las clases, nos fijamos en los valores máximo y mínimo del Resumen de estadísticas. 71

Imagen 68. Podemos elegir entre siete tipos de distribuciones. 72

Imagen 69. Datos Iniciales 73

Imagen 70. Previsión de Excel para los próximos dos meses. 73

Imagen 71. Si hubiésemos arrastrado un campo de texto, como Producto o Cliente, Excel por defecto nos habría usado la función Cuenta. 74

Imagen 72. La pestaña contextual muestra las opciones de diseño y formato de la segmentación de datos. Podemos usar más de uno a la vez. 76

Imagen 73. Podemos meter varias veces el mismo campo de valor y visualizar o mostrar los datos de una manera diferente para cada uno de ellos. 77

Imagen 74. Cambiar el origen permite actualizar la tabla dinámica con las nuevas columnas incorporadas a la tabla. 78

Imagen 75. Si en vez de fechas fueran localidades, municipios, productos... También se pueden hacer grupos manualmente, como en Organizar datos en niveles. 79

Imagen 76. Los campos que calculamos en la Tabla, no eran necesarios. La Tabla dinámica los puede calcular directamente. 80

Imagen 77. 1,21*Subtotal es más rápido. 81

Imagen 78. Los elementos calculados no están habilitados en Tablas dinámicas con datos agrupados. 81

Imagen 79. Estos cálculos son iguales a **Mostrar valores como**. 82

Imagen 80. Aquí aparece el elemento calculado en el paso anterior. 82

Imagen 81. En un gráfico dinámico se visualizan los datos mejor que en la Tabla dinámica. 83

Imagen 83. Es muy importante conocer todos los elementos del gráfico, para seleccionar solo el elemento al que queremos cambiar el formato. 84

Imagen 84. Observad la cantidad de elementos que se pueden formatear. 85

Imagen 85. Algunas opciones de importación de datos. 86

Imagen 86. Hay que conocer qué tipo de gráfico usar para cada distribución de datos. 87

Imagen 87. A veces, Excel no interpreta bien los datos. En cualquier caso, para un control total, hay que usar **Seleccionar datos**. 87

Imagen 88. Después de los ajustes, el gráfico ahora si representa bien los datos. 88

Imagen 89. Todos los elementos de nuestros informes, incluidos los gráficos, sobre cosas iguales, al menos, tienen que tener el mismo formato. De ahí la importancia de los estilos y de las plantillas para tablas y gráficos. 89

Imagen 90. De todos los gráficos posibles, Gráficos recomendados nos ofrece solo cuatro, con sus indicaciones. 90

Imagen 91. Un gráfico XY (dispersión) está indicado para comparar dos conjuntos de datos, dos variables. En este caso solo hay una (las ventas). 91

Imagen 92. En este caso, una tendencia temporal, un gráfico de líneas sería más adecuado. 92

Imagen 93. Un pequeño cambio en la colocación de los datos y muestra una interpretación completamente distinta. 92

Imagen 94. También los Minigráficos tienen sus opciones de diseño y formato. 93

Imagen 95. La utilización de Eje secundario permite mostrar varias series en el mismo gráfico. 94

Imagen 96. Para Agregar formas, y muchas más cosas, también se pueden usar las opciones del Menú contextual (Clic derecho) 95

Imagen 97. Excel no solo es una hoja de cálculo y base de datos. Permite añadir otros elementos a los libros. 96

Imagen 98. Al insertar encabezado y pie de página se abre la vista Diseño de página. 97

Imagen 99. Los ajustes de la pestaña Página. 99

Imagen 100. Ojo con el tamaño. Aquí me ha salido Carta en vez de DIN A4. 100

Imagen 101. Es mejor guardar las macros en el libro personal.xlsb, para tenerlas disponibles en todos los libros. 101

Imagen 102. Ya tenemos nuestro código editado correctamente. 102

Imagen 103. Desde este cuadro de diálogo tenemos acceso al editor vba y a las opciones, entre otras. 103

Imagen 104. Si no marcamos la casilla Vincular, posteriores cambios en Word no se reflejarán en Excel. 105

Imagen 105. Un libro de Excel con un documento de Word incrustado. 105

Imagen 106. Ahora es un documento de Word el que contiene el libro de Excel. 106

Imagen 107. Con los hipervínculos podemos crear tablas de contenido en Excel. 107

Curso avanzado de Excel paso a paso

Imagen 108. Así vamos añadiendo las diferentes hojas a la tabla de contenidos.   107

Imagen 109. Desde este cuadro de diálogo controlamos todas las opciones para el seguimiento de los cambios   108

Imagen 110. El Panel Compartir.   109

Imagen 111. Si hay comentarios podemos editarlos.   110

Imagen 112. Esta opción también comparte el libro.   111

Imagen 113. Excel muestra el historial de cambios en una hoja nueva.   112

Imagen 114. En Excel podemos proteger libros, hojas, rangos o celdas.   113

Imagen 115. El inspector del documento nos avisa cuando hay información personal en el libro y nos ofrece la posibilidad de quitarla, antes de compartir un libro.   114

Imagen 116. Esta protección se puede quitar fácilmente, a diferencia de la contraseña.   114

Imagen 117. Excel crea certificados digitales.   115

Imagen 118. Los certificados digitales creados se pueden firmar.   115

Imagen 119. Haciendo clic en habilitar de todos modos, fácilmente se puede editar. Si no queremos que nadie edite el libro hay que usar contraseña.   116

Imagen 120. Excel cambia la extensión a .htm y se puede abrir desde un navegador de internet.   116

CURSO AVANZADO DE EXCEL PASO A PASO

CONFIGURACIÓN

En este primer apartado haremos ejercicios sobre funcionalidades básicas y personalizaciones.

CREAR LIBROS

1. La manera más rápida de abrir Excel es mediante un atajo de teclado[2]. Para crearlo ir a *Inicio> Todos los programas> Microsoft Office > Excel*, clic derecho, **Propiedades,** pestaña *Acceso directo*, cuadro de texto *Teclas de método abreviado*, escribid **Ctrl+Mayús+Alt+E**. abre el programa con un libro nuevo en blanco llamado *Libro 1*.

2. Una vez abierto, ir a *Archivo* y en el panel izquierdo, clic en la carpeta **Cerrar**. *Libro 1* se cierra.

3. *Archivo > Nuevo > Crear*[3]. Abre *Libro 2*. Si ahora volvemos a *Archivo*, observamos que aparece en la pestaña *Información*[4]. Antes, cuando no había libros abiertos, se abría en *Reciente*, para poder fácilmente abrir los libros que hayamos usado recientemente o los que marquemos en la parte superior.

4. Clic *Archivo* y *Guardar como*. El cuadro de diálogo *Guardar como* se abre.

5. En el cuadro de texto *Nombre de archivo*, escribid *Ejercicios* y clic en **Guardar**. **Ctrl+G** es el atajo de teclado para abrir el cuadro de diálogo *Guardar*, excepto si es la primera vez que guardamos, en cuyo caso abriría el cuadro de diálogo *Guardar como*. De otro lado, cada vez que realicemos cambios importantes debemos presionar **Ctrl+G** para realizar guardados directamente sin abrir ningún cuadro de diálogo. **F12** abre siempre el cuadro de diálogo *Guardar como*.

6. Clic *Archivo > Información* y en el panel derecho clic en la flecha *Propiedades* y clic en **Propiedades avanzadas**. Se abre el panel *Propiedades del documento*.

7. En el campo *Palabras clave*, escribid *Meses* y *Porcentaje*.

8. En el campo *Categoría*, escribid *Resultados*. Observad el resto de campos.

---

[2] Los atajos de teclado son la manera más rápida de hacer cualquier cosa con cualquier programa, no solo para abrir un programa.

[3] **Ctrl+U** es el atajo de teclado.

[4] El modo en que se abre, pantalla inicio o libro en blanco, depende de *Opciones > General > Opciones de inicio*

Curso avanzado de Excel paso a paso

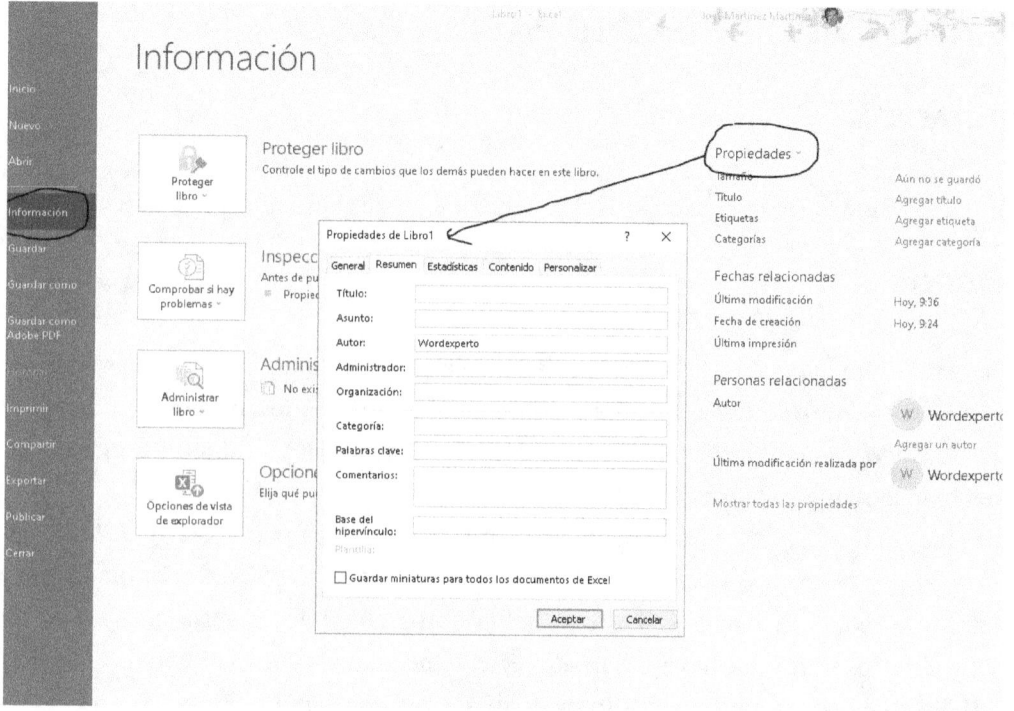

Imagen 2. Los metadatos nos informan de la fecha de creación y de última modificación, entre otros datos.

9. Clic en la pestaña *Personalizar*. En el campo *Nombre*, seleccionad *Departamento* y en el campo *Valor* escribid *SIE*.

10. Clic **Agregar** y **Aceptar**.

11. Clic el botón **Guardar** de la *Barra de herramientas de acceso rápido* y clic **Cerrar**[5].

MÉTODOS ABREVIADOS DE TECLADO

1. A diferencia de Word, Excel no indica los métodos abreviados (atajos) de teclado al posar el ratón sobre todos los comandos, solo sobre unos cuantos, los más usados, por lo que hay que memorizar el resto de los que más usemos. Es importante hacerlo porque ahorran mucho tiempo. En el caso de la edición, desplazamiento y selección son los comunes a todas las aplicaciones, con algunas salvedades para el idioma.

---

[5] **Ctrl+F4** es el atajo.

Imagen 3. La pestaña Datos mostrando los atajos de teclado con la tecla Alt.

2. Hay otro método, que al presionar la tecla **Alt** muestra las letras y números para acceder a las pestañas y comandos. A diferencia del método anterior, no requiere memorización y es contextual. También varía según la resolución y tamaño de la pantalla.

3. Finalmente, la tecla **Menú contextual** es el equivalente al clic derecho, y pulsando la letra subrayada realiza la opción.

MODIFICAR LIBROS

1. En la barra de estado, del libro *Ejercicios*, clic en el botón **Hoja nueva**. Una nueva hoja se inserta, llamada Hoja 4[6].

2. Clic derecho en la etiqueta de la nueva hoja y clic **Cambiar nombre**. Excel resalta el nombre de la nueva hoja.

3. Escribid *2013* y presionad **Intro**.

4. Doble clic en la pestaña Hoja 1. Excel resalta el nombre de la Hoja.

5. Escribid *2010* y presionad **Intro**.

6. Clic derecho en la pestaña de la hoja 2010, posad el ratón sobre *Color de pestaña* y en el área de colores *Estándar*, clic en el cuadrado **Verde**. Excel cambia el color de la etiqueta de la Hoja 2010 a verde.

7. En la barra de tareas, arrastrad la etiqueta de la Hoja 2010 a la izquierda de la Hoja 3.

8. Clic derecho en la etiqueta de la Hoja 2013 y clic en **Ocultar**. Excel oculta la hoja 2013.

9. Clic derecho en la etiqueta de la Hoja 2010 y después clic en **Mover o copiar**. Aparece el cuadro de diálogo *Mover o copiar*.

---

[6] Según las *Opciones > General > Al crear nuevos libros > Incluir este número de hojas*

Curso avanzado de Excel paso a paso

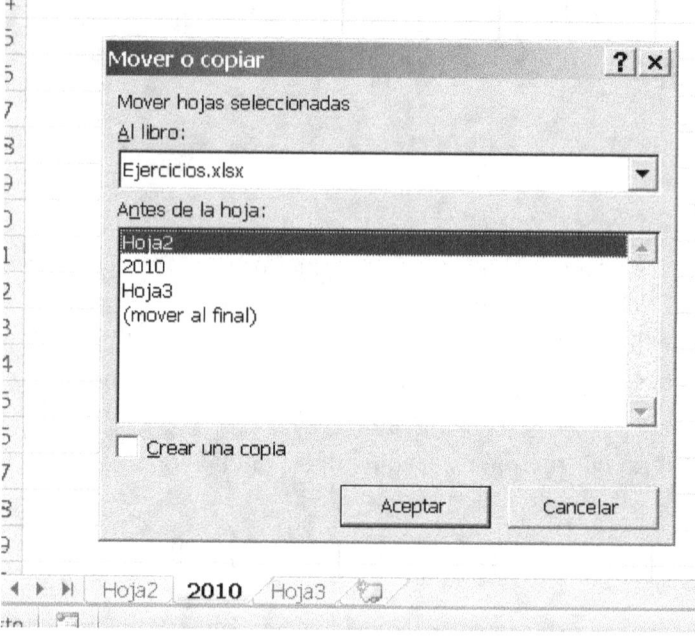

Imagen 4. Desde este cuadro de diálogo podemos unir hojas de varios libros en uno solo.

10. Clic en la flecha del cuadro de texto *Al libro* y elegid *(nuevo libro)*.

11. Marcad la casilla *Crear una copia*.[7]

12. Clic en **Aceptar**. Se abre un nuevo Libro 1 que únicamente contiene nuestra hoja verde.

13. En la *Barra de herramientas de acceso rápido*, clic en el botón **Guardar**. Aparece el cuadro de diálogo *Guardar como*.

14. En el campo *Nombre de archivo*, escribid *Archivo 2010* y después **Intro**. Excel guarda el libro y cierra el cuadro de diálogo *Guardar como*.

15. En la pestaña *Vista*, grupo *Ventana* clic el botón **Cambiar ventanas** y después en **Ejercicios**. El libro *Ejercicios* es el que se muestra ahora.

16. En la barra de tareas, clic derecho en la etiqueta Hoja 2 y **Eliminar**. La hoja es eliminada.

17. Ir a Hoja 3 y escribid en cualquier celda «*hola*». Repetid la operación para eliminar la hoja. Ahora nos aparece un cuadro de diálogo de aviso, que antes, al no haber nada en la hoja, no aparecía. Clic en **Cancelar**.

18. Clic derecho en la etiqueta de la Hoja 2010 y clic en **Mostrar**, que abre el cuadro de diálogo del mismo nombre. Clic **2013** y **Aceptar**. El cuadro de diálogo se cierra y aparece la Hoja 2013 que antes habíamos ocultado.

19. **Ctrl+Av Pág** nos desplaza a la hoja 2010. Repetid la pulsación y **Ctrl+ Re Pág**. **Ctrl+Tab** cambia entre los libros abiertos. Quedaos en la hoja 2010.

---

[7] Si no se marca, esta hoja desaparece del libro actual.

wordexperto.com

MODIFICAR HOJAS

1. Vamos a preparar nuestra Hoja 2010, del libro Ejercicios, con algunos ejemplos. Escribid en A1 *Meses*, **Flecha derecha** y escribid *Temperaturas medias*, **Flecha izquierda**[8], pulsad **Mayús** y **Flecha derecha**, **Ctrl+N**. aparecen A1 y B1 con el texto en negrita.

2. Pulsad **Flecha abajo**. Se selecciona A2. Escribid *Enero*, **Ctrl+Intro**[9]. Posad el ratón sobre la esquina inferior derecha hasta que se convierta en una cruz y arrastrad hasta A13. Aparecen los 12 meses en las celdas A2 hasta A13[10].

---

[8] Si no pulsamos Flecha izquierda, al pulsar después Flecha abajo, se habría seleccionado B2.

[9] Como regla general siempre pulsaremos **Ctrl+Intro** para quedarnos en la misma celda. Si quisiéramos desplazarnos aceptaríamos con las flechas de dirección para aceptar y desplazarnos a la celda de conveniencia. **Intro** solo, normalmente, no lo usaremos. A no ser, como explico en la siguiente nota, que esté desmarcado **Después de mover selección**.
Si pulsamos **Intro** se acepta el valor introducido en la celda y nos desplazamos a la siguiente celda en la dirección indicada en *Opciones > Avanzadas > Opciones de edición > **Después de mover selección***. Si **Después de mover selección** está desmarcado no nos movemos. Es el equivalente, tal vez, más sencillo, a **Ctrl+Intro**.

[10] Esto se debe a la función *Listas de Excel. Archivo > Opciones > Avanzadas > General > Modificar listas personalizadas*. Abre el Cuadro de diálogo *Listas personalizadas* donde vemos las que hay y podemos crear todas las que necesitemos. Por ejemplo, con *NUEVA LISTA* seleccionado, en el campo *Entradas de lista*, escribid: *primavera, verano, otoño, invierno* y pulsad **Agregar**. También podemos acceder desde el cuadro de diálogo *Ordenar, en Criterio de ordenación,* que se abre al elegir de la lista *Orden personalizado* del botón **Ordenar y filtrar**, grupo *Edición*, pestaña *Inicio*.

Curso avanzado de Excel paso a paso

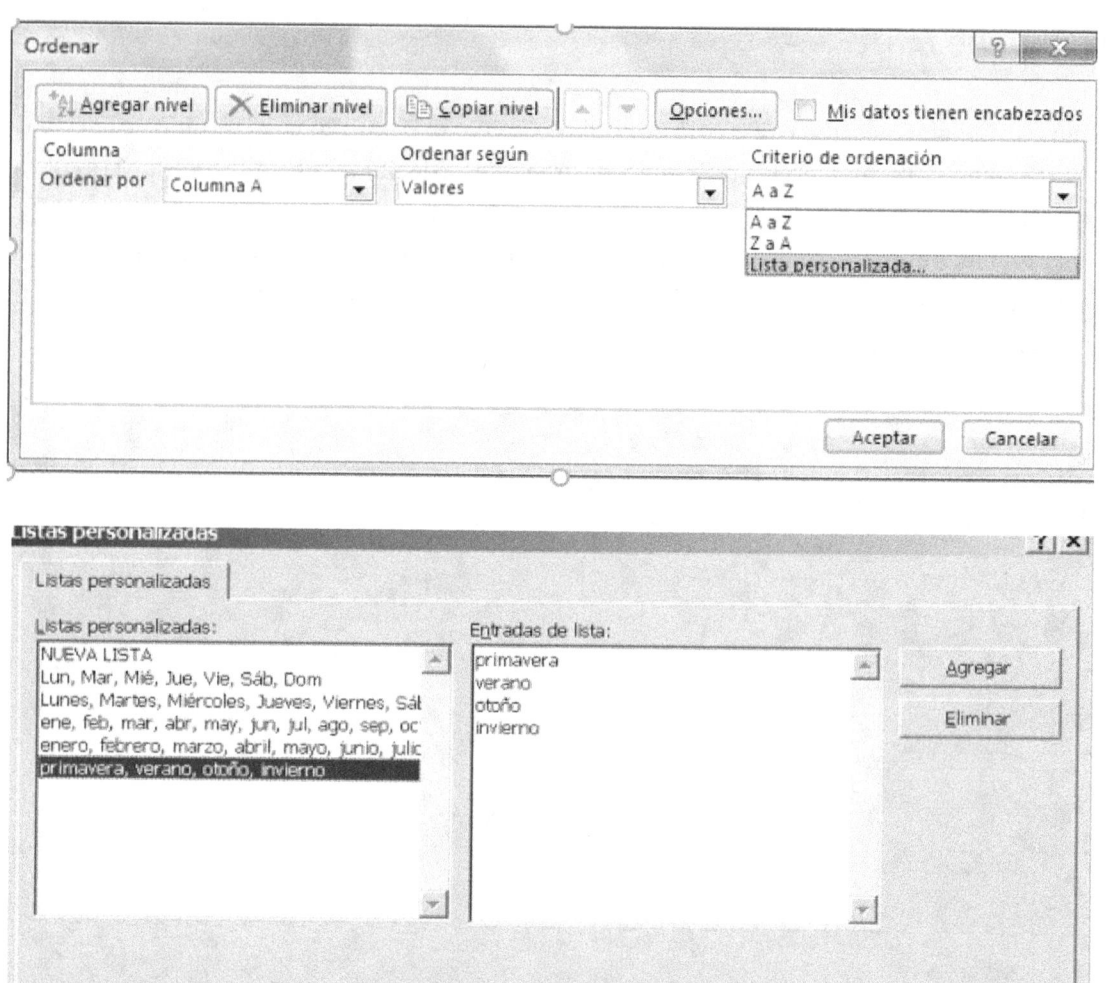

Imagen 5. Uno de los accesos y el cuadro de diálogo Listas personalizadas.

3. Pulsad sobre B2 y escribid: *=aleatorio.entre(20;30)*, **Intro**[11], acercad el ratón a la esquina inferior derecha de B2 y cuando adopte la forma de cruz, hacer doble clic. Las celdas de B3 a B13 se rellenan con números aleatorios entre el 20 y el 30. Pulsad **F9** y observad cómo cambian.

4. **Ctrl+C**, y en el grupo *Portapapeles* de la pestaña *Inicio*, clic sobre la flecha del botón **Pegar** y clic en cualquier botón de **Pegar valores**. Pegamos los últimos números y quedan fijos, ya no cambian con **F9**.

5. Situaos en A1 (**Ctrl+Inicio**).

---

[11] **Ctrl+Intro** es mejor porque deja la misma celda activa, también se utiliza para introducir el mismo resultado en varias celdas como en Introducir y revisar datos.

6. En el grupo *Celdas* de la pestaña *Inicio*, clic en la flecha del botón **Insertar** y clic en **Insertar filas de hoja**. Repetid para **Insertar columnas de hoja**. Aparecen una nueva fila 1 y una nueva columna A. También aparece un botón **Opciones de inserción** con una flecha que despliega las diferentes opciones de inserción. La celda A1 sigue seleccionada.

7. Clic derecho sobre el encabezado de la columna E, y **Ocultar**. La columna E desaparece.

8. Clic en B6 y en el grupo *Celdas* de la pestaña *Inicio*, clic en la flecha **Eliminar** y en la lista clic en **Eliminar celdas**. Aparece el cuadro de diálogo *Eliminar*.

9. Marcad *Desplazar las celdas hacia arriba* y **Aceptar**.

10. Clic en C6 y en el grupo *Celdas* de la pestaña *Inicio*, clic en la flecha de **Insertar**, clic en **Insertar celdas**. Aparece el cuadro de diálogo *Insertar*. Marcad *Desplazar las celdas hacia abajo* y **Aceptar**.

11. En C6 escribid *25*.

12. Seleccionad C14:C15, posad el ratón sobre el borde de las celdas y cuando el puntero cambie a flecha de cuatro puntas, arrastrad hasta G1.

PERSONALIZAR LA VENTANA DEL PROGRAMA

1. En el libro *Ejercicios*, en la esquina inferior derecha del programa, en la barra de Zoom, clic en el botón **Acercar** cinco veces. El nivel de zoom de la hoja cambia a 150%.

2. Seleccionad el rango B2:C13 y en la pestaña *Vista*, grupo *Zoom*, clic en el botón **Ampliar selección**. Excel llena la ventana con las celdas seleccionadas.

3. En la pestaña *Vista*, grupo *Zoom*, clic el botón **Zoom**. Abre el cuadro de diálogo *Zoom*.

4. Clic **100%** y **Aceptar**. La hoja regresa a su nivel de zoom por defecto.

5. Clic en C2 y doble clic en la separación de las cabeceras de las columnas C y D. el ancho de la columna C cambia para adaptarse a la mayor longitud del texto.

6. Posad el ratón sobre el encabezado de la fila 2 y cuando cambie a una flecha negra, clic y arrastrad hasta la fila 13, ahora posadlo en la intersección de dos filas hasta que cambie a una cruz con dos flechas apuntando hacia arriba y abajo, arrastrad, observad como una pantalla de información nos indica la nueva altura de las filas. Todas las filas seleccionadas cambian a la nueva altura.

7. Repetid la operación solo para la fila 2, la de los encabezados, y dadle una altura diferente.

8. Seleccionad la columna C y disminuir su anchura.

9. Seleccionad las celdas B2:C2 y en el grupo *Alineación* de la pestaña *Inicio* clic en **Alinear en el medio**, **Centrar** y **Ajustar texto**. Los encabezados quedan perfectamente formateados.

10. En B1 escribid *Región de Murcia*, **Ctrl+Intro**. **Mayús+Flecha derecha**, clic en la flecha del botón **Combinar y centrar** del grupo *Alineación*. Observad las cuatro opciones y clic en el botón, no la flecha, **Combinar y centrar**.[12]

11. **Ctrl+U**. Aparece un nuevo libro en blanco llamado *Libro 1*.

---

[12] En vez de Combinar y centrar, es preferible *Centrar en la selección*, desde el expansor del cuadro de diálogo *Formato de celda*s en la ficha *Alineación*, en la esquina inferior derecha del grupo *Alineación*. Una vez en el cuadro de diálogo, en el cuadro de texto *Horizontal*, bajo *Alineación del texto*, seleccionad **Centrar en la selección** y en *Vertical*, **Centrar**.

Curso avanzado de Excel paso a paso

12. En el grupo *Ventana* de la pestaña *Vista*, clic en la flecha **Cambiar ventana** y después en **Ejercicios**. Aparece el libro *Ejercicios*.

13. En el grupo *Ventana* de la pestaña *Vista,* clic en el botón **Organizar todo**. Abre el cuadro de diálogo *Organizar ventanas*, clic **Cascada** y **Aceptar**. Excel coloca la ventana del libro entre la ventana del programa. Probad las diferentes opciones del cuadro de diálogo *Organizar ventanas*.

14. Clic *Archivo > Opciones > Barra de herramientas de acceso rápido*. Aparece la página *Personalice la barra de herramientas de acceso rápido*.

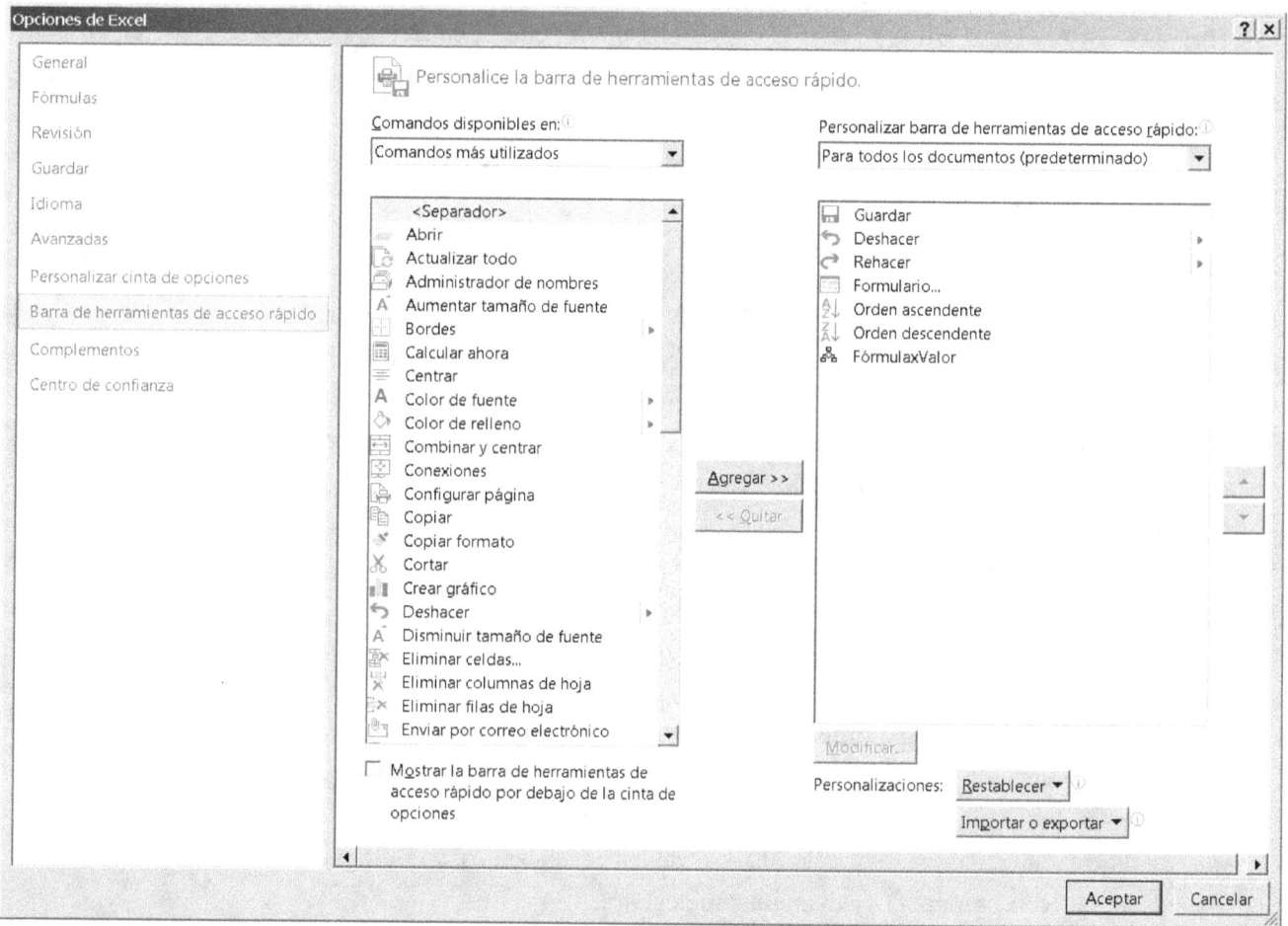

*Imagen 6. Podemos personalizar la Bara de herramientas de acceso rápido (QAT) para añadir comandos que ya no están en las pestañas y que usamos, como **Formulario** o el **Asistente para tablas dinámicas**.*

15. Clic en la flecha de **Comandos disponibles en** y en la lista elegid **Pestaña Revisar**, clic en el primero de la lista y pulsad *o*, la selección se desplaza hasta el comando **Ortografía** y clic en **Agregar**. Excel añade el comando *Ortografía* a la Barra de herramientas de acceso rápido.

16. Clic en la flecha de la derecha de la Barra de herramientas de acceso rápido y observad las opciones.

17. Clic en **Personalizar cinta de opciones**. Aparece la página *Personalice esta cinta de opciones*.

8

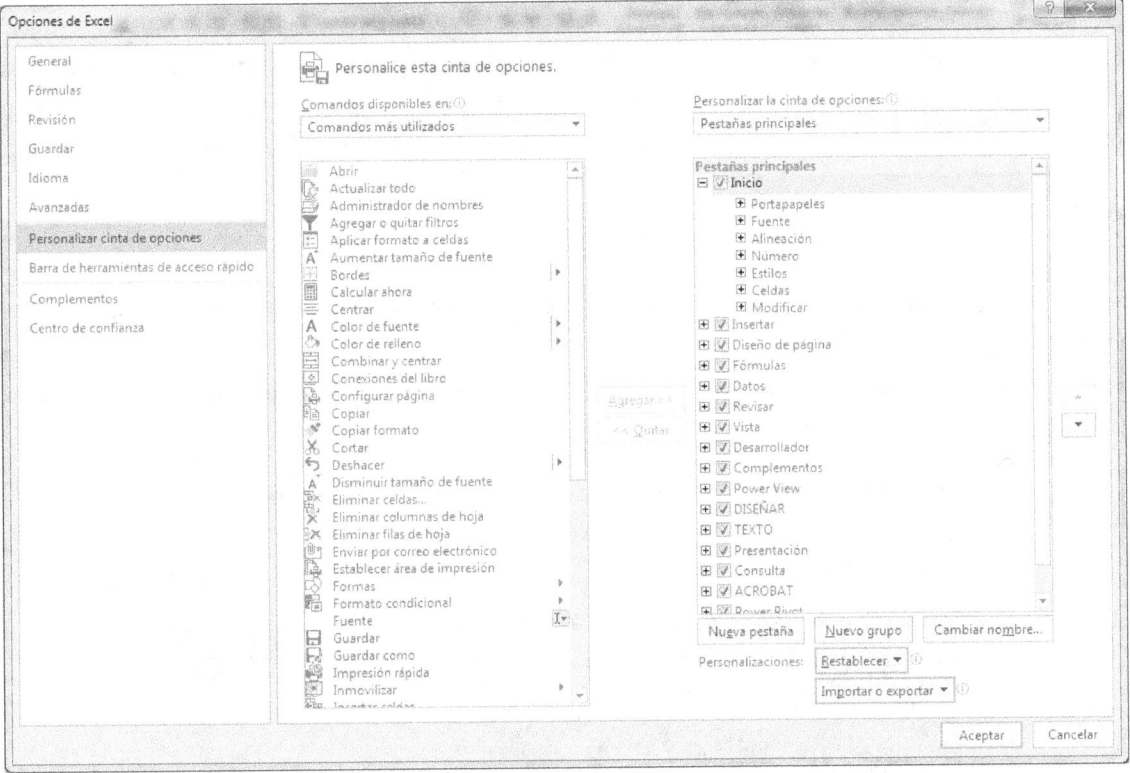

Imagen 7. También accedemos rápidamente a este cuadro de diálogo haciendo clic derecho sobre cualquier pestaña de la cinta.

18. Aseguraos que está seleccionado *Pestañas principales* en el cuadro de texto *Personalizar la cinta de opciones*, seleccionad *Revisar* y clic en el botón **Subir** tres veces. Excel coloca la pestaña *Revisar* entre *Insertar* y *Disposición de página*[13].

19. Clic en el botón **Nueva pestaña**. Una pestaña llamada *Nueva pestaña (personalizada)* aparece debajo de la última pestaña activa de la lista de Pestañas principales[14].

20. Clic en el botón **Cambiar nombre**, escribid *Mis comandos* en el cuadro *Nombre para mostrar* del cuadro de diálogo *Cambiar nombre* y **Aceptar**.

21. Repetimos para el *Nuevo grupo (personalizado)*. Elegid el cuarto icono por la derecha de la segunda fila y en cuadro *Nombre para mostrar* escribid *Formato* y **Aceptar**.

22. Ahora a la izquierda del cuadro de diálogo, clic en *Comandos disponibles en* y elegid **Pestañas principales**. Aparece la lista de pestañas de la cinta.

23. En la lista del panel izquierdo, expandid la pestaña *Inicio* y de nuevo expandid el grupo *Número*. Aparecen los comandos del grupo *Número*.

24. Clic en el grupo *Formato* que acabamos de crear y de la lista de la izquierda clic en **Aumentar decimales** y **Agregar**, pulsad **Agregar** otra vez y se añade **Disminuir decimales**.

---

[13] Con los cambios de versión, esta pestaña no para de cambiar de nombre: *Formato*, y, en la última versión, 2019, se llama, al igual que otras contextuales con el mismo nombre, **Disposición de página**.

[14] Excel también crea un *Nuevo grupo (personalizado)*. No tendría sentido una pestaña sin grupos.

Curso avanzado de Excel paso a paso

25. En el panel izquierdo clic en **Estilos** y **Agregar**. **Aceptar** el cuadro de diálogo *Opciones* y comprobamos nuestra nueva pestaña con sus dos grupos. Con el botón **Importar o exportar** podemos pasar las personalizaciones a otro equipo y con el botón **Restablecer** podemos deshacer el último grupo de cambios o todas las personalizaciones efectuadas para dejar Excel como en la instalación.

AYUDA

1. Al final a la derecha de la cinta de opciones, clic en el comando **Ayuda**. Abre la ventana *Ayuda de Excel*[15], *es el que tiene el símbolo* **?**.
2. Este comando abre la ayuda online. En Office 365 hay una pestaña Ayuda, con un grupo y comando del mismo nombre que abre el panel Ayuda.

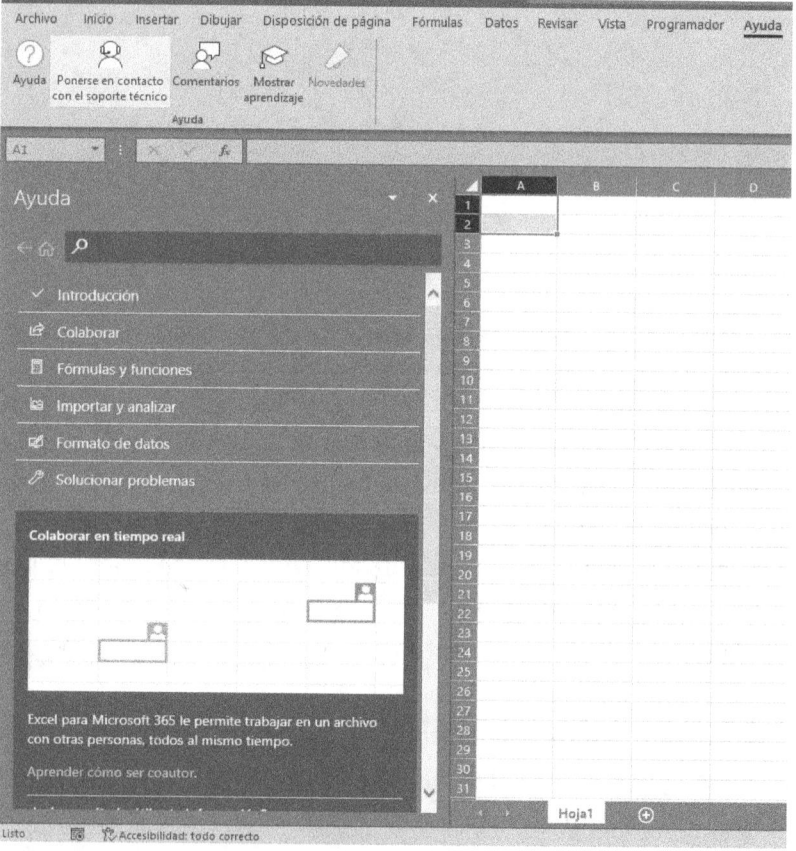

*Imagen 8. La nueva pestaña Ayuda de Excel 365. Aquí se muestra la pestaña **Ayuda** y el panel del mismo nombre.*

3. Escribid en el cuadro de texto *teclado*. Aparece la ayuda de Excel referida a los atajos de teclado.
4. Escribid en el cuadro *Buscar, en la ayuda en línea, tabla de datos*. Aparecen *artículos* y *vínculos* relacionados con la ayuda solicitada. Clic en el primero. Mirad los resultados.

---

[15] Desde Office 2016, está en Archivo. Esta es una de las funcionalidades que más modificaciones están sufriendo con los cambios de versión

5. Navegad por los vínculos y utilizando los botones **Adelante**, **Atrás** e **Inicio**.

6. Clic en el botón **Cerrar** en la esquina superior derecha. Se cierra la ayuda de Excel.

7. En la pestaña *Datos*, grupo *Herramientas de datos*, posad el ratón sobre el botón **Texto en columnas** y clic en **Más información**. Abre la ayuda referida a este comando.

8. En la pestaña *Inicio*, grupo *Estilos*, posad el ratón sobre el comando **Formato condicional** y ahora presionad **F1**. Abre la ayuda referida a este otro comando.

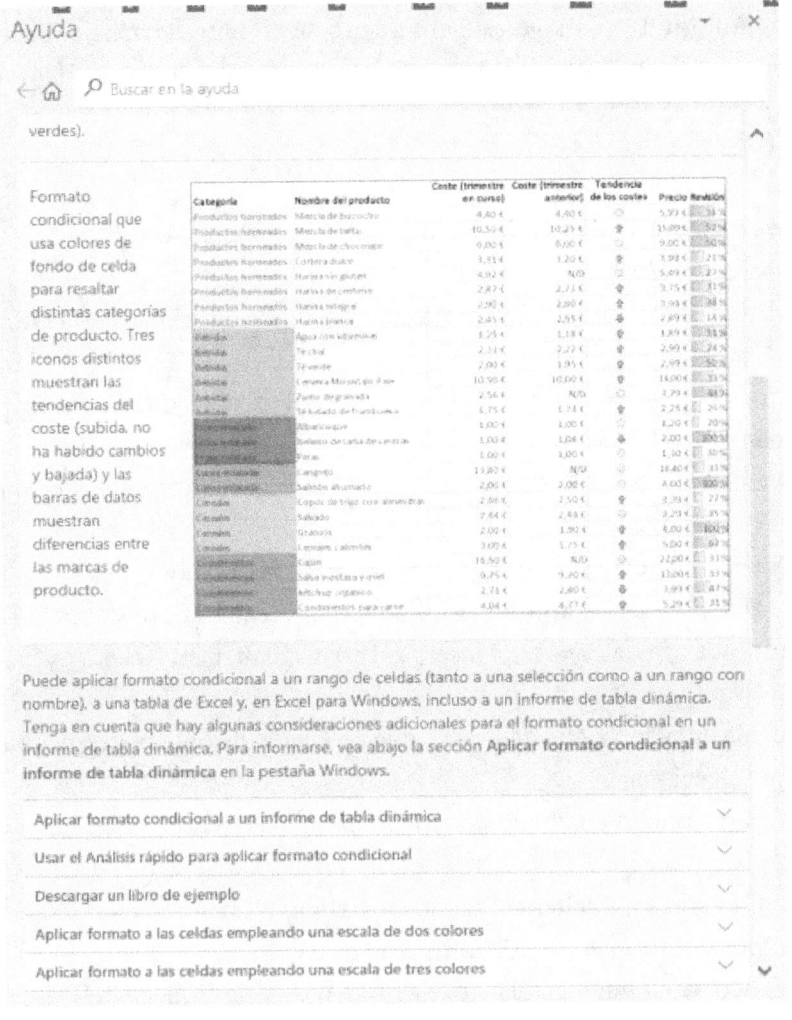

Imagen 9. De estas dos últimas formas, la ayuda que ofrece es sobre esa funcionalidad.

9. Encontramos un amplio artículo y varios enlaces, que nos llevan a la página de soporte de Office.

10. Desde la versión 2016 hay una nueva funcionalidad, situada al final de la cinta, con una bombilla, que se llama *Indicar qué desea hacer*[16]. Al escribir *Tabla dinámica*, ofrece la posibilidad de insertarla o de ir a la ayuda, entre otras. Este tema de la ayuda está en cambio continuo con nuevas funcionalidades. Ahora están experimentando con un asistente basado en Inteligencia Artificial.

---

[16] En Office 365 es un cuadro Buscar para buscar comandos, documentos o ayuda.

Curso avanzado de Excel paso a paso

11. También podéis utilizar la página de la comunidad de Microsoft 365: https://learn.microsoft.com/es-es/answers/tags/831/m365-office.

12. Y, sobre todo, mi blog personal sobre Word: www. wordexperto.com y el canal en YouTube.

TRABAJAR CON DATOS Y TABLAS EN EXCEL

Continuamos con más ejercicios sobre funcionalidades básicas. En este capítulo, ingresarás y revisarás los datos, aprenderás Autorrelleno, moverás datos dentro de un libro de trabajo, buscarás y reemplazarás datos existentes, y a usar herramientas de revisión y referencia. Introduciremos las tablas.

INTRODUCIR Y REVISAR DATOS

1. Comprobad que está marcada la casilla *Habilitar autocompletar para valores de celda* en *Archivo > Opciones> Avanzadas > Edición.*

2. En el libro *Ejercicios*, seleccionad G2 y arrastrad el cuadrado de relleno hasta G8. Excel repite el valor 30 en G2:G8.

3. **Ctrl+Z** para deshacer. Ahora seleccionad G2 y G3 y arrastrad de nuevo. Excel ahora rellena las mismas celdas con 40, 50, 60 y 70.

4. Repetid los arrastres manteniendo pulsada la tecla **Ctrl**. Haced la misma operación con la celda B13 y comprobad las diferencias.

5. Arrastrad hacia arriba y hacia la izquierda y observad los resultados.

6. Escribid en D2 *Nombre*, **Flecha abajo** y escribid *Pepe*, **Flecha abajo** y escribid *Juan*, **Flecha abajo** y escribid *P*. Excel nos ofrece *Pepe* para insertar, **Intro** o **Tab**, para **Aceptar** y escribid *J*. Excel ahora nos ofrece *Juan*.

7. En la siguiente celda en blanco, clic derecho y clic en **Elegir de la lista desplegable**. Excel nos ofrece *Pepe* y *Juan* para seleccionar[17].

8. Seleccionad B2 y arrastrad el cuadrado de relleno hasta D2. Excel reemplaza el contenido de C2:D2 con el de la celda B2.

9. Clic en el botón **Opciones de relleno**[18] y clic en **Rellenar formato solo**. Excel restaura los valores originales, pero aplica el formato de B2 al resto de celdas.

10. Seleccionad un rango rectangular en blanco, escribid *Pepe* y presionad **Ctrl+Intro**. Excel rellena todo el rango con el nombre escrito.

11. En una celda en blanco escribid *2-1-13*, **Ctrl+Intro**. **Mayús** y **Flecha abajo** 5 veces.

12. En la pestaña *Inicio*, grupo *Edición*, clic en la flecha **Rellenar** y clic en **Series**. Abre el cuadro de diálogo *Series*.

---

[17] En la columna B nos ofrecería la lista de los meses. La información que muestra depende de la columna.

[18] Si no aparece, comprobad que está marcado *Permitir arrastrar y colocar el controlador de relleno y las celdas* en *Archivo > Opciones > Avanzadas > Edición.*

12

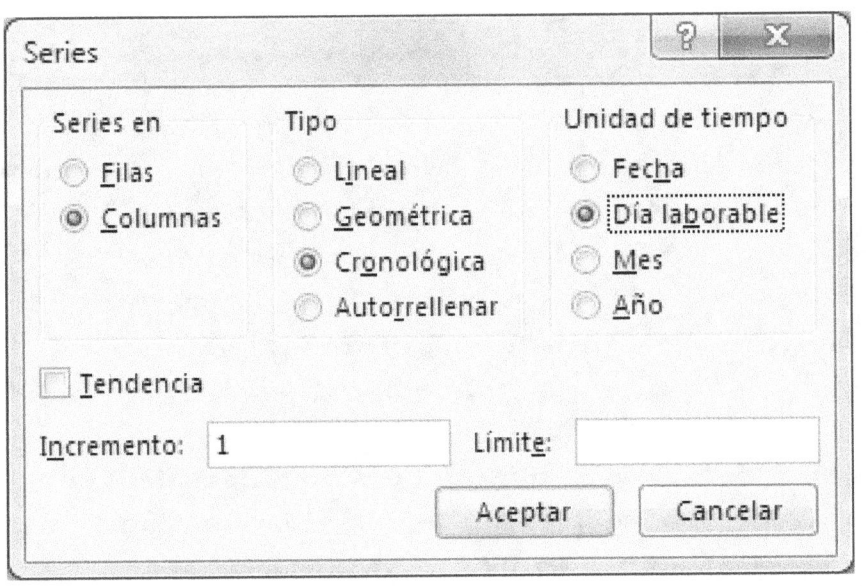

Imagen 10. El cuadro de diálogo nos permite controlar el relleno automático de series.

13. Completadlo como en la imagen y **Aceptar**. Excel rellena las celdas seleccionadas con los días laborables siguientes al 2 de enero.

MANEJAR DATOS USANDO RELLENO RÁPIDO

1. Clic en el botón **Hoja nueva**. Aparece una nueva hoja denominada *Hoja 1* con la celda A1 activa.

2. Escribid *Nombre*, **Flecha derecha**, *Apellidos*, **Flecha derecha**, *Nombre*, **Flecha derecha**, *Nombre.*, **Ctrl+Intro, Mayús+Inicio**.

3. **Ctrl+N, Tabulador**[19], **Flecha abajo**, para situarnos en A2, después de dejar los encabezados en la fila 1 en negrita.

4. Escribid *José*, **Flecha abajo**, *Juan*, **Flecha abajo**, *José María*, **Flecha abajo**, *Juan José*, **Ctrl+Intro** y **Ctrl+Mayús+Inicio, Mayús+Flecha abajo** para que quede seleccionado el rango A2:A5.

5. Tirad del controlador de relleno hasta A50 y pulsad **Flecha derecha**. Ahora la celda activa es B2.

6. Escribid *Martínez Martínez*, **Ctrl+Intro** y doble clic en el controlador de relleno. Todo el rango B2:B50 queda relleno con estos apellidos.

7. Pulsad **Flecha derecha** para situaros en C2 y escribid *José Martínez Martínez*, **Flecha abajo**, escribid *Ju* y pulsad **Tab**. Toda la columna queda rellena.

8. Flecha arriba para situaros en D2 y escribid *José*, **Flecha abajo**, *Ju*, **Tab**. Toda la columna se rellena ahora solo con los nombres.

---

[19] Si no se pulsa **Tab**, nos sitúa en D2

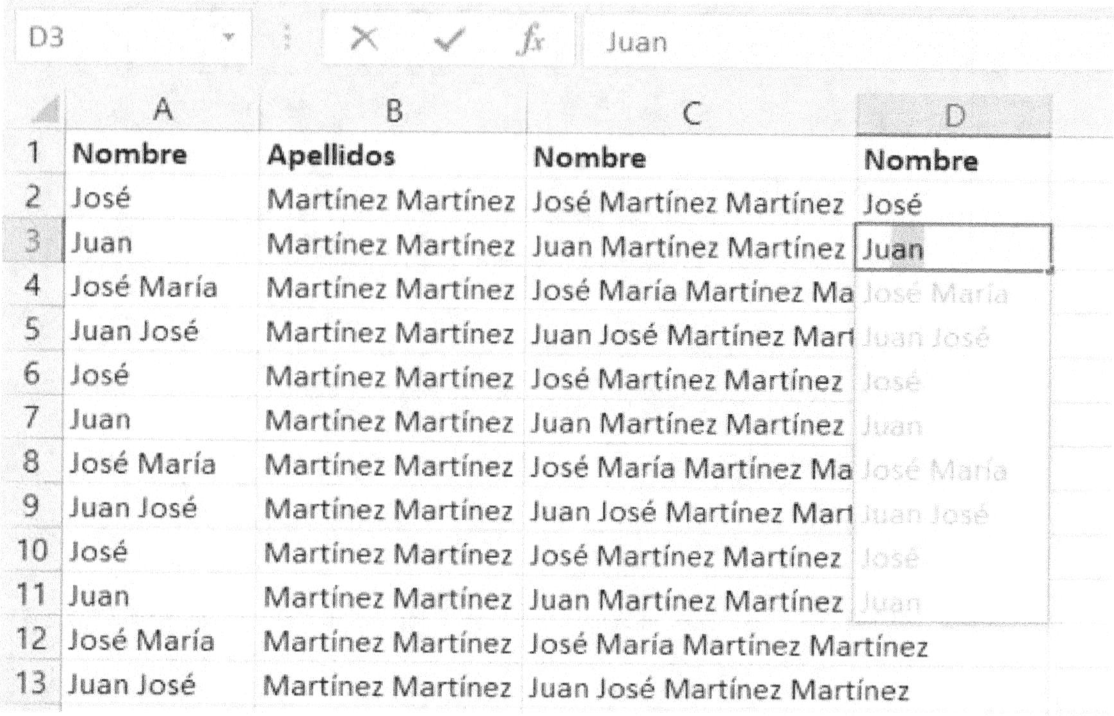

Curso avanzado de Excel paso a paso

	A	B	C	D
1	Nombre	Apellidos	Nombre	Nombre
2	José	Martínez Martínez	José Martínez Martínez	José
3	Juan	Martínez Martínez	Juan Martínez Martínez	Juan
4	José María	Martínez Martínez	José María Martínez Ma	José María
5	Juan José	Martínez Martínez	Juan José Martínez Mart	Juan José
6	José	Martínez Martínez	José Martínez Martínez	José
7	Juan	Martínez Martínez	Juan Martínez Martínez	Juan
8	José María	Martínez Martínez	José María Martínez Ma	José María
9	Juan José	Martínez Martínez	Juan José Martínez Mart	Juan José
10	José	Martínez Martínez	José Martínez Martínez	José
11	Juan	Martínez Martínez	Juan Martínez Martínez	Juan
12	José María	Martínez Martínez	José María Martínez Martínez	
13	Juan José	Martínez Martínez	Juan José Martínez Martínez	

Imagen 11. Las opciones de relleno de Flash

MOVER DATOS DENTRO DE UN LIBRO

1. Comprobad que está marcada **Habilitar vistas previas activas** en *Archivo > Opciones > General > Opciones de interfaz de usuario*. Y **Mostrar botón opciones de pegado al pegar contenido** en *Archivo> Opciones > Avanzadas > Cortar, copiar y pegar*.

2. En la Hoja 2010, la que estamos trabajando, seleccionad B2:D2 y **Ctrl+C** para copiarlo al portapapeles.

3. En la barra de tareas clic en la pestaña 2013 y B2 para seleccionar.

4. En la pestaña *Inicio*, grupo *Portapapeles*, clic en la flecha del botón **Pegar**, posad el ratón por las diferentes opciones y finalmente clic en **Mantener formato de origen (M)**.

5. Clic derecho en el encabezado de la columna D y **Cortar**. Excel destaca la columna con un punteado intermitente.

6. Clic derecho en la columna A y bajo Opciones de pegado, clic **Pegar**[20].

7. Clic en el encabezado de la columna A, posad el ratón sobre la parte inferior del encabezado hasta que se transforme en una flecha de cuatro puntas, arrastrad, manteniendo pulsado el ratón, hasta la columna D.

---

[20] **Ctrl+V** pega igual que aparece.

14

8. Ahora repetimos desde la columna D a la A, pero manteniendo pulsada la tecla **Ctrl**. Así copiamos el contenido de la columna D en A.[21] este procedimiento funciona igual con celdas solas o con rangos.

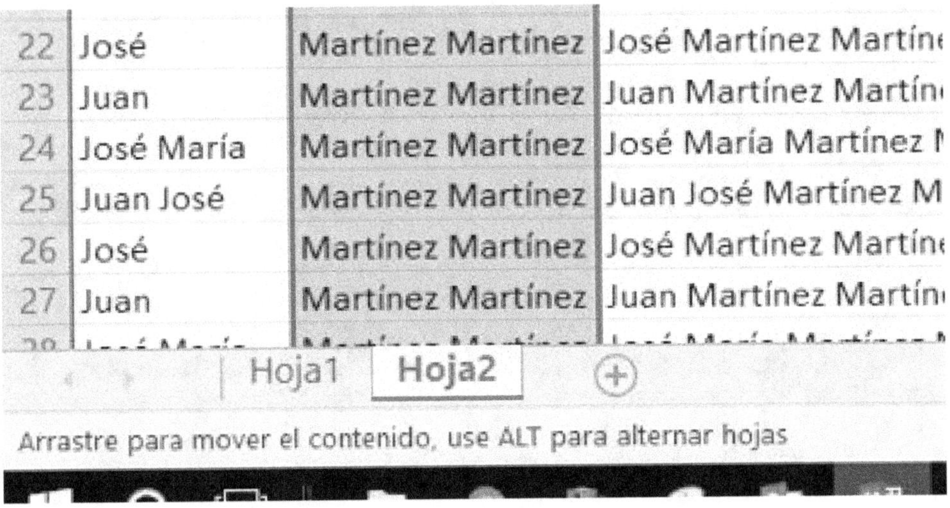
22 José Martínez Martínez José Martínez Martín
23 Juan Martínez Martínez Juan Martínez Martín
24 José María Martínez Martínez José María Martínez
25 Juan José Martínez Martínez Juan José Martínez M
26 José Martínez Martínez José Martínez Martín
27 Juan Martínez Martínez Juan Martínez Martín
Hoja1
Hoja2
Arrastre para mover el contenido, use ALT para alternar hojas

Imagen 12. La Barra de estado nos informa de las diferentes opciones

BUSCAR Y REEMPLAZAR DATOS

1. Cambiad a la *Hoja 2010*. En la pestaña *Inicio*, grupo *Edición*, clic en el botón **Buscar y seleccionar** y después en **Buscar**[22]. Abre el cuadro de diálogo *Buscar y reemplazar* en la pestaña *Buscar*.
2. En el campo *Buscar* escribid *22* y **Buscar siguiente**. Excel destaca la celda con este valor.
3. Borrad *22*. Clic en **Opciones**. El cuadro de diálogo se expande para mostrar opciones adicionales.

---

[21] El panel de tareas nos muestra información del proceso y, en este segundo caso, del copiado. El puntero del ratón cambia y le aparece un signo +.
[22] **Ctrl+B**

Curso avanzado de Excel paso a paso

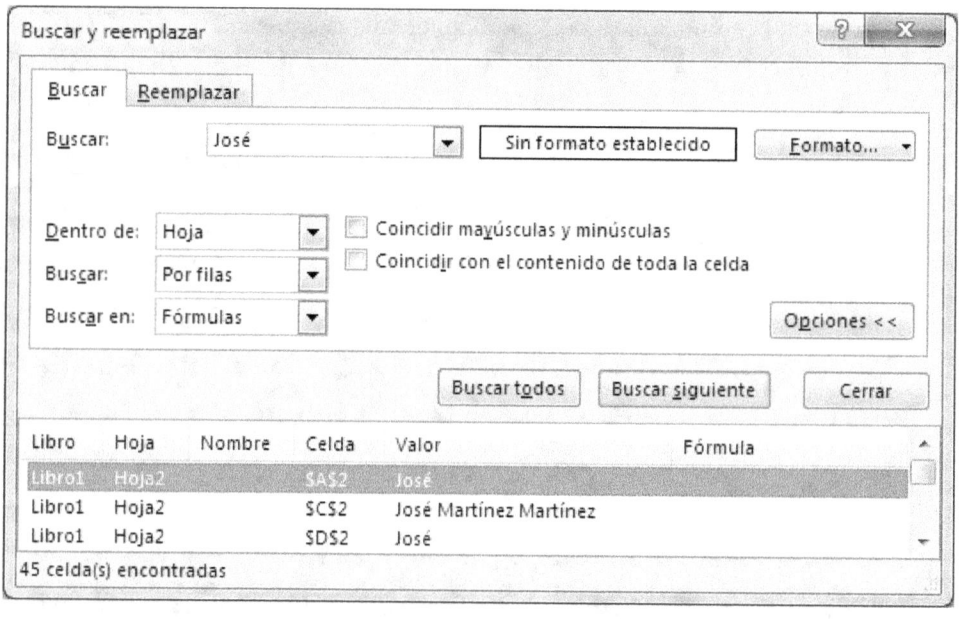

Imagen 13. Si en Buscar en: elegimos Fórmulas, podemos buscar y reemplazar rápidamente, también en las fórmulas.

4. Clic en **Formato**. Abre el cuadro de diálogo *Buscar formato*.

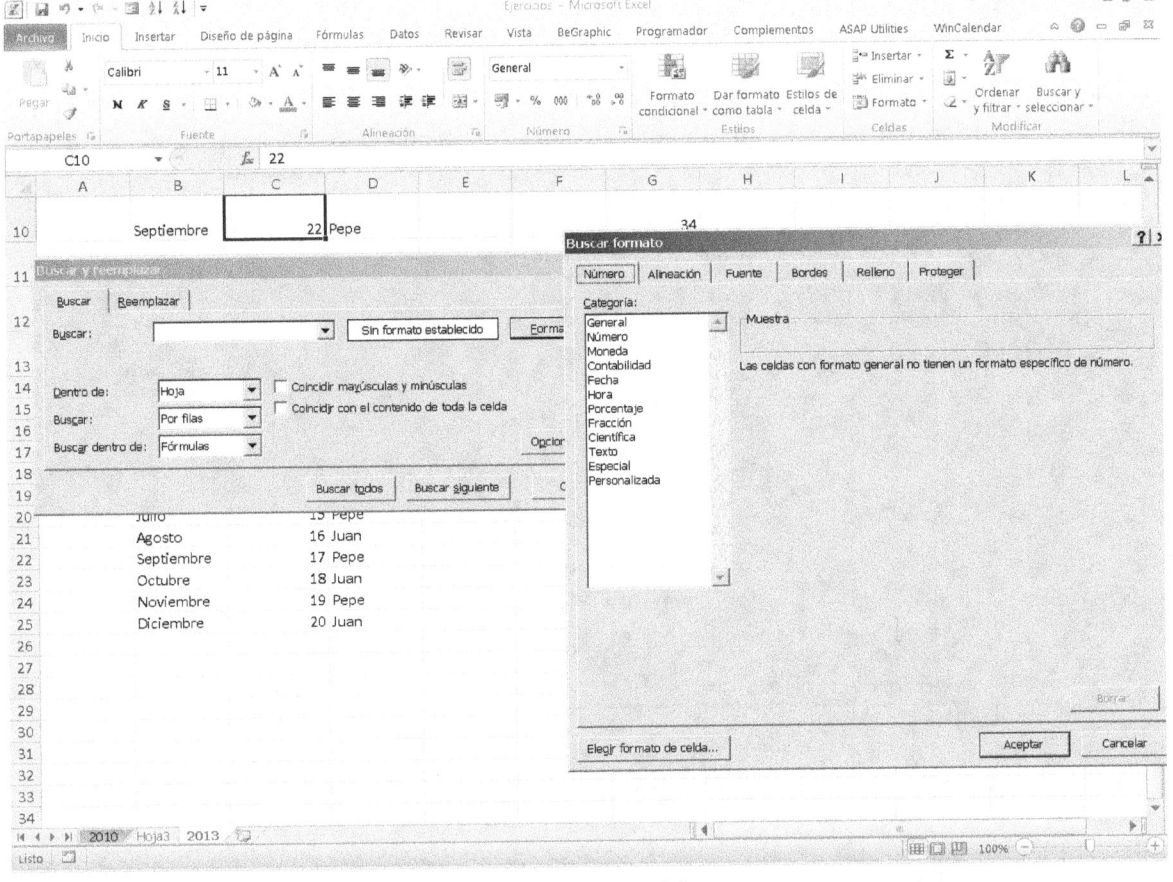

Imagen 14. Las búsquedas y reemplazos se pueden hacer de valores y de formatos.

5. Clic en la Pestaña *Fuente*. En la lista *Estilo de fuente* clic en **Negrita**.

6. Clic en **Aceptar**. El cuadro de diálogo *Buscar formato* se cierra.

7. Clic en **Buscar siguiente**. Excel resalta la celda B2.

8. Clic **Cerrar**. El cuadro de diálogo *Buscar y reemplazar* se cierra.

9. En la pestaña *Inicio*, grupo *Edición*, clic en **Buscar y seleccionar** y después en **Reemplazar**[23]. Abre el cuadro de diálogo *Buscar y remplazar* en la pestaña *Reemplazar*.

10. Clic en la flecha *Formato* y de la lista clic en **Borrar formato de búsqueda**. El formato desplegado en el campo *Buscar* desaparece.

11. En el campo *Buscar* escribid *Pepe*, y en el campo *Reemplazar con* escribid *Jose*.

12. Clic en **Reemplazar todos**. Aparece un mensaje que dice que Excel ha finalizado la búsqueda y ha realizado 11 reemplazos.

13. Clic **Aceptar** para cerrar el mensaje y **Cerrar** para que desaparezca el cuadro de diálogo *Buscar y reemplazar*.

---

[23] **Ctrl+L**

Curso avanzado de Excel paso a paso

CORRECCIÓN Y AMPLIACIÓN DE DATOS

1. En la pestaña *Revisar*, grupo *Revisión*, clic **Ortografía**. Abre el cuadro de diálogo *Ortografía Español (España)* con el primer error ortográfico en el cuadro *No está en el diccionario*.

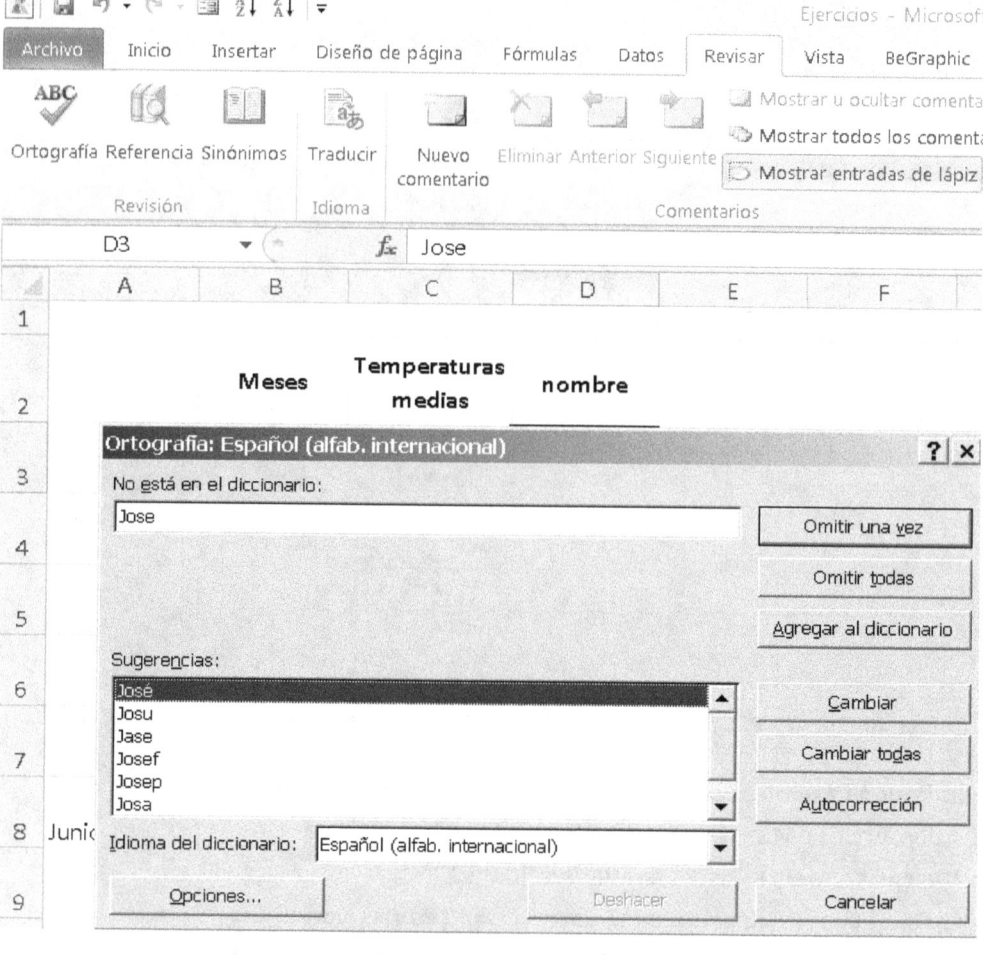

Imagen 15. Rápidamente detecta errores y propone sugerencias, si las hay.

2. Comprobad la palabra *José*, resaltada en el cuadro *Sugerencias* y clic en **Cambiar todas**. Excel cambia las palabras y presenta la siguiente cuestionada, si la hubiera.

3. Clic celda B2 y en la pestaña *Revisar*, grupo *Revisión*, clic en el botón **Referencia**[24]. Abre el Panel de tareas *Referencia* con información de la RAE, sinónimos[25], traducción, palabras relacionadas etc.[26]

4. Clic en B3 y en la pestaña *Revisar*, grupo *Idioma*, clic en **Traducir**. El panel *Referencia* ahora muestra la traducción al inglés (Estados Unidos), pero podemos elegir cualquier idioma.

---

[24] **Alt+Clic**. El comando ha desaparecido de la pestaña, aunque se puede añadir, tanto a la cinta como a la QAT.
[25] Equivalente a pulsar el botón **Sinónimos** del mismo grupo.
[26] Al desplegar la flecha del cuadro de texto, bajo el cuadro *Buscar*

18

wordexperto.com

DEFINIR TABLAS

1. Seleccionad la celda B2 y en la pestaña *Insertar*, grupo *Tablas*, clic en **Tabla**. Otro método para crear la tabla es desde la pestaña *Inicio*, grupo *Estilos*, botón **Dar formato como tabla**[27]. Ambos abren un cuadro de diálogo similar, pero con dos nombres diferentes *Crear tabla* o *Dar formato como tabla*. Al no estar definida claramente la tabla, Excel no la identifica en el cuadro *¿Dónde están los datos de la tabla?* Por lo que tendríamos que seleccionarlos.

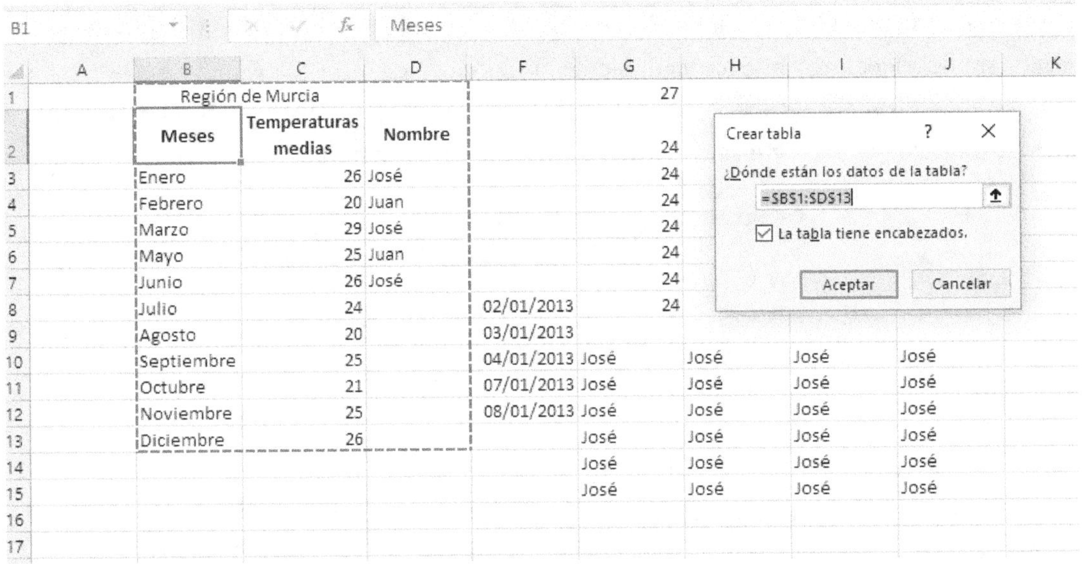

Imagen 16. Ctrl+T abre Crear tabla. Con esta estructura de datos, Excel no acierta con los rangos.

2. **Cancelar** el cuadro y borrad el contenido de las columnas A y E[28] y repetid la operación. Excel ahora reconoce perfectamente los datos e inserta la tabla.

3. En la primera celda en blanco fuera de la tabla escribid *e*, rápidamente *Autorrelleno* reconoce *Enero*, pulsad **Tab**. Excel extiende la tabla para el nuevo registro.

4. Con una celda de la tabla seleccionada, en la pestaña contextual de *Herramientas de tabla Diseño*, grupo *Opciones de estilo de tabla*, marcad la casilla *Fila de totales*. Excel añade la nueva fila a la tabla con *Recuento* en la columna D.

5. Clic en el total de la columna C y de la lista desplegable, elegid *Promedio*. Usar el comando **Disminuir decimales** de la pestaña *Inicio*, grupo *Número*, si fuera necesario.

6. Finalmente cambiamos el nombre de la tabla (*Tabla 1* por defecto), por *Temperaturas* desde el cuadro *Nombre de la tabla* del grupo *Propiedades* de la pestaña contextual *Diseño*.

7. Desde la pestaña contextual *Diseño*, grupo *Herramientas*, el botón **Convertir en rango**, deshace la tabla, aunque no borra el formato.

---

[27] **Ctrl+T** es el atajo de teclado

[28] Clic en el encabezado de la columna A, pulsad **Ctrl**, clic en el encabezado de E y pulsad **Supr**.

19

Curso avanzado de Excel paso a paso

REALIZAR CÁLCULOS

Empezamos con el manejo de las funciones integradas y las ventajas del uso de nombres para crear referencias y resumir las operaciones comerciales de una empresa.

PONER NOMBRE A GRUPOS DE DATOS

1. En la hoja que acabamos de crear con los nombres y apellidos, clic en *Nombre* en A1, **Ctrl+Mayús+Flecha abajo**, para seleccionar toda la columna. Ahora pulsamos **Mayús+Flecha arriba**, para deseleccionar intencionadamente la última celda.
2. En la pestaña *Fórmulas* grupo *Nombres definidos*, **Asignar nombre** y **Definir nombre**. Abre el cuadro de diálogo *Nombre nuevo*. **Aceptar** los valores predeterminados.

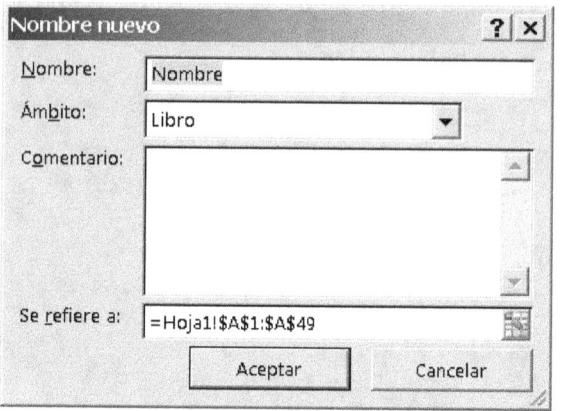

Imagen 17. Excel identifica el nombre y el rango.

3. Situaos en B2, **Ctrl+Mayús+Flecha abajo**, clic en el **Cuadro de nombres** y escribid *Apellidos* e **Intro**.

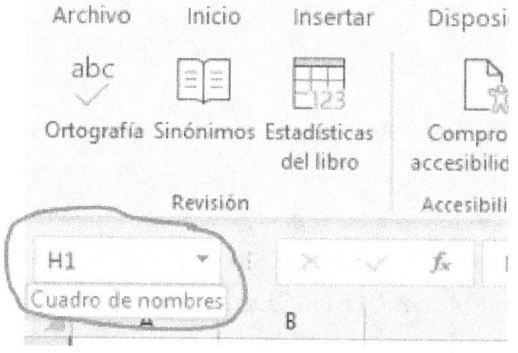

Imagen 18. El Cuadro de nombres es muy útil. Aprende más usos en este vídeo del curso sobre Excel en YouTube.

4. En el grupo *Nombres definidos* clic en **Administrador de nombres** para abrir el cuadro de diálogo del mismo nombre. Aparecen los dos nombres que acabamos de crear.

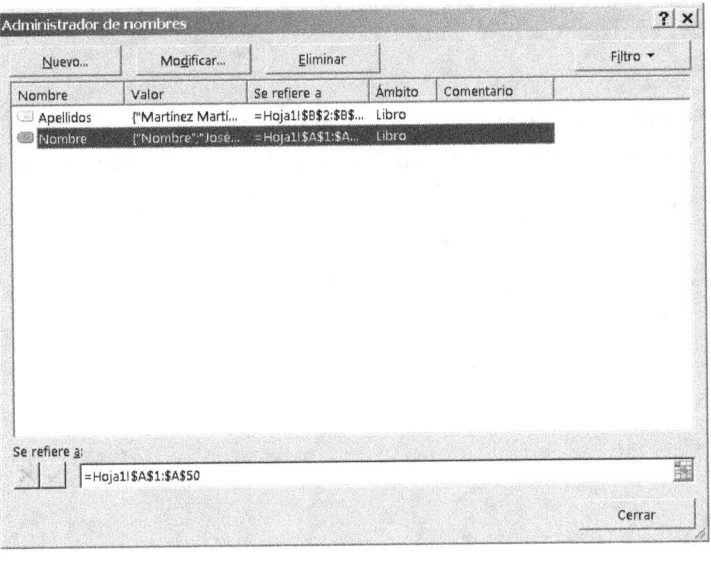

Imagen 19. Si como en este ejemplo, repetimos tres veces Nombre, el nombre se redefine dos veces y deja solo el último. Los nombres han de ser únicos para el mismo ámbito (Se refiere a:).

5. Seleccionad *Nombre* y en el cuadro de texto *Se refiere a*, cambiad $A$49 por *$A$50* y **Aceptar** en el botón de la izquierda.

6. Pulsad dos veces en el botón **Eliminar**, para eliminar los dos nombres y **Cerrar**.

7. **Ctrl+Inicio, Ctrl+Mayús+Flecha derecha** y **Flecha abajo**. Queda todo el rango seleccionado. Igual ocurre con **Ctrl+***.

8. En el mismo grupo clic en **Crear desde la selección**. Abre el cuadro de diálogo *Crear nombres desde la selección*. Dejad solo *Fila superior* marcada y **Aceptar**.

9. Comprobad en el *Administrador de nombres* los nombres definidos. Ahora clic en una celda vacía y escribid *=con*, **Flecha abajo** seis veces, **Tab**, *ap*, **Tab** e **Intro**. Aparece 49 que el recuento de las celdas del rango.

10. Con una celda del rango seleccionada, pestaña *Inicio* grupo *Estilos*, clic en **Dar formato como tabla**, elegid *Estilo de tabla medio 6* y **Aceptar** el cuadro de diálogo *Dar formato como tabla*. Excel crea una tabla a la que denomina *Tabla 1*.

11. Clic en la **Flecha desplegable del Cuadro de nombres** y observad los nombres definidos.

12. Abrid el *Administrador de nombres*, seleccionad *Tabla 1*, pulsad **Editar** y cambiar el nombre por *Datos*. Observad el resto de opciones.

CREACIÓN DE FÓRMULAS

1. *Archivo > Nuevo > Plantillas de ejemplo*. Escribid en el cuadro de búsqueda *Informe de tabla dinámica*, elegid *Informe de tabla dinámica sobre los clientes* y clic en **Crear**. Eliminad el cuadro de

Curso avanzado de Excel paso a paso

texto de la primera hoja y las otras dos hojas. Guardad este libro con este nombre (*Informe de tabla dinámica sobre los clientes*).

2. En la primera hoja, en H1, escribid =*D2* y **Ctrl+ Intro**. Aparece el contenido de la celda D2[29].

3. **Supr** y escribid =*su*, **Flecha abajo** y **Tab**. Excel ha desplegado la función *Autocompletar fórmula* y de su lista hemos elegido la función *suma*.

4. Escribid *c:c)* y **Ctrl+Intro**. Aparece la suma de todas las celdas de la columna C. Es el equivalente a =*suma(c2:c948)* que también lo habríamos obtenido con el ratón arrastrando desde c2 hasta c948, pero habríamos tardado más.

5. **Ctrl+Inicio, Ctrl+Mayús+Flecha derecha** y **Flecha abajo (Ctrl+*)**. Definir nombres, utilizando la fila superior desde el cuadro de diálogo *Definir nombres desde la selección*.

6. Situaos, de nuevo en H1 y **Supr** y escribid =*su*, **Flecha abajo**, **Tab**, escribid *t*, **Flecha abajo**, **Tab**, y pulsad **Intro**. Obtenemos el mismo resultado utilizando los nombres que definimos en el ejercicio anterior. **Supr**.

7. Convertid el rango en tabla desde la pestaña *Insertar*, grupo *Tablas*. *Inicio > Edición > Borrar* y **Borrar formatos**.

8. Seleccionad la celda G2, escribid =*suma(c2:f2)* y pulsad **Ctrl+Intro**. Excel añade una nueva columna a la tabla con la suma de los trimestres. **Doble clic**, si fuese necesario entre las divisiones de las columnas *G* y *H*. Seleccionad la celda G39 y observad la fórmula que contiene (=*suma(c39:f39)*).

9. Moved el ratón por la cabecera de *T1* hasta que cambie a una flecha negra apuntando hacia abajo. **Clic** y arrastrad hasta la última columna. *Inicio > Número* y **Formato de número de contabilidad**.

10. En G1 presionad **F2** y escribid *SubTotal*. En K1 escribid *0,21*, en la pestaña *Inicio*, grupo *Número* pulsad el botón **Estilo porcentual**. La celda cambia a 21%.

11. Clic derecho sobre k1, **Formato de celdas**[30], pestaña *Fuente*, clic en la lista *Color* y elegid **Blanco**. No se ve el contenido de la celda[31], aunque su valor permanece, tal y como se refleja en la *Barra de fórmulas*.

12. En H2 escribid =*g2*k1* y pulsad **Ctrl+Intro**. Excel añade una nueva columna a la tabla, pero solo acierta con el resultado de la primera celda. Comprobad la fórmula de la celda H3 e inferiores y observad que el error se debe a que no se ha fijado el valor de K1.

13. Seleccionad de nuevo H2, comprobad que el punto de inserción en la Barra de fórmulas está al final de la fórmula y presionad cinco veces **F4**, observando cómo cambia la fórmula, **Intro**. Excel ahora sí que realiza correctamente los cálculos. Comprobad como, en todas las celdas, permanece K1. Cambiad el nombre de *Columna 1* por *IVA*.

14. En I1 escribid *Total*. Excel automáticamente amplía la tabla, dando el mismo formato a la nueva columna.

---

[29] Antes seleccionad el cuadro de texto y **Retroceso**.

[30] **Ctrl+1** es el atajo de teclado.

[31] La forma más correcta habría sido desde el mismo Cuadro de diálogo *Formato de celdas*, en la ficha *Número*, categoría *Personalizada* y en el cuadro *Tipo* escribid *;;;* y **Aceptar**.

15. En I2 escribid =*g2+h2*, pulsad **Intro**[32]. Si aparecen # en algunas celdas, situad el puntero del ratón en la intersección de las cabeceras de las columnas I y J y cuando cambie el puntero haced doble clic. Excel ajusta la anchura de la columna al contenido de la celda mayor.

RESUMIR DATOS QUE CONTIENEN CONDICIONES ESPECÍFICAS

1. En J2 escribid =*si(i2>1000;"Aplicar descuento")* pulsad **Ctrl+Intro** y extended la fórmula. Observad el resultado. Añadid **;** *y* "" y pulsad de nuevo **Ctrl+Intro**. Observad el resultado. Notad que ahora Excel ha sustituido *FALSO* por nada ("").

2. Volvemos a J2 y escribimos =*si(i2>1500;"Muy bien";si(i2<750;"Mal";"Normal"))*, **Ctrl+Intro** y extended la fórmula desde el cuadro de relleno[33].

3. Escribid C951 en el **Cuadro de nombres** e **Intro** y escribid =*promedio(c2:c948)* **Ctrl+Intro**. Extended la fórmula hasta I951.

4. En D952 escribid =*contar(d2:d948)*[34].

5. En E952 escribid =*suma(e2:e948)*, **Ctrl+Intro** y extended la fórmula hasta I952.

6. En C953 escribid =*promedio.si(b2:b948;b3;c2:c948)* y **Ctrl+ Intro**. Desplegad el cuadro de diálogo *Argumentos de función* para comprender la fórmula[35].

7. En D953 escribid =*contar.si(d2:d948;">0")* y **Ctrl+Intro**. En vez de d2:d948 ponemos T2. A partir de ahora, en vez de escribir los rangos vamos a utilizar los nombres que creamos antes, de modo que las fórmulas sean completamente comprensibles.

8. En E953 escribid =*sumar.si(a2:a948;a2;e2:e948)* y **Ctrl+Intro**[36]. =*SUMAR.SI(Producto;"Cordero Alice springs";T3_)*.

9. En C954 escribid =*promedio.si.conjunto(c2:c948;b2:b948;b3;a2:a948;a2)* al pulsar **Intro** nos devuelve el promedio de cordero Alice springs que ha vendido Bergs. =*PROMEDIO.SI.CONJUNTO(T1_;Cliente;"BERGS";Producto;"Cordero Alice springs")*

10. En D954 escribid =*contar.si.conjunto(b2:b948;b3;d2:d948;">500")* al pulsar **Intro** nos devuelve el número de ventas superiores a 500 euros del vendedor Bergs. =*CONTAR.SI.CONJUNTO(T2_;">500";Cliente;"Bergs")*

11. En E954 escribid =*sumar.si.conjunto(e2:e948;b2:b948;b3;a2:a948;a44)* al pulsar **Ctrl+Intro** nos devuelve las ventas de queso de Bergs. =*SUMAR.SI.CONJUNTO(T3_;Cliente;"BERGS";Producto;"Camembert Pierrot")*

---

[32] Se pueden hacer todos los pasos de una vez con la fórmula =suma(c2:f2)*k1+suma(c2:f2) o lo que es lo mismo =suma(c2:f2)*1,21.

[33] Notad que en cuanto escribimos = y alguna letra aparece la lista **Autocompletar función**, (Si está marcada esta opción en Opciones > Fórmulas > Trabajando con fórmulas), que nos ofrece las que dispone Excel, unas 408 diferentes que podemos utilizar solas, combinadas y anidadas. A continuación, nos muestra Información en pantalla de los argumentos que la componen, entre paréntesis los obligatorios y entre corchetes los opcionales. Una vez Introducida la fórmula en la *Barra de fórmulas*, pulsando el botón de su izquierda **Insertar función**, abre el cuadro de diálogo *Argumentos de función* con breves descripciones y enlace a la ayuda de Excel donde viene una explicación más detallada y con ejemplos del uso de la función.

[34] Cambiad el formato *Moneda* a *Número*

[35] Nos devuelve el promedio de ventas de un vendedor.

[36] Nos suma las ventas de un producto.

Curso avanzado de Excel paso a paso

12. En C955 escribid =*max(c$2:c$948)*, **Ctrl+Intro** y arrastrad hasta I955[37].

13. Crear el nombre *Datos* para todo el rango, si no lo está. Lo crearemos en el paso siguiente y así forzamos un error tipo NOMBRE y lo explico.

14. En C956 escribid =*indice(datos;coincidir(max(c$2:c$948);c$2:c$948;0);2)*. Al pulsar **Ctrl+Intro** Excel nos muestra el nombre del vendedor con las mayores ventas en el trimestre especificado[38]. =*INDICE(Datos;COINCIDIR(MAX(T1_);T1_;0);2)*

15. Sustituir el último *dos* de la fórmula por *uno* y nos mostrará los productos.

16. La nueva función <u>BUSCARX</u>, disponible desde Office 365, no necesita que el valor a buscar esté a la izquierda, ni el orden y devuelve un valor de error directamente. En este caso sería: =BUSCARX(MAX(T1_);T1_;Producto).

En Buscar información en una hoja de cálculo tenemos otros ejemplos de funciones similares.

CÁLCULOS ITERATIVOS Y AUTOMÁTICOS

1. En una hoja nueva del libro *Ejercicio*, dejadlo como en la figura. Las celdas B3 y B5 contienen fórmulas. En B5: =B3-B4.

---

[37] Solo en el caso de que necesitemos arrastrar las fórmulas, será necesario fijar, o no, las referencias con el símbolo $ (**F4**).

[38] Con las funciones buscar y buscarv, habríamos tenido que ordenar los datos.

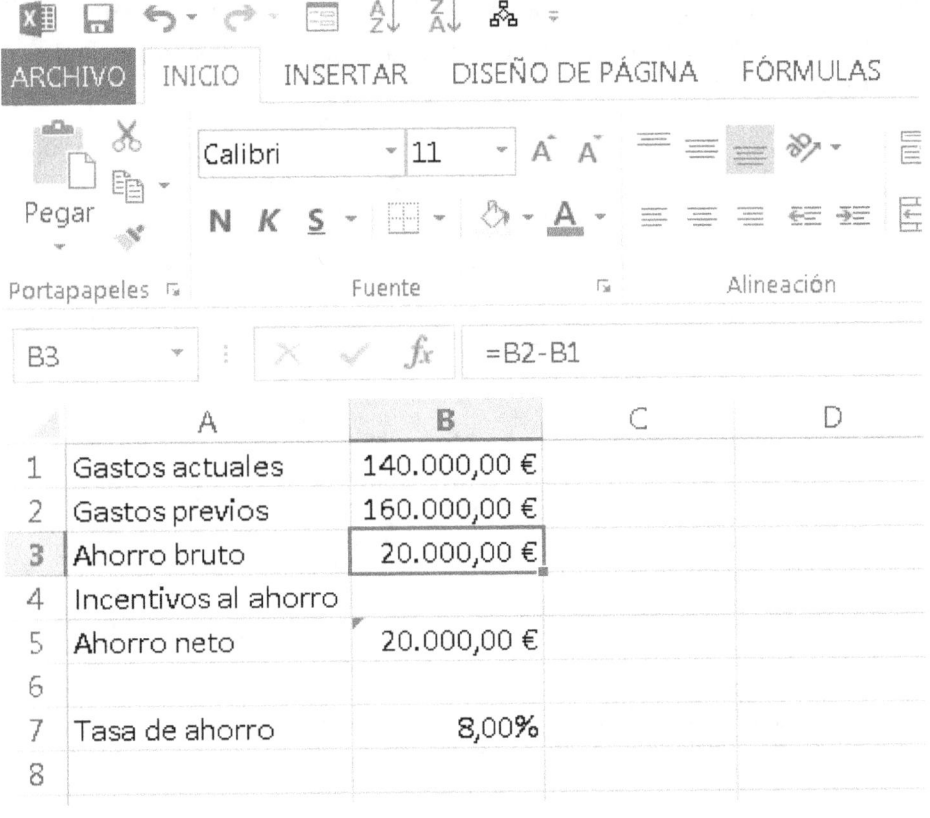

Imagen 20. Las fórmulas de B4 y B5 dependen, a su vez, de los valores de B4 y B5.

2. Escribid en B4, =*b5*b7*. Excel muestra un aviso de referencia circular.

3. En *Archivo > Opciones > Fórmulas > Opciones de cálculo*, cambiad el cálculo a **Manual** y marcad **Habilitar cálculo iterativo**.

4. Volved a la hoja y presionad **F9**. Ahora Excel realiza el cálculo correcto.

5. Cambiad de nuevo las opciones de cálculo

USAR FÓRMULAS MATRICIALES

1. En una nueva hoja del libro *Ejercicios*, en F2 escribid, *1*, **Flecha derecha**, *2*, **Flecha izquierda**, **Mayús** y **Flecha derecha**. Arrastrad el controlador de relleno hasta O2.

2. Tal como está seleccionado, copiad y pegad (*Transponer*) en E3.

3. Escribid en F3, =*f2*, pulsad **F4** dos veces, *, *e3* y pulsad **F4** tres veces. Debe quedar =*F\$2*\$E3*.

4. Arrastrad hasta completar todo el rango F3:O12.

Curso avanzado de Excel paso a paso

5. Otra forma de hacerlo es con una fórmula matricial. Seleccionad el rango, **Supr**, escribid =*f2:o2*, *, *e3:e12*. Ahora presionad **Ctrl+Mayús+Intro**. Hemos obtenido el mismo resultado y nos aparece la fórmula {=*F2:O2*E3:E12*}[39]

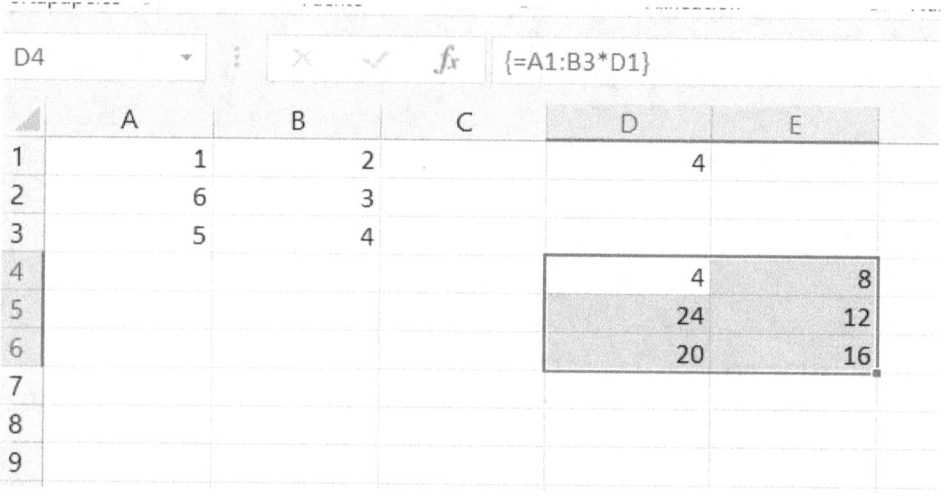

*Imagen 21. Los corchetes NO se pueden introducir manualmente. Solo con **Ctrl+Mayús+Intro**. Observad que la selección del rango de salida de la fórmula matricial tiene que ser congruente. En este caso, al multiplicar un rango de seis celdas por una, el resultado debe ser un rango de seis celdas, que hay que seleccionar previo a la introducción de la fórmula matricial.*

ENCONTRAR Y CORREGIR CÁLCULOS

1. En el libro *Informe de tabla dinámica sobre los clientes*, clic en celda C953, en la pestaña *Fórmulas* grupo *Auditoría de fórmulas*, clic **Ventana de inspección**. Abre el cuadro de diálogo *Ventana de inspección*.

2. Clic **Agregar inspección** y en el cuadro de diálogo *Agregar inspección*, clic en **Agregar**. La celda C953 aparece en el *Auditor de fórmulas*.

3. Ahora al cambiar un valor de C que afecte a la fórmula, en los que tenga ventas Bergs, como C872, nos aparece el resultado en la Ventana de inspección. Deshaced el cambio de valor.

4. Clic en la celda C953. =*PROMEDIO.SI(B2:B948;B3;C2:C948)*, aparece en la *Barra de fórmulas*.

5. En la pestaña *Fórmulas* grupo *Auditoría de fórmulas*, clic en el botón **Rastrear precedentes**. Aparecen tres flechas azules que, partiendo de los rangos, B2:B948, C2:C948 y B3 apuntan a la celda C953 indicando que su valor depende de estos.

6. En el mismo grupo, clic en **Quitar flechas**.

7. En la fórmula, en C2:C948, cambiad *C* por *L*, **Intro**. Clic en el botón **Comprobación de errores** del grupo *Auditoría de fórmulas*. Abre el cuadro de diálogo *Comprobación de errores* que nos advierte

---

[39] Los corchetes no se pueden introducir manualmente.

26

de que hay un error en la celda C953 porque utilizamos celdas vacías. Si pulsamos sobre los botones **Anterior** o **Siguiente**, nos advierte de que no hay más errores y cierra el cuadro de diálogo[40].

8. En el grupo *Auditoría de fórmulas* clic en la flecha del botón **Comprobación de errores** y clic en **Rastrear error**. Excel muestra el rango L2:L948, vacío, con una flecha apuntando a nuestra celda, lo que nos da una idea exacta del error.

9. Clic en **Quitar flechas**, corregid la fórmula en la *Barra de fórmulas*. Clic en C953 y clic en el botón **Evaluar fórmula** del grupo *Auditoría de fórmulas*. Abre el cuadro de diálogo *Evaluar fórmula* con la fórmula de la celda C953 en el cuadro *Evaluación*.

10. Clic en el botón **Evaluar** dos veces. Observad como la parte de la fórmula subrayada es la que se muestra su solución al pulsar sobre el botón **Evaluar**.

11. Repetid **Evaluar fórmula** para C956, donde está la fórmula Indice.

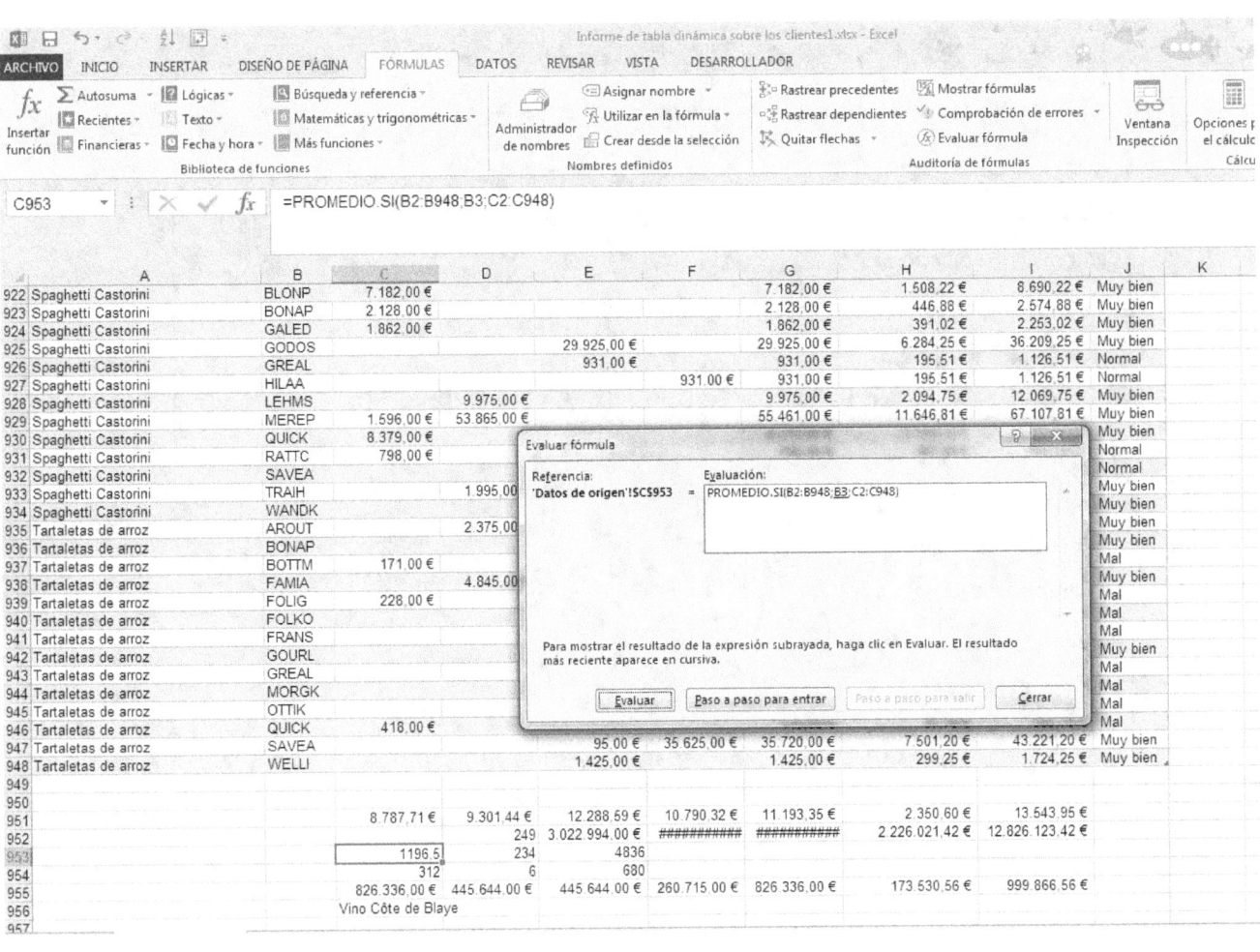

Imagen 22. Evaluar fórmula, es una manera rápida de encontrar errores.

---

[40] Informar aquí sobre los tipos de errores: ##### #, VALOR!, #NOMBRE?, #REF!, #DIV/0! Y #N/D (No disponible), muy común en las funciones de búsqueda y referencia.

Curso avanzado de Excel paso a paso

CAMBIAR LA APARIENCIA DE LOS LIBROS

Una cosa son los valores o datos que almacena Excel y otra como los muestra. En estos ejercicios aprenderemos sobre los formatos. Ingresar datos en un libro de trabajo ahorra tiempo de manera eficiente, pero también debes asegurarte de que los datos sean fáciles de leer.

FORMATO DE CELDAS

1. En C950 escribid *Informe*, **Ctrl+Intro**, en la pestaña *Inicio*, grupo *Fuente*, clic en el botón **Negrita (Ctrl+N)**, clic en la flecha **Tamaño de fuente** y elegid **18**. Seleccionad hasta I950 y pulsad el botón **Combinar y centrar** del grupo *Alineación*, clic en el botón **Alinear en el medio** del mismo grupo.

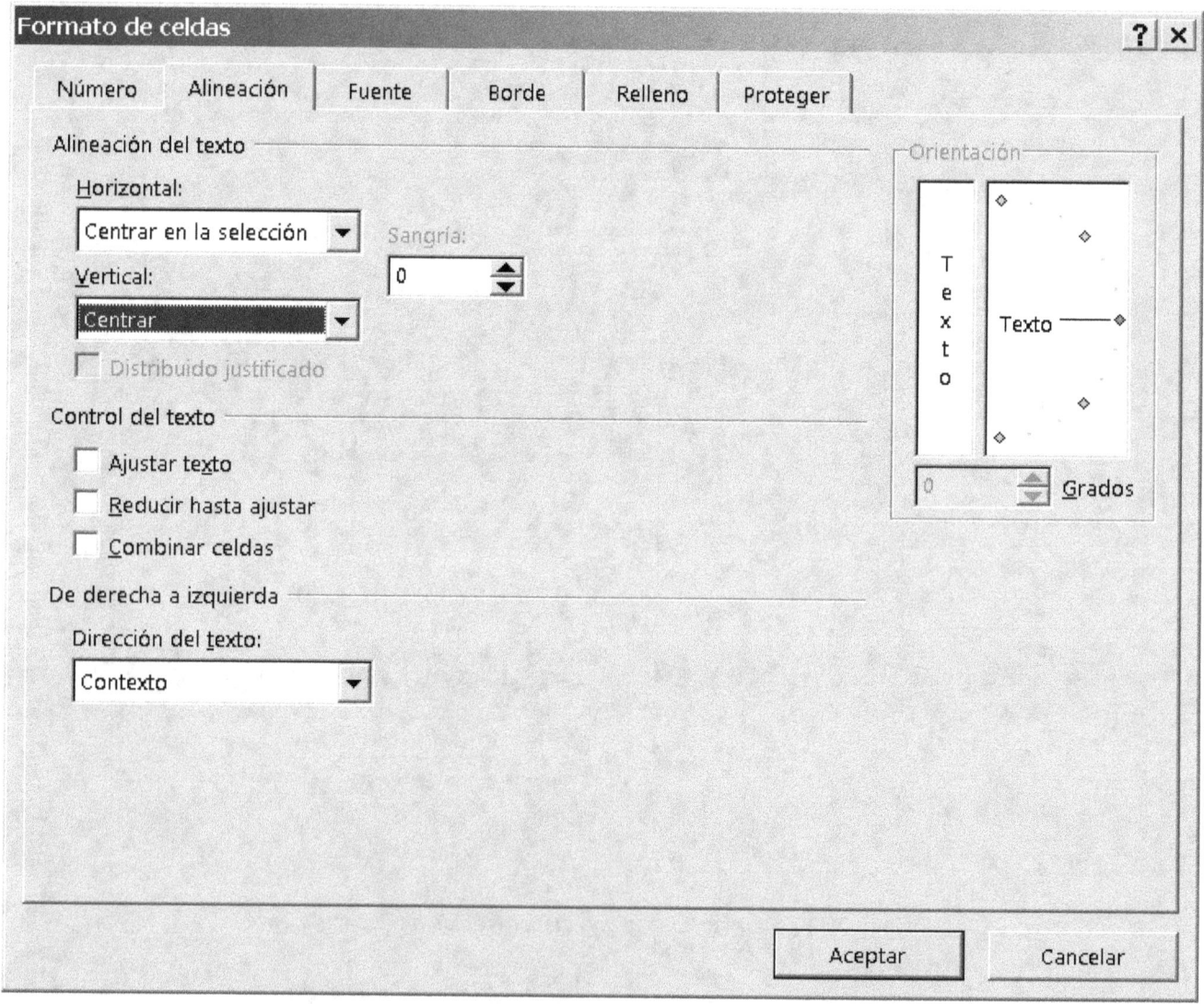

Imagen 23. Siempre es mejor utilizar Centrar en la selección que Combinar y centrar.

2. Pulsad **Ctrl+Mayús+Flecha abajo** y clic en la flecha del botón **Bordes** y elegid **Todos los bordes**.

3. En el grupo *Fuente* clic en **Color de fuente**, en *Colores estándar* elegid **Rojo**, clic en **Color de relleno** y en *Colores estándar* elegid **Verde claro**. Seleccionad C950, clic en **Color de relleno** y bajo *Colores estándar* elegid **Verde**.

4. *Archivo > Opciones > General > Al crear nuevos libros* en *Usar esta fuente* elegid *Arial*. Clic en **Cancelar**.

ESTILOS

1. En la pestaña *Inicio*, grupo *Estilos*, clic **Estilos de celda** y **Nuevo estilo de celda**. Abre el cuadro de diálogo *Estilo*.

2. En el cuadro *Nombre del estilo*, escribid *Cabecera* y pulsad el botón **Aplicar formato** para abrir el cuadro de diálogo *Formato de celdas*.

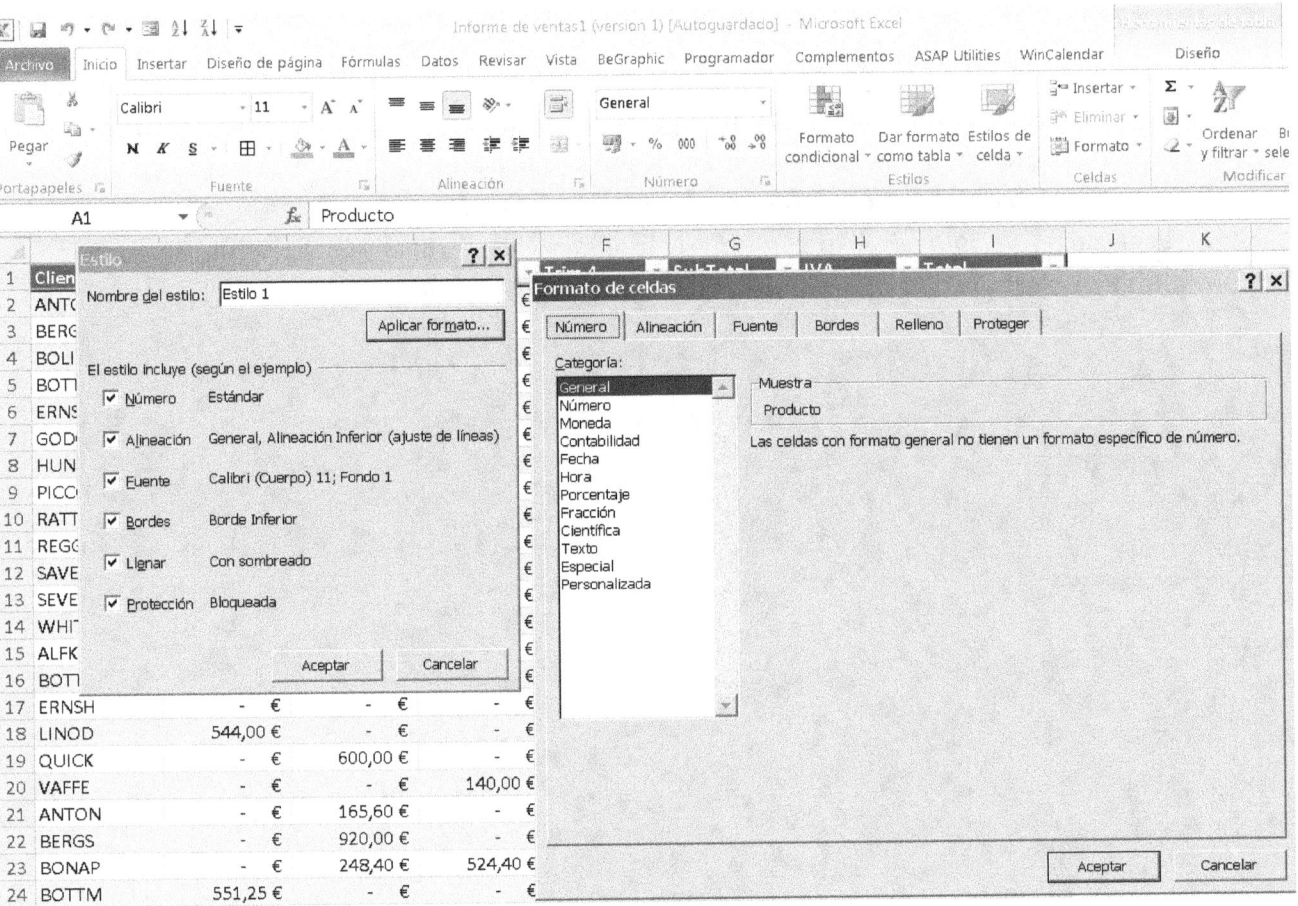

Imagen 24. Crear estilos personalizados o aplicar los predefinidos, es una manera rápida de dar formato.

3. En la pestaña *Alineación* en *Alineación del texto* en *Horizontal* elegid **Centrar** y en *Vertical* elegid, también, **Centrar**.

4. Clic en la pestaña *Fuente*, en *Estilo de fuente* elegid **Negrita** y *Color* **Blanco**.

5. Clic en la pestaña *Número* y seleccionad **Texto**.

6. Clic en la pestaña *Relleno* y en *Color de fondo* elegid, **Negro**.

Curso avanzado de Excel paso a paso

7. Clic **Aceptar** dos veces para cerrar los dos cuadros de diálogo.

8. **Ctrl+Inicio y Ctrl+Mayús+Flecha derecha**, para seleccionar A1:I1 y clic en **Estilos de celda**[41]. En la parte superior, bajo *Personalizada* se ve nuestro nuevo estilo. Posad el ratón sobre los diferentes estilos, deteniéndose especialmente sobre los de *Títulos y encabezados*, para finalmente clic sobre **Cabecera**. El nuevo estilo se aplica a las celdas seleccionadas.

9. En la pestaña contextual *Diseño de tabla*, grupo *Estilos de tabla*, clic en la flecha **Más**, desplazad el ratón por los diferentes estilos y observad como el Estilo *Cabecera* no cambia.

10. En C957 escribid *Hola*, **Ctrl+Intro** y aplicadle el estilo **Título**, **Supr** y escribid *1*. Observamos como con la tecla suprimir solo se borra el contenido y no el formato de la celda que permanece. Para eliminar tanto el contenido como el formato hay que utilizar el comando **Borrar** del grupo *Edición* de la pestaña *Inicio*.

APLICAR TEMAS Y ESTILOS DE TABLA

1. Clic en cualquier celda de la tabla. Si no está como tabla, convertid con **Ctrl+T** En la pestaña *Inicio*, grupo *Estilos*, **Dar formato como tabla** y posad el ratón por los diferentes estilos. La función Previsualización muestra cómo quedaría la tabla si se aplicara.

2. Clic en **Nuevo estilo de tabla**. Abre el cuadro de diálogo *Nuevo estilo rápido de tabla*.

3. En el campo *Nombre*, escribid *Tupct*. En la lista *Elemento de tabla* selecciona *Fila de encabezado* y clic en **Formato** para abrir el cuadro de diálogo *Formato de celdas*.

---

[41] El estilo de celda **Normal** es el que viene aplicado por defecto a todas las celdas en Excel. Cualquier formato que deseemos cambiar rápidamente para todas las celdas, lo haremos modificando este estilo de celda, desde clic derecho y modificar. Por defecto, trae aplicado el formato de número **General**. El formato General trata los números como números, el texto como texto y las fechas como fechas. Probad, cambiando a **Fecha,** e introducid números. Probad, cambiando a **Texto**, e introducid fechas.

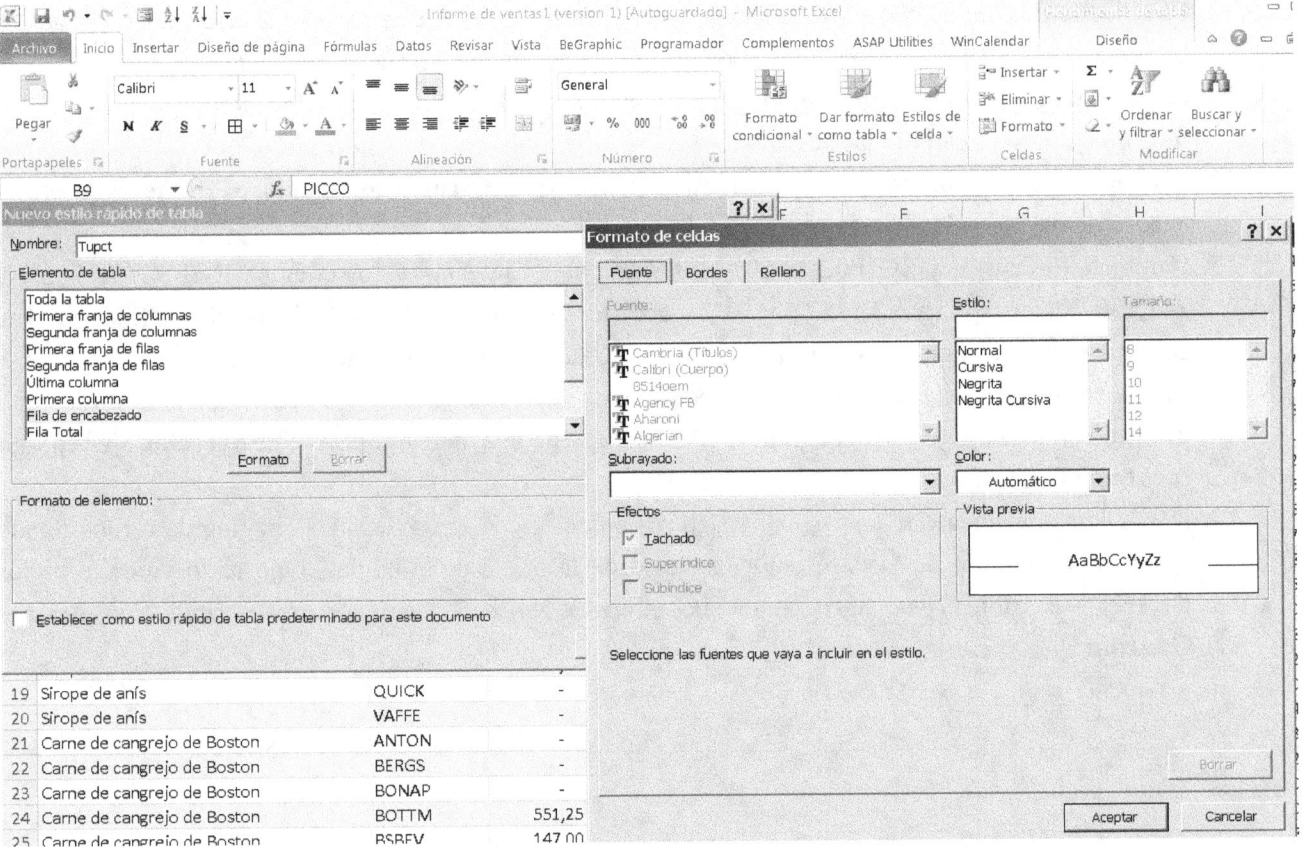

Imagen 25. Los estilos rápidos de tabla permiten que todas nuestras tablas similares, tengan el mismo formato.

4. En la pestaña *Fuente* seleccionad *Estilo* **Negrita** y *Color* **Blanco** y en la pestaña *Relleno, Color de fondo* **Negro**. Clic en el botón **Efectos de relleno** para ver el cuadro de diálogo del mismo nombre y sus opciones. **Cancelar** y **Aceptar**.

5. Seleccionad *Primera columna, Formato*, en *Fuente* **Negrita** y en *Relleno, Color* **Azul**.

6. Para *Fila Total* seleccionad **Negrita**, en *Bordes* **Línea doble** y *Relleno* **Gris**. Observad como los cambios que hacemos se previsualizan en *Vista previa* en el cuadro de diálogo *Nuevo estilo rápido de tabla*.

7. En *Primera franja de filas* elegid un *relleno* **Azul claro** y un **Azul oscuro** para la *Segunda*. **Aceptar** para cerrar todos los cuadros de diálogo.

8. Repetid el mismo formato para *Segunda franja de columnas*. El objetivo es alternar el azul claro y el oscuro. Al final haced la prueba marcando en *Opciones de estilo de tabla*, **Columnas con bandas**.

9. En la pestaña *Inicio*, grupo *Estilos* clic en *Dar formato como tabla*. Abre la galería y arriba del todo, bajo *Personalizada* aparece nuestro estilo *Tupct*. Clic para aplicarlo.

10. Clic en la pestaña contextual de *Herramientas de tabla, Diseño*, en el grupo *Estilos de tabla* se reproduce la galería, también con nuestro nuevo estilo.

11. En el grupo *Opciones de estilo de tabla*, marcad **Fila de totales** y **Primera columna**. Comprobad los resultados.

Curso avanzado de Excel paso a paso

12. Id a la fila de totales clic en cada celda y desplegad la flecha que aparece a la derecha. Mirad las opciones y elegid **Recuento** para las dos primeras columnas y **Suma** para el resto.

13. En la pestaña *Disposición de página*, grupo *Temas*, clic la flecha del comando **Fuente** y elegid *Clásico de Office 2*. Excel cambia la fuente.

14. Clic en la flecha **Colores** y al final de la galería clic en **Crear nuevos colores del tema**. Abre el cuadro de diálogo *Crear nuevos colores del tema*.

15. Cambiad Énfasis 1 a RGB:0,84,160 y los siguientes Énfasis por los códigos RGB; 117,178,221; 247,150,70; 216,30,5 y *128,112,65*[42]. Para acceder clic en la flecha de **Énfasis**, clic al final en **Más colores** y en la pestaña *Personalizados* del cuadro de diálogo *Colores* se marcan.

16. Como solo tenemos cinco colores y necesitamos seis, vamos a buscar el sexto, uno verde muy utilizado en los códigos de la página web. Desde esta página, que lo utiliza, **Clic derecho**, **Ver código fuente de la página**[43].

17. Desde la sexta línea clic en css/estilos_adm_contenidos.css. nos lleva a la página de estilos donde buscamos el código de nuestro color (después de la mitad de la página, bajo texto verde, o mejor **Ctrl+F** y escribid *Texto verde* para encontrarlo.): #4E8406[44].En nombre escribid *ColorUpct* y **Guardar**[45].

---

[42] Son los de la imagen corporativa de la UPCT (página 1.03 de http://www.upct.es/contenido/universidad/galeria/identidad/MIC_UPCT_Tomo1.pdf). También lo eran las fuentes que elegimos antes, página 2.18.

[43] **Clic derecho** e **Inspeccionar**, es más rápido. Este color ya ha desaparecido de la web de la UPCT.

[44] Es un código hexadecimal, para convertirlo a decimal y así obtener el código RGB, tenemos que usar la función Hex.A.Dec de Excel y nos da 78,132,6.

[45] Si el cambio afecta al estilo de tabla, clic derecho sobre su miniatura en la galería, **Modificar** y cambiar el color.

32

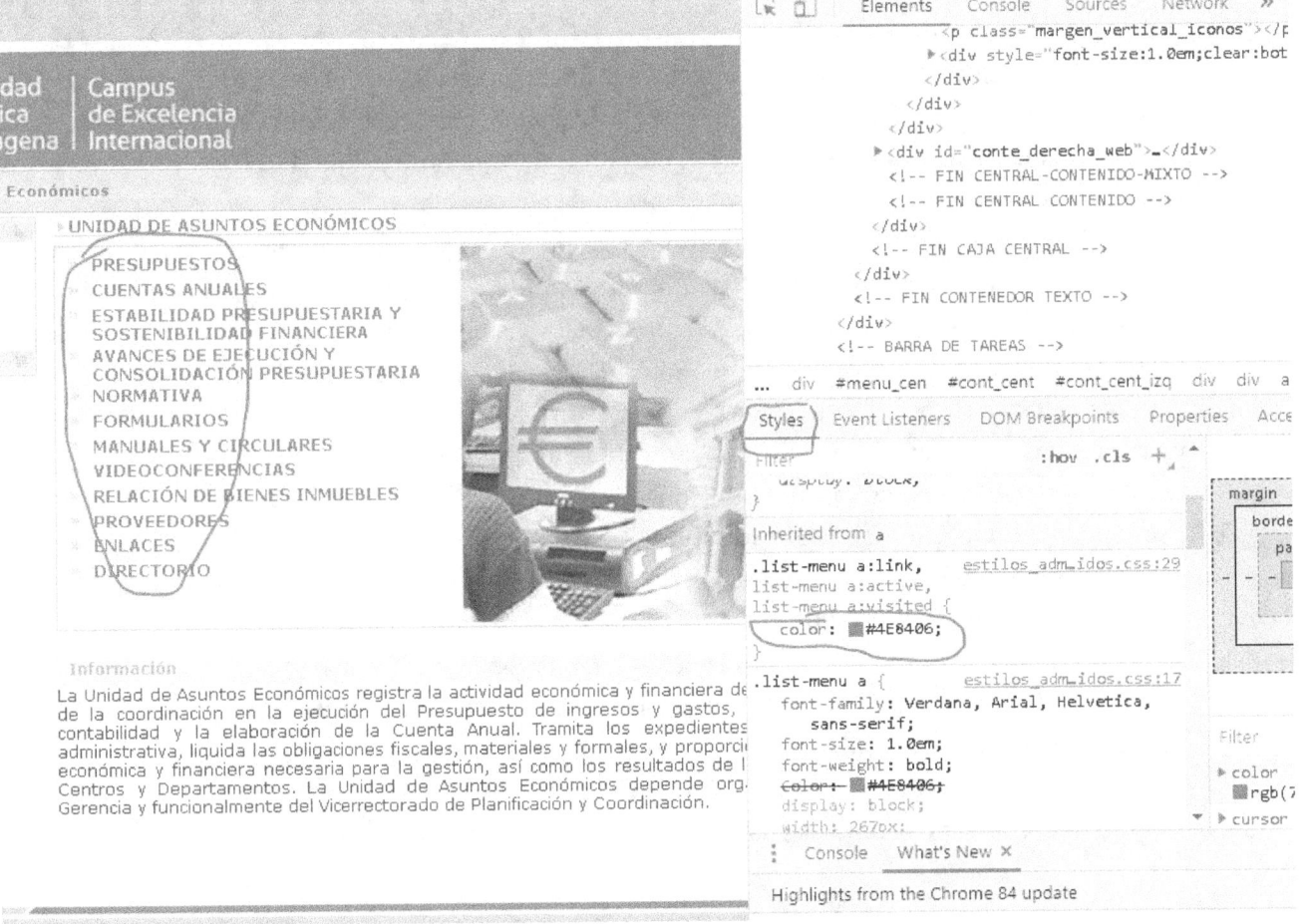

Imagen 26. El referido color verde.

18. Añadimos también el *Efecto Office*.

19. En el grupo *Temas*, clic el botón **Temas** y **Guardar tema actual**.

20. En el cuadro de diálogo del mismo nombre, escribid *UPCT* y **Guardar**. El nuevo tema que acabamos de crear estará disponible en todos los archivos de Office que creemos desde nuestro ordenador y podremos exportarlo a cualquier otro. En el cuadro de diálogo **Guardar**, podemos ver la ruta: *C > Usuarios > Nombre de usuario > AppData > Roaming > Microsoft > Plantillas*.

HACIENDO LOS NÚMEROS MÁS FÁCILES DE LEER

1. Clic en C955 y arrastrad hasta I955, **Ctrl+1** y **Centrar en la selección**. Escribid *=ho*, **Flecha abajo** cuatro veces, **Tab**, *)*, **Intro**. Aparece la fecha como 18/11/2012. Clic derecho, **Formato de celdas**, para abrir el cuadro de diálogo *Formato de celdas*[46].

---

[46] **Ctrl+1** es mucho más rápido.

Curso avanzado de Excel paso a paso

2. En la pestaña *Número,* en *Categoría* elegid **Fecha** y en *Tipo* el segundo. **Aceptar**. Excel muestra domingo, 18 de noviembre de 2012.

3. Clic en **Supr**, escribid *1-1-12* e **Intro**. Excel muestra domingo, 01 de enero de 2012.

4. Clic A955, en la pestaña *Inicio*, grupo *Número*, clic en la flecha del botón **Formato de número** y clic en **Más formatos de número** para abrir el cuadro de diálogo *Formato de celdas*.

5. Clic en la pestaña *Número*, en la lista *Categoría*, clic en **Especial**.

6. Clic en **Número de teléfono**, escribid vuestro número. Excel lo transforma en el formato americano.

7. Desplegad de nuevo el cuadro de diálogo *Formato de celdas*, en *Categoría* clic en **Personalizada**, en *Tipo* escribid ### ## ## ## y **Aceptar**. Ahora escribid vuestro número de teléfono e **Intro** o cualquiera de las flechas. Excel lo muestra con el formato español y con los espacios en blanco que hemos definido antes[47].

8. Clic en A955, clic derecho y **Formato de celdas**, en *Categoría* elegid **Personalizada** y en *Tipo* escribid *#.##0,00 € "Antes de impuestos"* y **Aceptar**.

9. Escribid *23* e **Intro**. En A288 aparece 23,00 € Antes de impuestos.

10. Volved a A955. En *Formato de celdas*, **Personalizada**, *Tipo*, escribid *000.000,00*. En la celda escribid *1* e **Intro**. Excel muestra 000.001,00.

11. Ahora poned *###.###,##* y escribid en la celda *1*. Comprobad la diferencia.

12. Clic en A955 en *Formato de celda*, **Personalizado**, *Tipo*, escribid *;;;*. **Intro** y comprobad que Excel oculta el contenido de la celda[48].

13. En la misma celda, poned el siguiente formato: *[Azul]#.##0,00_);[Rojo](#.##0,00);0,00;"ventas de "@* y probad con varios números positivos y negativos y con el texto: *manzanas*[49].

---

[47] Habríamos obtenido el mismo resultado con *000 00 00 00*. Los ceros obligan a que haya el mismo número de cifras que ceros, si faltan lo completa con ceros a la izquierda.

[48] Esto se debe a que los formatos utilizan cuatro secciones separadas por **;**. La primera para los números positivos, y el cero si se omite la tercera. La segunda para los negativos. La tercera para el cero y la cuarta para el texto.

[49] El guion bajo seguido de otro carácter deja un espacio en blanco.

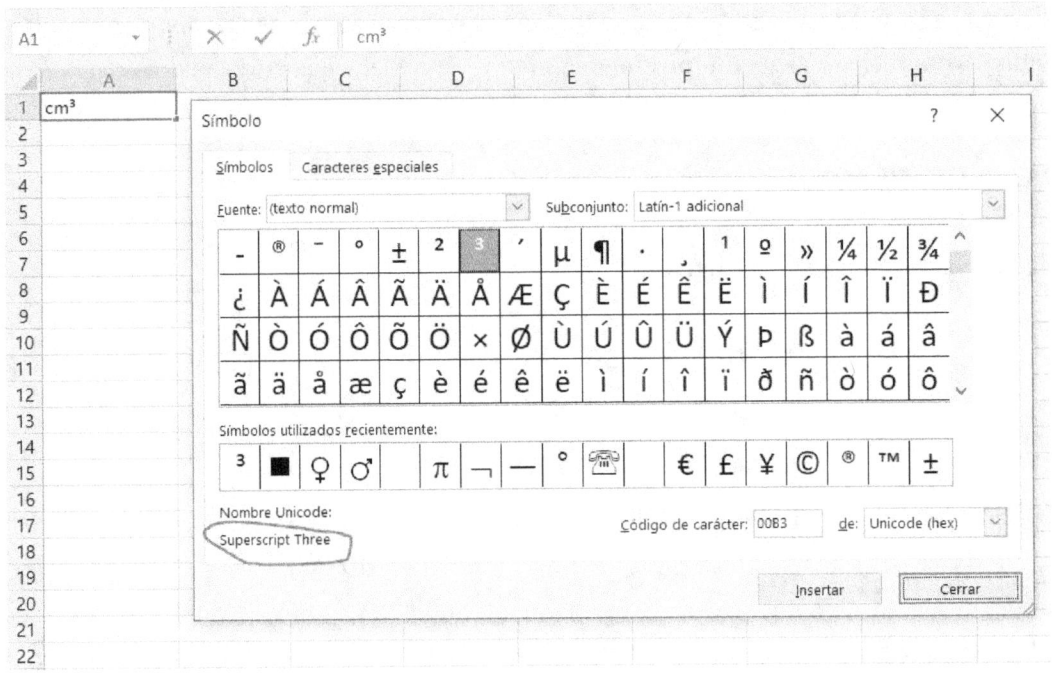

*Imagen 27. Ahora podemos copiar cm³, de la celda en la que lo hayamos escrito, o, mejor, desde la Barra de fórmulas, y pegarlo en Autocorrección[50]. Para conseguir un formato personalizado, como **# "cm³"**, y usarlo sin que cambie el valor de la celda debemos pegarlo como formato personalizado. Solo cambiará la apariencia (mostrará cualquier número como centímetros cúbicos).*

14. Dad formato como *#0,0E+0*, y escribid *12200000*.

15. En el rango C955:I955, donde tenemos la fecha, **Ctrl+1**, *Personalizado* y en *Tipo* escribid: *dddd, dd" de "mmmm" de "aaaa" a las "hh:mm*. Observad en *Muestra* cómo se aprecian los cambios. **Aceptar**, en la barra de fórmulas cambiad la función *Hoy* por *Ahora* y comprobad el resultado.

16. Escribid en A955 *15:30*, cambiad por *25:45*. Observad el resultado. **Ctrl+1**, elegid, de *Personalizada*, el formato *[h]:mm:ss* y **Aceptar**[51].

17. Cambiad el formato a *Número* o a *General* y observad como almacena Excel las fechas y horas[52]. Comentar lo del domingo 1-1-1900 y el 29-2-1900, que no existió. Comentar el sistema 1904 para Mac. Se cambia desde *Opciones > Avanzadas > Al calcular este libro*.

18. Escribid 1,49, y, de nuevo, en la celda de abajo 1,49 y, debajo, la suma de las anteriores. Bajad los decimales de las dos primeras a cero. Queda 1+1=3. Id a *Archivo > Opciones > Avanzadas > Al calcular este libro* y marcad **Establecer precisión de pantalla**. Ahora 1+1=2. Volved a desmarcar.

---

[50] Se accede desde *Opciones > Revisión > Opciones de autocorrección*. Esta autocorrección es más útil en Word. En Excel lo realmente útil es el formato personalizado.

[51] Los corchetes en la *h* nos permiten mostrar horas superiores a 24. En la *m* y *s* nos permitirían mostrar minutos o segundos mayores de 60.

[52] En la ayuda de Excel tenéis todos los códigos.

Curso avanzado de Excel paso a paso

19. Para poner decimales automáticamente, en *Opciones > Avanzadas > Opciones de edición*, marcad **Insertar automáticamente un punto decimal** y dejad el cuadro de texto *Ubicaciones:* en 2. Comprobad y volver a desmarcar.

EJERCICIO DE TIEMPOS.

1.   Copiad los datos como en la imagen.

Dia	Hora entrada	Hora salida	Total		Precio hora	Importe
lunes	5:00	23:45	18:45		10	428,33
martes	12:00	1:00	13:00			
miércoles	11:45	22:50	11:05			
			42:50			

Imagen 28. Para comprender como interpreta Excel los tiempos, cambiad el formato a Número.

2.   En *D2: =SI(C2>B2;C2-B2;C2-B2+1)*. Cuando la hora de salida es menor que la de entrada, Excel da un error de tiempo negativo. Esto ocurriría en el martes si usáramos *=C2-B2*. Por eso, en estos casos sumamos uno al tiempo menor.

3.   En *D5* hay un formato personalizado *[h]:mm*. Si no lo pusiéramos, Excel solo sumaría las diferencias con 24 o sus múltiplos.

4.   En *F2: =E2*D5*24* con formato *Número* o *Moneda*. Multiplicamos por 24 porque, para Excel, las horas son fracciones de uno (el día).

CAMBIAR LA APARIENCIA DE LOS DATOS SEGÚN SU VALOR

1.   En nuestro libro *Informe de tabla dinámica sobre los clientes*, (aseguraos que esté como Tabla y con Fila de totales), posad el ratón en la parte superior de C1[53] hasta que cambie el puntero y **Clic**. Excel selecciona todas las celdas con datos de la columna C.

2.   En la pestaña *Inicio*, grupo *Estilos*, clic en la flecha **Formato condicional**, posad el ratón sobre **Escalas de color** y en el menú desplegable de la derecha, pasead el ratón por las cuatro opciones, finalmente clic en la primera. Observad el resultado.

3.   **Ctrl+Z**, para deshacer. Ahora clic en C1 y **Ctrl+Mayús+Flecha abajo**, soltad **Ctrl** y **Flecha arriba**, para deseleccionar la fila de totales. Aplicad el mismo formato condicional y observad las diferencias.

4.   Clic en I2, **Ctrl+Mayús+Flecha abajo**, soltad **Ctrl** y pulsad **Flecha arriba**. Desplegad el menú de **Formato condicional**, posad sobre **Barras de datos**, pasead el ratón por las diferentes opciones del

---

[53] Si hacemos doble clic, seleccionaríamos también el encabezado y la fila de totales, si está marcada. Si subimos el ratón hasta la fila de encabezados seleccionaríamos toda la columna.

menú emergente, tanto de *Relleno degradado* como de *Relleno sólido* y finalmente clic en **Barra de datos roja de Relleno degradado**. Observad los resultados.

5. Seleccionad los datos, menos los totales de la columna G y de la lista de **Formato condicional** elegid **Conjuntos de iconos**, mirad las diferentes opciones y clic en **4 semáforos**, después elegid **3 semáforos (con marco)**. Excel aplica el formato a las celdas seleccionadas.

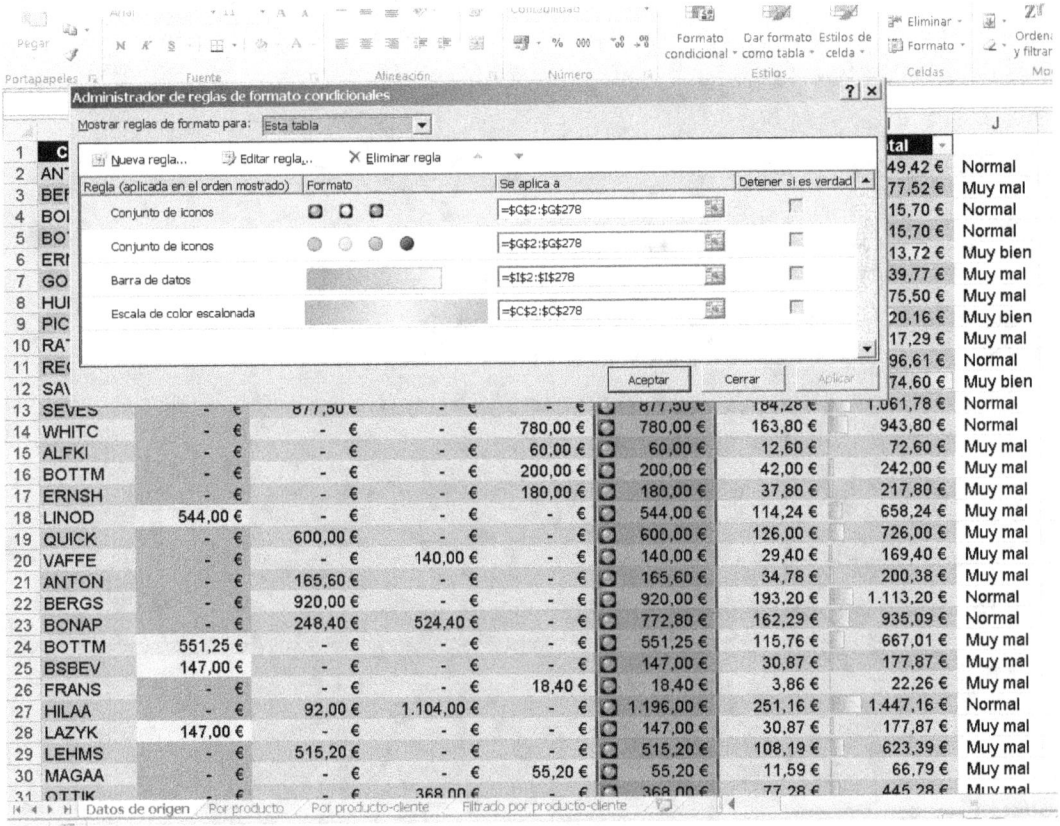

Imagen 29. Los formatos condicionales tienen que recalcular las fórmulas internas que usan, cada vez que hacemos un cambio, por lo que requieren muchos recursos del sistema. No hay que abusar de ellos. Usadlos en Tablas pequeñas o en Tablas dinámicas grandes.

6. Con el mismo rango seleccionado. En **Formato condicional**, clic en **Administrar reglas**. Abre el cuadro de diálogo *Administrador de reglas de formato condicionales* mostrando todas las reglas que hemos aplicado.

7. Comprobad que el campo *Mostrar reglas de formato para:*, está seleccionado **Esta tabla**. Comprobad el resto de opciones. Con *Conjunto de iconos resaltado*, clic en el botón **Editar regla**. Abre el cuadro de diálogo *Editar regla de formato*. observad las opciones y escribid en el cuadro de texto *Valor* del icono verde *1200* y en *Tipo*, desplegad la flecha y seleccionad *Número*. Para el icono amarillo en *Valor* escribid *600* y en *Tipo Número*. **Aceptar** dos veces y comprobad los resultados.

8. Volved al cuadro de diálogo *Administrador de reglas de formato condicionales*, clic en la regla *Conjunto de iconos 4 semáforos*, clic en el botón **Eliminar regla** y **Aceptar**.

Curso avanzado de Excel paso a paso

9. Seleccionad las celdas de la columna F, **Formato condicional**, **Reglas para resaltar celdas** y clic en **Es menor que...** abre el cuadro de diálogo *Es menor que*. En el campo de la izquierda escribid *200*, observad las opciones del campo de la derecha, dejadlo como está y clic en **Aceptar**.

10. Pasear el ratón por la esquina superior izquierda de A1 hasta que cambie a una flecha inclinada y **Clic**. Se selecciona toda la tabla[54].

11. *Inicio > Estilos > Formato condicional > Administrar reglas*, en su cuadro de diálogo **Nueva regla**. Abre el cuadro de diálogo *Nueva Regla de formato*. Dejadlo como en la imagen y **Aceptar** los dos cuadros de diálogo. Excel crea bandas alternativas de colores.

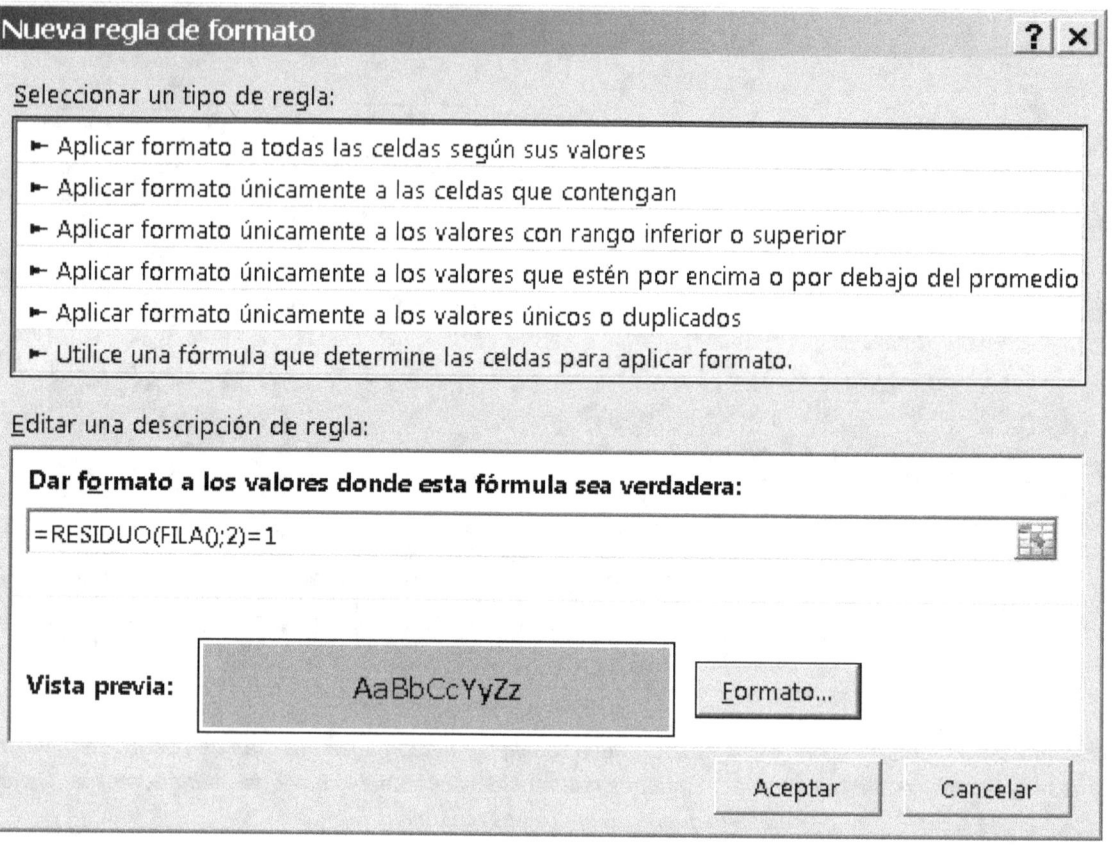

Imagen 30. Utilice una fórmula..., es la mejor opción, es la que usa Excel internamente y nos permite un control total sobre el formato condicional. Así para el ejemplo anterior, sería: =F2<200.

AÑADIR IMÁGENES

1. **Ctrl+Inicio**, para colocarnos al principio de la hoja. Pasear el ratón por los encabezados de las filas y cuando el puntero cambie a una flecha negra horizontal, clic en 1 y arrastrad hasta 5. Se seleccionan las cinco primeras filas.

2. Clic derecho e **Insertar**. Excel inserta cinco nuevas filas sobre la tabla y renumera el resto.

---

[54] **Ctrl+*** es el atajo equivalente.

38

3. Ir a *www.upct.es > Universidad > Información general > Galería de imágenes*. Clic en **Escudos upct** y seleccionad *símbolo_Mono2945.jpg*. cuando salga, clic derecho y **Guardar imagen como**.

4. Retroceded en el navegador hasta *Universidad* y guardar la imagen de la derecha de *Historia*.

5. En la pestaña *Insertar*, grupo *Ilustraciones*, clic en **Imagen** e insertar la foto anterior.

6. Explorad las opciones de la pestaña contextual *Formato* aprovechando las previsualizaciones.

7. En la pestaña contextual *Formato*, grupo *Ajustar*, clic en **Quitar fondo**. Mover las asas hasta que quede solo el arco. **Recortar** también si es necesario.

8. En la pestaña contextual *Eliminación de fondo*, usar el botón **Marcar las áreas para quitar** para eliminar el fondo del hueco del arco. Cuando terminemos, clic en **Mantener cambios**. Arrastrad la imagen hasta la esquina superior izquierda y ajustad el tamaño.

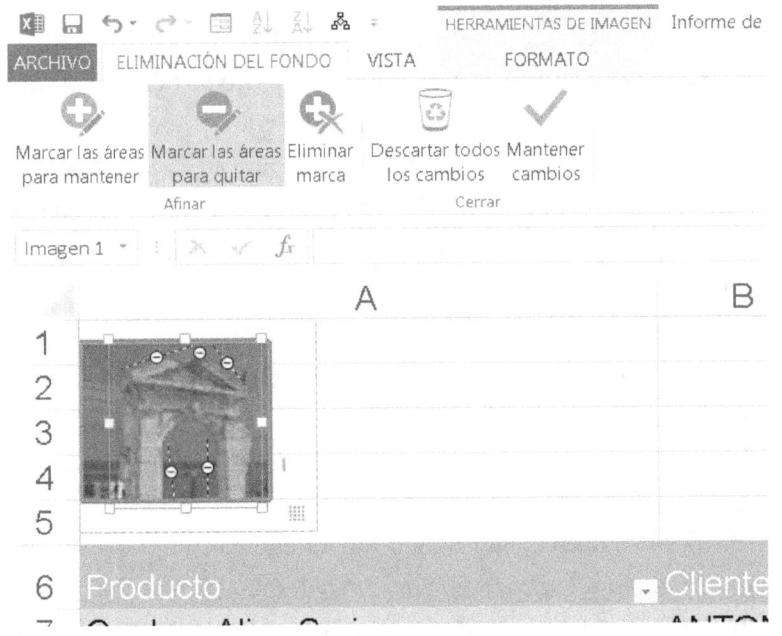

Imagen 31. Si no detecta bien la zona, usamos el comando Eliminar marca.

9. En la pestaña *Disposición de página*, grupo *Configurar página*, clic en el botón **Fondo**. Seleccionad el escudo. Excel repite la imagen hasta formar un patrón de fondo.

10. El botón **Fondo** ahora se ha convertido en **Eliminar fondo**.

USO DE FILTROS

Los filtros son fundamentales en el trabajo con bases de datos. En Excel podemos trabajar, sin complementos, con más de un millón de registros, concretamente, en las últimas versiones, con 2 elevado a 20 (1048576), de ahí la importancia de establecer el foco en los más importantes para cada ocasión.

Curso avanzado de Excel paso a paso

LIMITAR LOS DATOS QUE APARECEN EN PANTALLA

1. Clic en A6, **Ctrl+***, **Ctrl+C**, Insertar nueva hoja, clic en D1 y **Ctrl+V**. Excel pega el contenido y el formato de las celdas que hemos copiado con anterioridad.[55] Se trata de pegar toda la tabla menos las columnas de los trimestres, iva y la última del total. Es decir, pegamos *Cliente*, *Producto* y *Subtotal*.

2. Clic en la flecha del botón **Opciones de pegado** y bajo *Pegar valores* seleccionad **Formato de valores y números (A)**.

3. Escribid *Año*, *Mes* y *Fecha* en A1, B1 y C1.

4. En C2 escribid *=al*, **Flecha abajo**, **Tab**, *1*, *;,948*, **Ctrl+Intro**. Extended la fórmula con doble clic, **Ctrl+C**, clic en C2 y clic en la flecha de **Pegar** y bajo **Pegar valores**, clic en **Valores (V)**.

5. En la pestaña *Datos*, grupo *Ordenar y filtrar*, clic en **Ordenar de menor a mayor**. Si aparece un cuadro de diálogo pidiendo extender la selección, **Aceptar**.

6. En C2 escribid *2-1-12*[56], seleccionad y arrastrad (**Ctrl+Mayús+Flecha abajo**) hasta C948. En la pestaña *Inicio*, grupo *Edición*, clic en la flecha de **Rellenar** y elegid **Series...** Abre el cuadro de diálogo *Series*. En *Series en* marcad **Columnas**, en *Tipo* marcad **Cronológica** y en *Unidad de tiempo* **Día laborable**. En *Incremento* **1** y en *Límite* **31-12-12**. **Aceptar**. Excel rellena la columna con los 281 días laborables siguientes al dos de enero. Seleccionad y copiad hasta completar las 948 filas y **Ordenar de más antiguo a más reciente.**

7. Seleccionad las fechas de diciembre y repetid el relleno de series para que quede hasta el 27-02-13.

8. En A2 escribid *=may*, **Flecha abajo**, **Tab**, *te*, **Flecha abajo**, **Tab**, *c2*, *;*, *"aaaa"*, **Intro** dos veces. Aparece 2012 en A2.

9. En B2 escribid *=MAYUSC(TEXTO(C2;"mmmm"))*, empleando la técnica del paso anterior. Aparece en B2 ENERO.

10. Seleccionad A2:B2 y doble clic en el controlador de relleno para copiar las fórmulas hasta la fila 948.

11. Con cualquier celda del rango seleccionada, clic en **Ordenar y filtrar** del grupo *Edición* de la pestaña *Inicio*. Clic en **Filtro**[57]. Excel añade una flecha en el encabezado de cada columna.

12. Clic en la flecha de **Fecha** y clic en **2012**. Los datos de ese año se ocultan y solo vemos los de 2013, aparece un embudo y los encabezados de fila cambian a azul para indicar que hay un filtro activo.

13. Ahora en la columna *Producto*, clic en **Seleccionar todo** y marcad **Caracoles de Antequera** Excel muestra solo los dos clientes, importes y fechas que compraron este producto en enero de 2013.

14. En la pestaña *Inicio*, grupo *Edición*, clic en la flecha **Ordenar y filtrar** y clic en **Borrar**. Excel quita los filtros aplicados, pero permanecen las flechas en los encabezados.

15. Clic en la flecha de **Cliente** y en el cuadro *Buscar* escribid *h*, observad como filtra, a continuación, escribid *u*. Excel solo muestra a los dos clientes que empiezan por esas letras. **Aceptar** y se filtran los resultados.

---

[55] Es posible que en la tabla no nos deje copiar selecciones múltiples, por lo que tendremos que convertir la tabla en rango.

[56] Tendremos que cambiar el formato a **Fecha corta** desde el grupo *Número* de la pestaña *Inicio*.

[57] También se accede desde la pestaña *Datos*, grupo *Ordenar y filtrar*, comando **Filtro**, o desde la *Barra de herramientas de acceso rápido* si lo hemos añadido. **Ctrl+Mayús+L** es el atajo.

40

16. Clic en la flecha de filtro de *Clientes* y clic en **Seleccionar todo** para quitar el filtro. En el cuadro *Buscar*, escribid *w*. Excel muestra solo los clientes que empiezan o contienen esa letra. Continuad escribiendo *a* y solo nos muestra dos clientes. Borrad el filtro y quitadlo desde *Inicio > Edición > Ordenar y filtrar > **Filtro***.

17. En la pestaña *Insertar*, grupo *Tablas* clic en **Tabla**. Abre el cuadro de diálogo *Crear tabla*, comprobad que *¿Dónde están los datos de la tabla?* Comprende todo el rango y que está marcada *La tabla tiene encabezados*. **Aceptar**. Excel crea la tabla. En el grupo *Opciones de estilo de tabla* de la pestaña contextual *Diseño*, marcar **Fila de totales** y seleccionar **Recuento** para las primeras columnas y **Suma** para la última.

18. En la columna *SubTotal* clic en la flecha del filtro, posad el ratón sobre **Filtros de número** y clic en **Diez mejores** para abrir el cuadro de diálogo *Autofiltro de las diez mejores*. En el campo central escribid *20* y **Aceptar**. Excel muestra las 20 ventas mayores.

19. Clic en la flecha del filtro y clic en **Borrar filtro de "SubTotal"**. Excel quita el filtro.

20. Clic en la flecha del filtro de la columna *Fecha*, posad sobre **Filtros de fecha** y clic en **Filtro personalizado**. Abre el cuadro de diálogo *Autofiltro de fecha*.

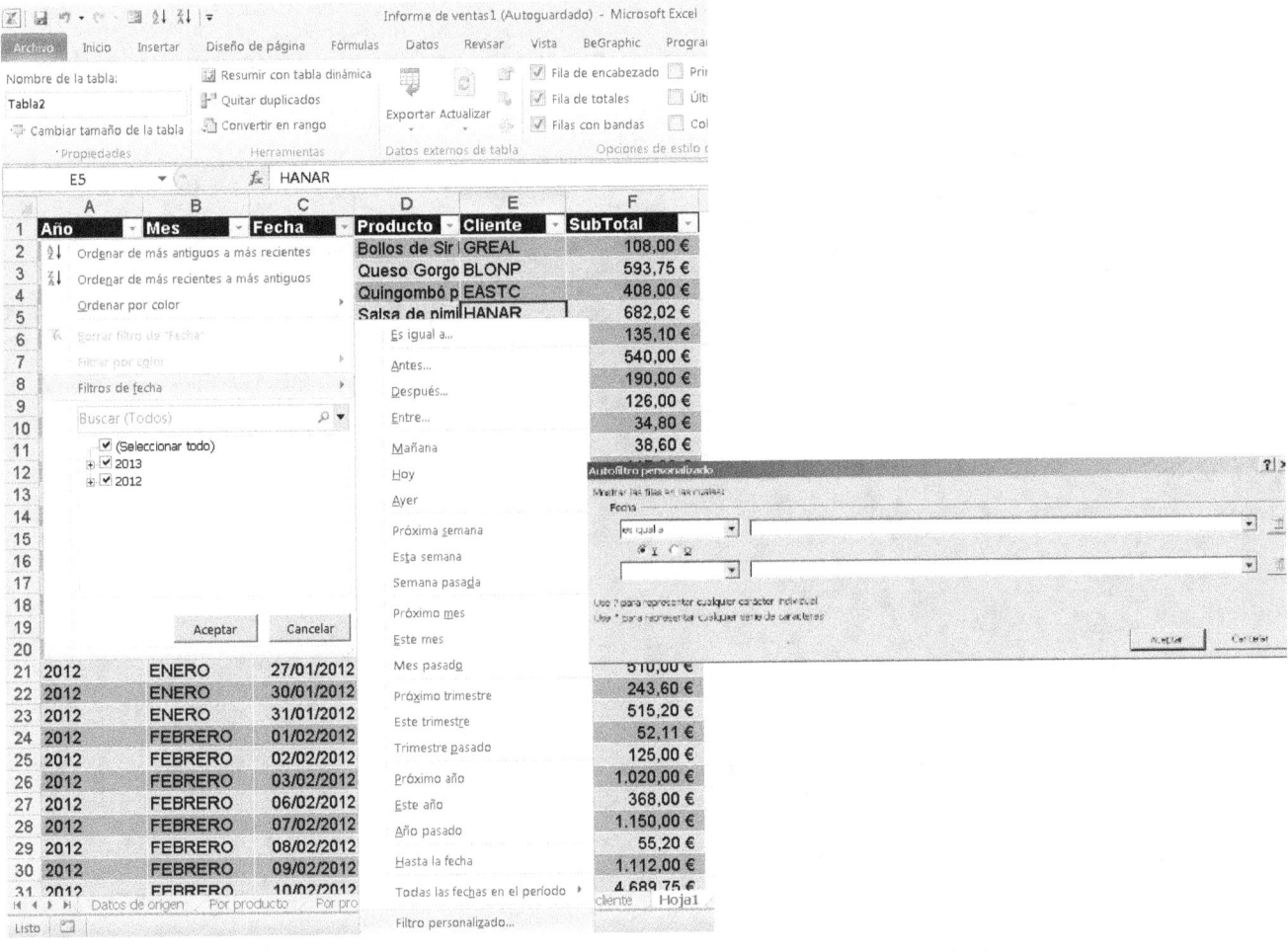

Imagen 32. Si no encontramos el filtro que necesitamos, podemos usar Filtro personalizado…

Curso avanzado de Excel paso a paso

21. En el campo superior izquierdo, seleccionad **es posterior o igual a**, en la lista superior derecha elegid **09/07/2012**, en el campo inferior derecho elegid **es anterior o igual a** y en la lista inferior derecha **23/07/2012**. **Aceptar**. Excel muestra los 44 registros que cumplen el criterio especificado.

22. En la *Barra de herramientas de acceso rápido*, clic en el comando **Deshacer (Ctrl+Z)**. Desaparece el filtro.

FILTRAR UNA TABLA USANDO SEGMENTACIÓN DE DATOS

1. En la pestaña *Insertar*, grupo *Filtros*, clic en **Segmentación de datos** para abrir el cuadro de diálogo *Insertar segmentación de datos*. Antes, convertir, si no lo está en tabla.

2. Marcad las casillas de verificación *Mes* y *Producto* y **Aceptar** para añadir estas dos segmentaciones.

3. En el segmentador *Mes*, clic en **enero**, pulsad **Mayús** y clic en **abril**. Se filtran los datos del primer cuatrimestre. En el segmentador *Producto*, clic en **Arenque seco**, pulsad **Ctrl** y clic en **Bacalao en salazón**. La tabla muestra estos productos en los meses anteriores.

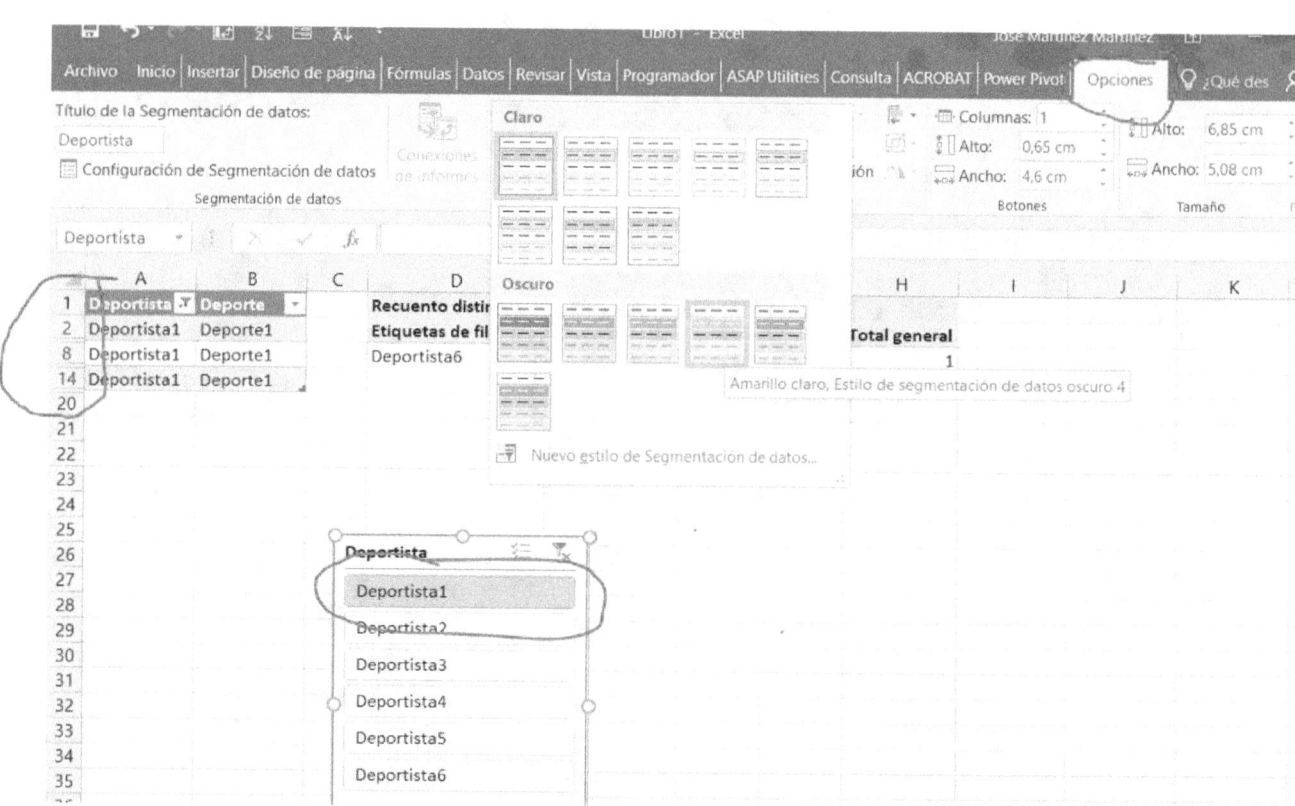

Imagen 33. Al insertar Segmentación de datos, tenemos a nuestra disposición una nueva pestaña contextual, Opciones, para controlar su formato y diseño.

4. Clic derecho en el segmentador *Producto* y clic en **Quitar producto**.

5. En el segmentador *Mes*, clic en **junio** para mostrar los datos de este mes.

6. Clic en el botón **Borrar filtro**. De nuevo aparecen todos los meses. Clic derecho y **Quitar mes**.

42

MANIPULAR DATOS (VER RESUMIR DATOS QUE CONTIENEN CONDICIONES ESPECÍFICAS)

1. Clic en F2, **Ctrl+Mayús+Flecha abajo**, soltad **Ctrl** y **Flecha arriba**. Excel selecciona las celdas con datos de la columna. Observad la zona *Autocalcular* de la barra de estado muestra **Recuento**, **Promedio** y **Suma**.

2. Clic derecho en la *Barra de estado* y comprobad las opciones que están marcadas.

3. Clic en **Avanzadas** del grupo *Ordenar y filtrar*, pestaña *Datos* y en el cuadro de diálogo *Filtro avanzado* escribid *e1:e948* en el campo *Rango de la lista*, marcad **Solo registros únicos** y dejad la opción **Filtrar la lista sin moverla a otro lugar**. Excel muestra una lista de los clientes. Repetid para *Producto* y para *Mes*.

4. Clic en las celdas de la fila de totales y observad las fórmulas que contienen. En la imagen siguiente se muestra una tabla con los argumentos de la función subtotal.

Operation number (includes hidden values)	Operation number (ignores values in manually hidden rows)	Function	Description
1	101	AVERAGE	Returns the average of the values in the range
2	102	COUNT	Counts the cells in the range that contain a number
3	103	COUNTA	Counts the nonblank cells in the range
4	104	MAX	Returns the largest (maximum) value in the range
5	105	MIN	Returns the smallest (minimum) value in the range
6	106	PRODUCT	Returns the result of multiplying all numbers in the range
7	107	STDEV.S	Calculates the standard deviation of values in the range by examining a sample of the values
8	108	STDEV.P	Calculates the standard deviation of the values in the range by using all the values
9	109	SUM	Returns the result of adding all numbers in the range together
10	110	VAR.S	Calculates the variance of values in the range by examining a sample of the values
11	111	VAR.P	Calculates the variance of the values in the range by using all of the values

Imagen 34. Con Números de función de una cifra (1, 2, 3...), incluye las filas ocultas, si son de tres cifras (101, 102, 103...), las ignora.

5. En *F952* escribid, *=suma(f2:f948)*, **Flecha abajo** y escribid *=subtotales(9;f2:f948)*, **Flecha abajo** y escribid *=agregar(9;5;f2:f948)*[58]. Observad los resultados.

6. Filtrad la columna B a un solo mes y observad los nuevos resultados de las fórmulas. Cambiad en la función agregar el segundo parámetro, el 5, por 1 o por 4 y observad los cambios.

---

[58] Observad las opciones al escribir las fórmulas.

Curso avanzado de Excel paso a paso

7. Clic en **Borrar** del grupo *Ordenar y filtrar* para quitar el filtro

VALIDACIÓN DE DATOS

1. Seleccionad los datos de la columna F con el teclado. En la pestaña *Datos*, grupo *Herramientas de datos*, clic **Validación de datos**. Abre el cuadro de diálogo *Validación de datos*.

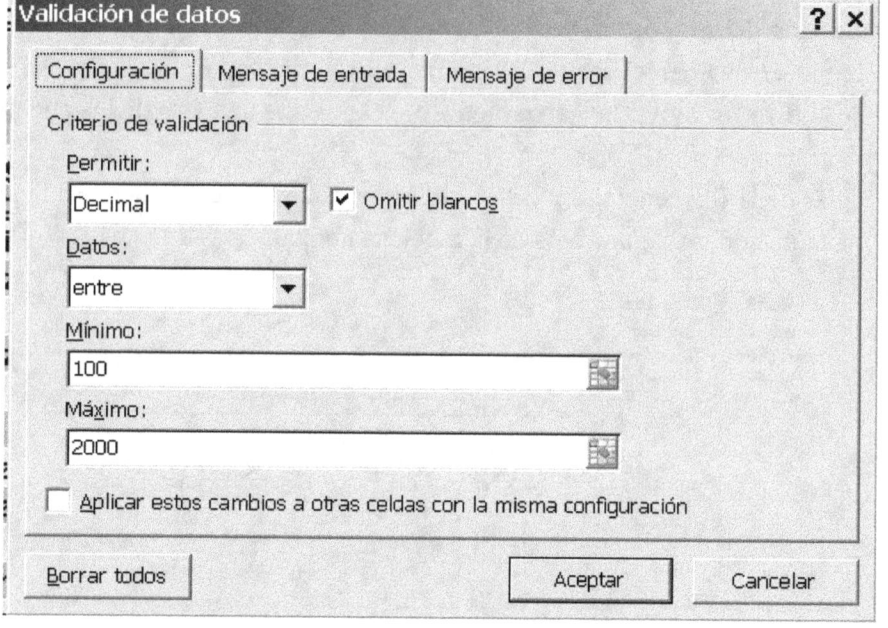

Imagen 35. Al marcar Aplicar estos cambios a otras celdas con la misma configuración, se extiende automáticamente.

2. En la pestaña *Configuración*, campo *Permitir*, elegid **Decimal**; en *Datos*, **entre**; en *Mínimo* escribid **100,00** y en *Máximo* **2000,00**. **Aceptar**. Aparecen mensajes de error en las celdas que no cumplen los requisitos[59].

3. Acercar el ratón al mensaje de error y seguid las instrucciones. Aparece el cuadro de diálogo *Información* del tipo de campo que nos explica el error.

4. Volvemos al cuadro de diálogo *Validación de datos* y clic en la pestaña **Mensaje de entrada**. En *Título* escribimos **Importe de ventas** y en *Mensaje de entrada* **Las ventas han de ser superiores a 100 e inferiores a 2000 euros**. **Aceptar**.

5. Borrad el contenido de F2, escribid *50*. Excel no os deja.

6. Quitad la fila de totales para ampliar la tabla. Clic en C949 y **Ctrl+,**. Excel pone la fecha del día y amplía automáticamente la tabla. Clic en F949 y escribid *20*. Excel ha extendido la validación[60].

---

[59] Un pequeño triángulo verde en la esquina superior izquierda de la celda.

[60] Si no lo hubiera deberíamos haberla hecho para toda la columna F. otras opciones habrían sido con el comando **Copiar formato** o con **Pegado especial > Validación**, si tuviéramos rangos en vez de tablas.

44

7. El mensaje de error lo podemos personalizar. Abrid el cuadro de diálogo *Validación de datos*, pestaña **Mensaje de error**, dejad marcado **Mostrar mensaje de error si se introducen datos no válidos**, en *Estilo* dejad **Alto**, en *Título* escribid **Importe de venta** y en *Mensaje de error*, **El dato introducido no es válido**.

8. Eliminad la última fila introducida y en el grupo *Herramientas de datos*, clic en la flecha de **Validación de datos** y clic en **Rodear con un círculo datos no válidos**. Excel muestra los errores rodeados de un círculo.

9. Clic en la flecha de **Validación de datos** y clic en **Borrar círculos de validación**. Los círculos desaparecen.

10. Más adelante en ejemplos específicos trabajaremos con Listas.

11. También podemos poner las condiciones que necesitemos, utilizando la opción Personalizadas. Ver Buscar información en una hoja de cálculo

REORDENAR Y RESUMIR DATOS

Más herramientas para el análisis de bases de datos. En casi todos los ejemplos añado el uso de alguna de las más importantes funciones integradas de Excel. Aunque los datos se introduzcan en un orden temporal es importante poder reordenarlos por cualquier otro criterio.

ORDENAR DATOS

1. Clic en D2 y en la pestaña *Inicio*, grupo *Edición*, clic en el botón **Ordenar y filtrar**. Excel ordena la lista alfabéticamente por productos.

2. En la lista **Ordenar y filtrar**, clic en **Orden personalizado**. Excel abre el cuadro de diálogo *Ordenar* con los parámetros que acabamos de Introducir.

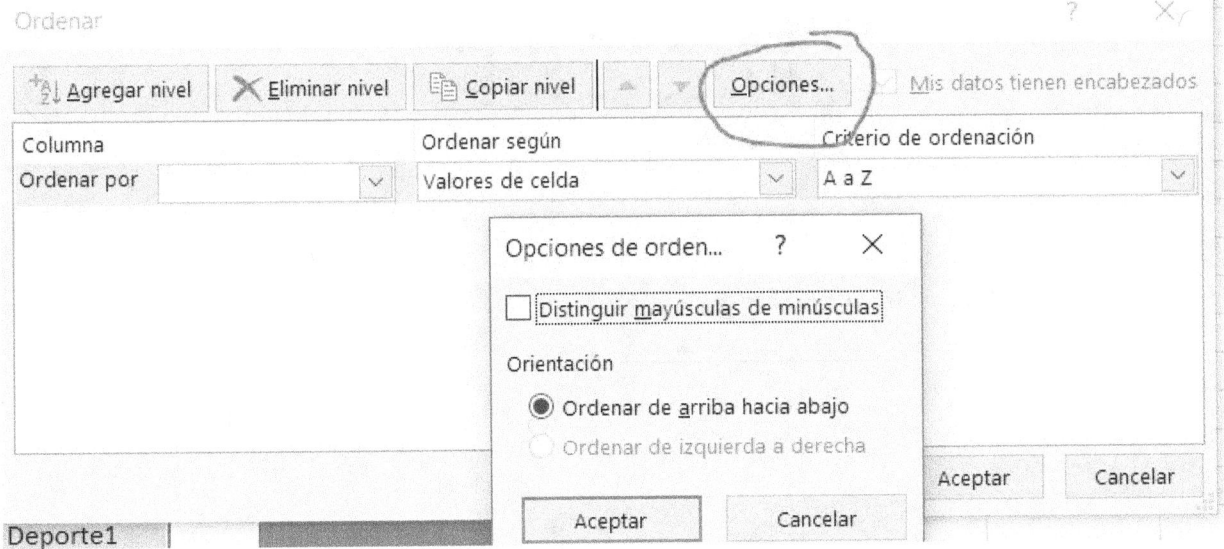

Imagen 36. Las opciones de orden permiten la ordenación horizontal.

Curso avanzado de Excel paso a paso

3. Comprobad que esté marcado **Mis datos tienen encabezados**; que *Columna Ordenar por*[61], es **Producto**; *Ordenar según* es **Valores**[62] y *Criterio de ordenación* **A a Z**[63].

4. Clic en **Agregar nivel**. Aparece una nueva fila *Luego por*.

5. En la lista de la nueva columna elegid **Fecha**, automáticamente *Criterio de ordenación* pasa a **De más antiguo a más reciente**.

6. Clic **Aceptar**. Excel aplica el nuevo ordenamiento sobre el anterior.

7. Volved a abrir el cuadro de diálogo *Ordenar*, seleccionar la fila **Luego por** y clic en el botón **Subir** y **Aceptar**. Ahora los datos se ordenan por Fecha primero.

8. Clic en **Agregar nivel**, en la primera columna elegid de la lista **SubTotal**, cambiad el criterio de ordenación De menor a mayor por **De mayor a menor** y **Aceptar**.

9. Volved a Ordenar, clic en el primer criterio, la Fecha, y pulsad **Eliminar nivel** y **Aceptar**.

ORGANIZAR DATOS EN NIVELES

1. Con los datos ordenados por Fecha convertimos la tabla en rango. Con el botón **Convertir en rango** del grupo *Herramientas* de la pestaña contextual *Diseño*.

2. Pulsad **Subtotal** del grupo *Esquema,* pestaña *Datos*. Abre el cuadro de diálogo *Subtotales* con algunos valores marcados por defecto.

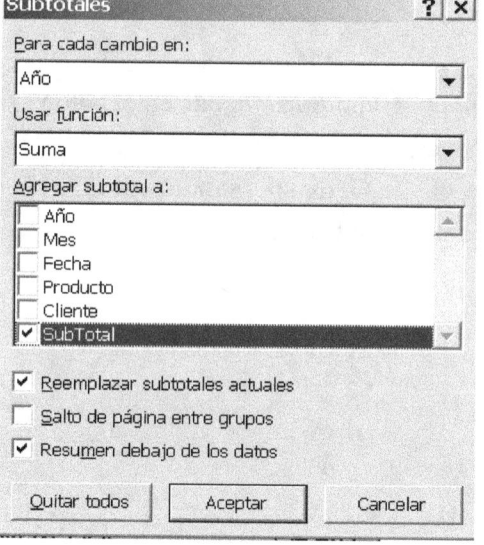

Imagen 37. Con Resumen debajo de los datos marcado, Excel lo añade.

---

[61] Si hacemos clic en Opciones…, se puede cambiar el orden de izquierda a derecha y entonces aparecerá Fila en vez de Columna.

[62] Desplegad la flecha y observad el resto de opciones.

[63] Al desplegar su flecha podemos ver la opción Listas personalizadas que vimos en Modificar hojas

3. Clic **Aceptar**. Excel nos ha resumido las ventas por año. Si pulsamos el botón **1** en el nuevo *Panel de esquema* de la izquierda, solo se muestra el total general. Pulsando el botón **2**, además aparecen los totales de cada año.

4. Abrid de nuevo el cuadro de diálogo *Subtotales* y en el primer campo *Por cada cambio en*, elegid **Meses**, desmarcar *Reemplazar subtotales actuales* y **Aceptar**. Excel ahora nos crea cuatro niveles. El nivel tres nos muestra los totales mensuales de cada año[64].

5. Pulsad el botón del nivel **3** y en el botón **Expandir** de Julio. Observad el resultado. Clic en el botón **Contraer** y en el botón de esquema **4**.

6. Seleccionad las filas 2 a 6 y clic en **Agrupar** del grupo *Esquema*. Excel añade un nuevo nivel de esquema **5** y coloca a la altura de la fila 7 un botón **Contraer**.

7. En el *Área de esquema*, clic en el botón **Contraer** del nuevo grupo. Las filas 2 a 6 se ocultan y el botón **Contraer** cambia a **Expandir**.

8. Clic en el botón **Expandir** para que reaparezcan todas las filas.

9. Clic en nivel de esquema **1**. Solo se muestra el total general.

10. Clic en **2**. Se muestran los totales anuales.

11. Clic en **3**. Añade las filas con los totales mensuales.

12. Clic en **4**. Aparecen todas las filas excepto la primera semana de enero de 2012.

13. Clic en **5**. Aparecen todas las filas.

14. Clic en **Subtotal** y pulsad **Quitar todos**.

BUSCAR INFORMACIÓN EN UNA HOJA DE CÁLCULO

1. Clic derecho en la columna A e **Insertar**[65]. nos aseguramos de que está ordenado por fecha. En A1 escribid *Código* y en a2 *=CONCATENAR(FILA(A1);DERECHA(B2;2))*, doble clic en el controlador de relleno para extender la fórmula. Copiamos y pegamos valores[66]. Damos formato personalizado *00000*[67].

2. Convertimos en tabla (**Ctrl+T**), para usar los nombres predefinidos de las tablas de Excel

3. Ahora con el campo *Código*, podemos hacer la validación de datos *Personalizada* para que solo podamos introducir registros únicos.

4. *Datos > Herramientas de datos > Validación de datos*. Dejad su cuadro de diálogo como en la imagen con toda la columna seleccionada y probad.

---

[64] Los datos deben estar ordenados por el campo Fecha.

[65] La columna para buscar debe ser la primera de la izquierda, normalmente llevaría un DNI o un Código, de la tabla y debe estar ordenada. En Resumir datos que contienen condiciones específicas utilizamos otra función.

[66] En el error que aparece, clic y **Convertir en número.**

[67] Una forma rápida de introducir un código sería*: texto(fila(a1);"000")&derecha(b2;2).*

Curso avanzado de Excel paso a paso

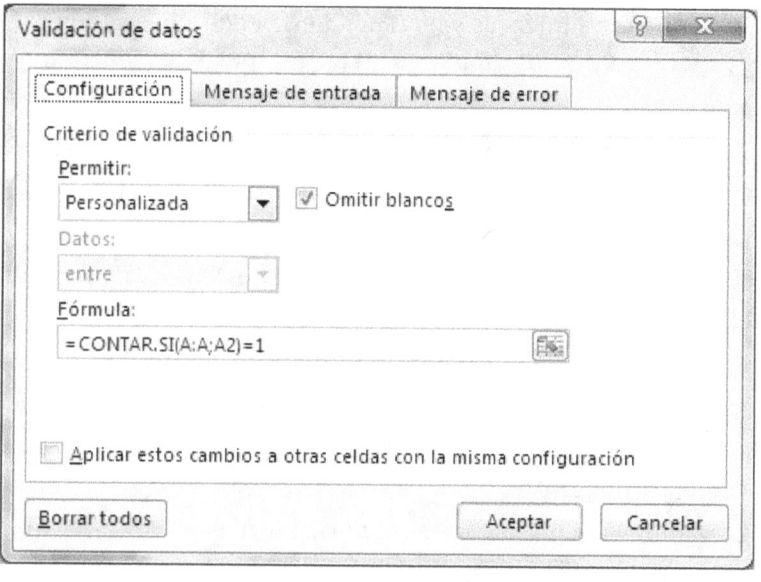

Imagen 38. Esta validación impide introducir datos repetidos.

5. Seleccionad A1:G1, **Ctrl+C**, clic en J1 y **Ctrl+V**.

6. Seleccionad J2 y formatead como A2 (00000).

7. En K2 escribid: =*bu*, **Flecha abajo** dos veces, **Tab**, J2, **F4** tres veces, *;*, *t*, **Flecha abajo**, **Tab**, *;*, *2*, *;* **Flecha abajo**, **Tab** e **Intro**. Debe de quedar en la Barra de fórmulas: **=BUSCARV($J2;Tabla1;2;FALSO)** y aparecer el error #N/A en K2.

8. Para quitar el valor de error, en la Barra de fórmulas, después del signo igual, escribimos *si($J2="";"";* pulsamos la tecla **Fin** e **Intro** dos veces. El mensaje de error de K2 desaparece[68].

9. Ahora arrastramos la fórmula hacia la derecha hasta Q2. Cambiamos el *2* por el *3,* por *4,* hasta el 7 en Q2. Para evitar cambiar el número de la columna al arrastrar, es mejor usar la función **COLUMNA**, anidada. Sería *columna(b2)* para la primera.

10. Probamos nuestras fórmulas Introduciendo diferentes valores en K2.

11. Con **BUSCARX** solo tenemos que introducir esta fórmula en K2, sin necesidad de arrastrar: **=BUSCARX(J2;A2:A948;B2:G948)**[69].

---

[68] En este ejercicio utilizamos este método porque nos interesa ver los errores, si no utilizaríamos la función =SI.ERROR(BUSCARV($J2;Tabla1;2;0);"")

[69] Esta fórmula devuelve una matriz de datos, desde la columna B hasta la G, por lo que necesita celdas vacías a la derecha de K2 para no dar un error de **Desbordamiento**.

48

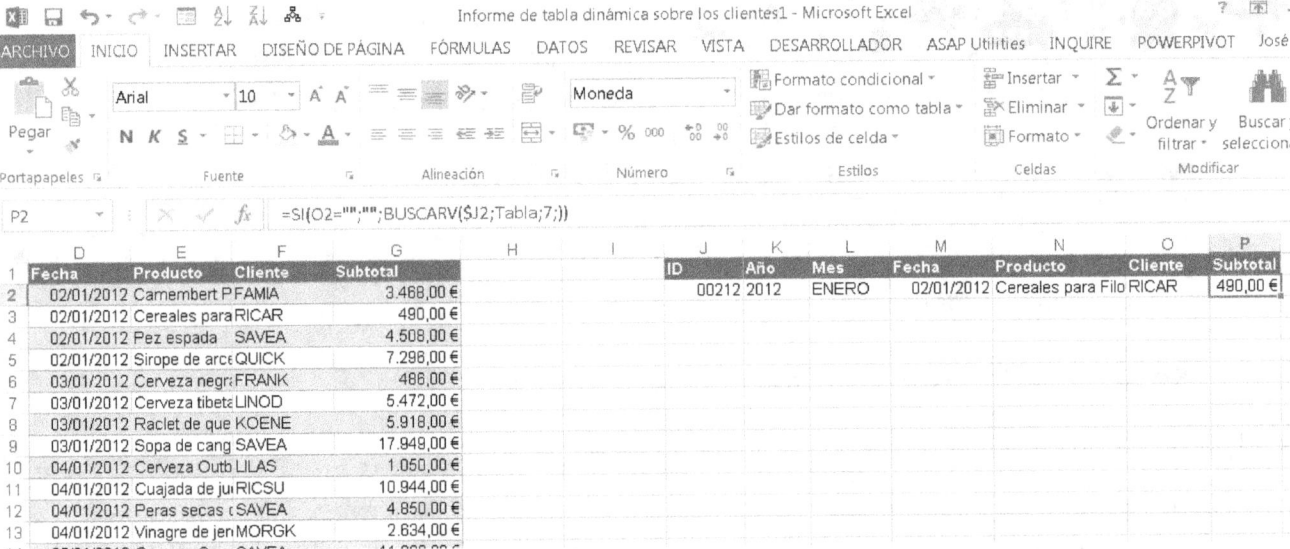

Imagen 39. Así podemos hacer consultas a una base datos.

12. Ahora cambiamos en alguna columna *FALSO* por *VERDADERO* y vemos lo que ocurre cuando insertamos en J2 valores que no existen como *813, 913 11111* etc. Con *VERDADERO* nos devuelve el valor inferior más próximo[70].

13. Hacemos un ejercicio con:

Ventas	Comisión
0	0
100	0,05
200	0,1
500	0,15

	A	B	C	D	E
			f_x	=BUSCARV(D2;$A$2:$B$5;2;1)	
1	Ventas	Comisión		Importe de la venta	Comisión
2	0	0		55	0
3	100	0,05		155	0,05
4	200	0,1		284	0,1
5	500	0,15			
6					

Imagen 40. El cuarto argumento de BUSCARV, 0 equivale a FALSO y 1 a VERDADERO.

---

[70] Esta propiedad es útil cuando buscamos valores dentro de un rango (como porcentaje de comisión según intervalo de ventas).

Curso avanzado de Excel paso a paso

14. Si no queremos usar rangos auxiliares con los intervalos, usaremos **elegir+coincidir** de esta forma: **=ELEGIR(COINCIDIR(D2;{0;100;200;500};1);"0";"0,05";"0,1";"0,15").**

15. Con la nueva función BUSCARX, sería: **=BUSCARX(D2;A2:A5;B2:B5;"";1).**

COMBINAR DATOS DESDE MÚLTIPLES FUENTES

Una consecuencia de organizar los datos en diferentes hojas, o libros, es la necesidad de administrar, combinar y resumir estos datos.

USAR LIBROS COMO PLANTILLAS PARA OTROS LIBROS

1. Vamos a construir una plantilla de control horario en un libro nuevo. En A3:A7 escribid *Prácticas, Becas, Información, Promoción y Cursos*. Clic en el comando **Ordenar A a Z**.

2. En el rango C3:I3 escribid, *Año, Mes, Fecha, Actividad, Hora de comienzo, Hora de finalización y Tiempo*.

3. Seleccionad este rango, estirar la altura de fila hasta los 50 pixeles aproximadamente y pulsad los botones del grupo *Alineación* de la pestaña *Inicio*: **Ajustar texto, Centrar** y **Alinear en el medio**.

4. En C4 escribid: *=SI(E4="";"";TEXTO(E4;"aaaa"))*

5. En D4 escribid: *=SI(E4="";"";MAYUSC(TEXTO(E4;"mmmm")))*

6. Con F4 seleccionada, clic en **Validación de datos** del grupo *Herramientas de datos*, pestaña *Datos*. En el cuadro de diálogo *Validación de datos*, pestaña *Configuración*, en *Permitir*, elegid **Lista** y en *Origen* seleccionar el rango **A2:A8**[71]. **Aceptar**.

7. En I4 escribid: *=SI(H4=0;"";H4-G4)*[72]. Aplicad los formatos de tiempo u otros adecuados a todas las columnas.

8. Seleccionad la columna A, clic derecho y **Ocultar**.

9. En la pestaña *Insertar*, grupo *Tablas*, clic **Tablas**, comprobad el cuadro de diálogo y **Aceptar**.

10. Borrad si hay algún dato en E4.

11. Cambiad el nombre de la hoja por *Control Horario*.

12. Clic en *Disposición de página > Temas > UPCT*. Aplicad un estilo adecuado.

13. Clic en el expansor del cuadro de diálogo *Configurar página*, en la pestaña *Página*, en *Ajuste de escala*, Ajustad a **1 páginas de ancho por**, dejad en blanco el cuadro de *Alto*.

14. En la pestaña *Encabezado y pie de página*, en la lista *Encabezado*, seleccionad **ControlHorario** y en la lista *Pie de página* seleccionad **Página 1. Aceptar**.

---

[71] Dejamos una en blanco encima para no elegir nada y otra en blanco por debajo para añadir otra en el futuro, probad con *Deportes* en A8 y después borrad. Es mejor convertir en tabla y así automáticamente se adapta al número de elementos.

[72] Porque no van a salir tiempos negativos, sino tendríamos que usar la fórmula de Ejercicio de tiempos.

50

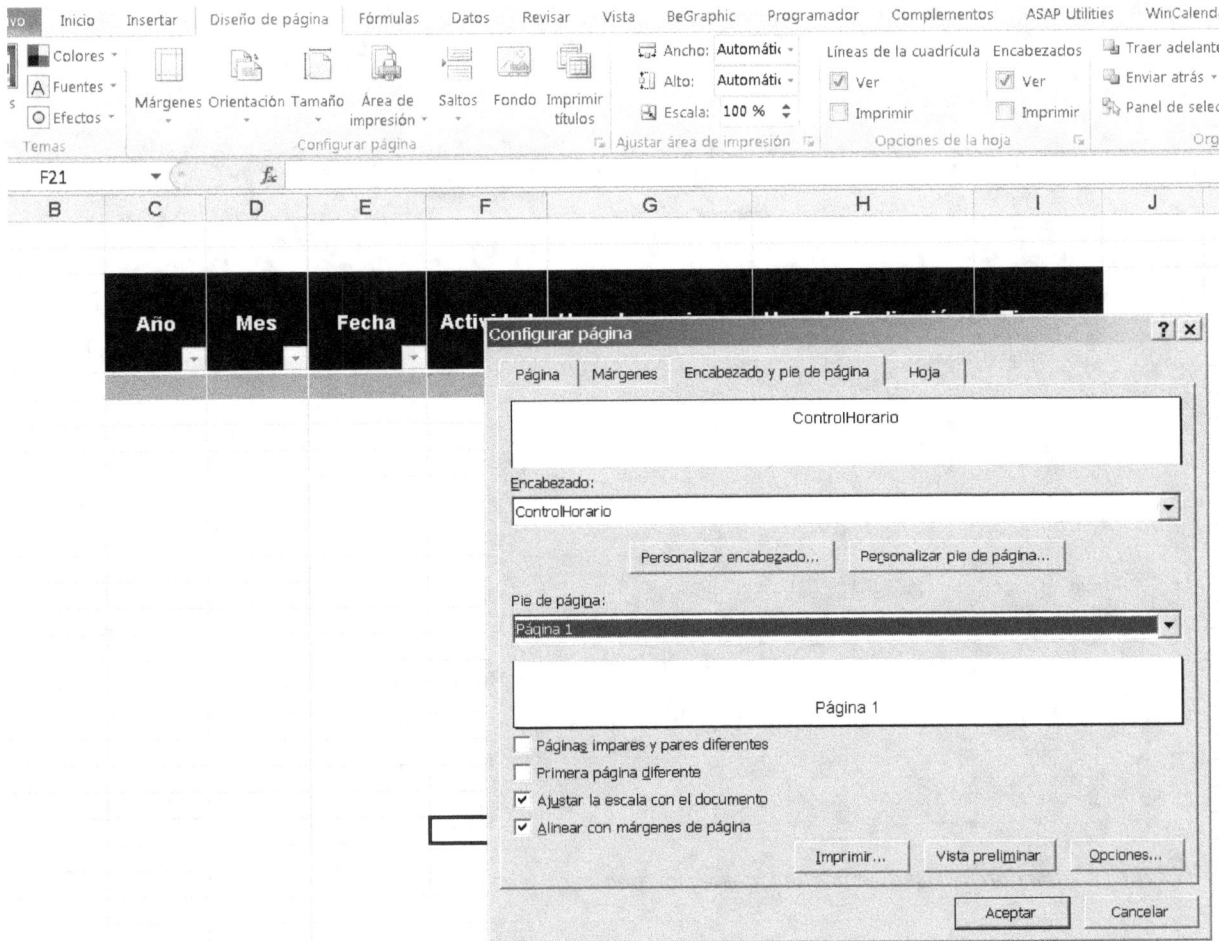

Imagen 41. Otra utilidad de las Propiedades es usarlas en los Encabezados y Pies de página.

15. Clic en *Archivo > Información*, en el panel derecho clic en la flecha **Propiedades** y elegid **Propiedades avanzadas** para abrir el cuadro de diálogo *Propiedades avanzadas de ControlHorario*. En la pestaña *Resumen*, en *Título* escribid **Control horario**, observad el resto de campos, que podemos utilizar para insertar campos en encabezados y pies de página.

16. Marcad la casilla **Guardar miniaturas para todos los documentos de Excel**[73] y **Aceptar**.

17. Clic en *Archivo, Guardar como*. En la lista *Nombre de archivo* escribid **Controlhorario** y en *Tipo*, seleccionad **Plantilla de Excel. Guardar**.

---

[73] Así veremos la miniatura en el panel *Vista previa* de *Nuevo*.

Curso avanzado de Excel paso a paso

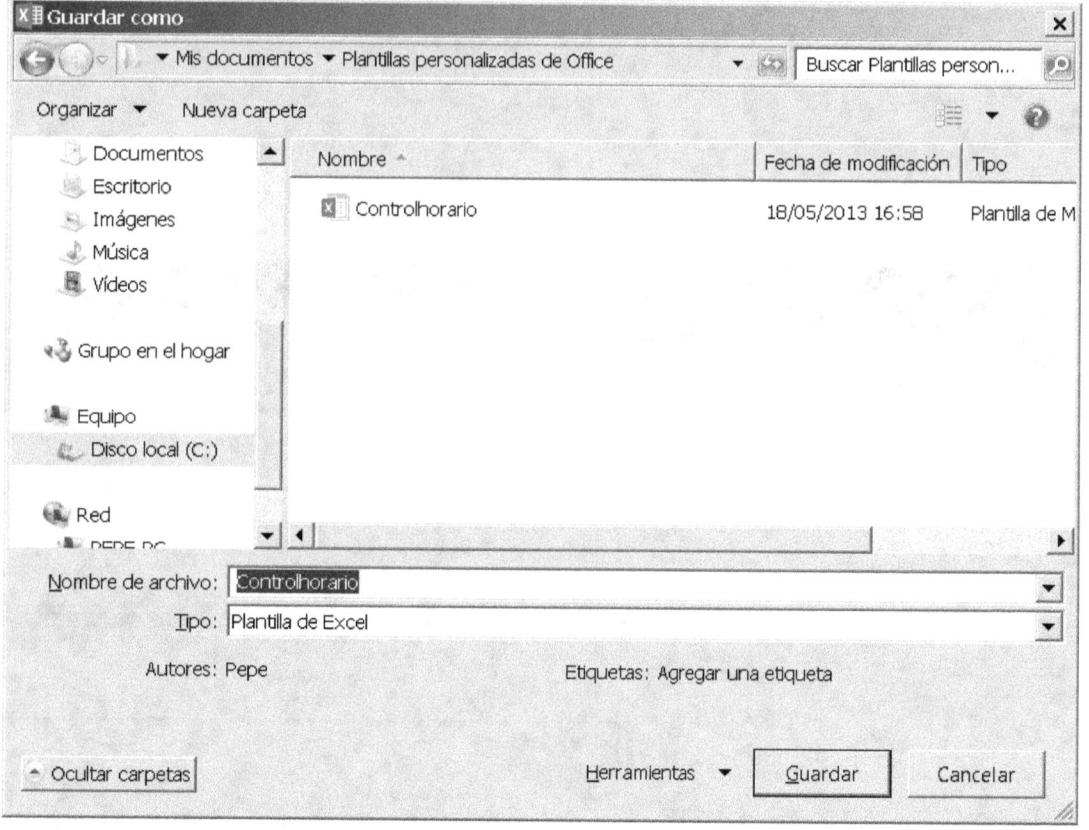

Imagen 42. Cambiando la localización podemos tener Plantillas de Libro o de Hoja.

18. Comprobad que los datos coincidan con los de la imagen, sobre todo la ruta de la plantilla que sea: *C:\Users\José\AppData\Roaming\Microsoft\Plantillas*[74] para que se pueda insertar hoja y en *C:\Users\José\Documents\Plantillas personalizadas de Office* para que aparezca en *Mis plantillas (Personal)*.

19. Clic *Archivo* y **Cerrar**. Excel cierra la plantilla *ControlHorario*.

20. En el libro abierto, clic en *Archivo > Nuevo > Personal > Controlhorario > Crear*. Excel abre un nuevo libro llamado *ControlHorario 1*. Clic en **Cerrar**.

21. En el libro abierto, clic derecho en la pestaña de una hoja y del menú emergente seleccionad **Insertar**. Abre el cuadro de diálogo *Insertar* en su pestaña *General*.

---

[74] También podemos ver y cambiar donde se guardan las plantillas en *Archivo > Opciones > Guardar > Ubicación predeterminada de plantillas locales*.

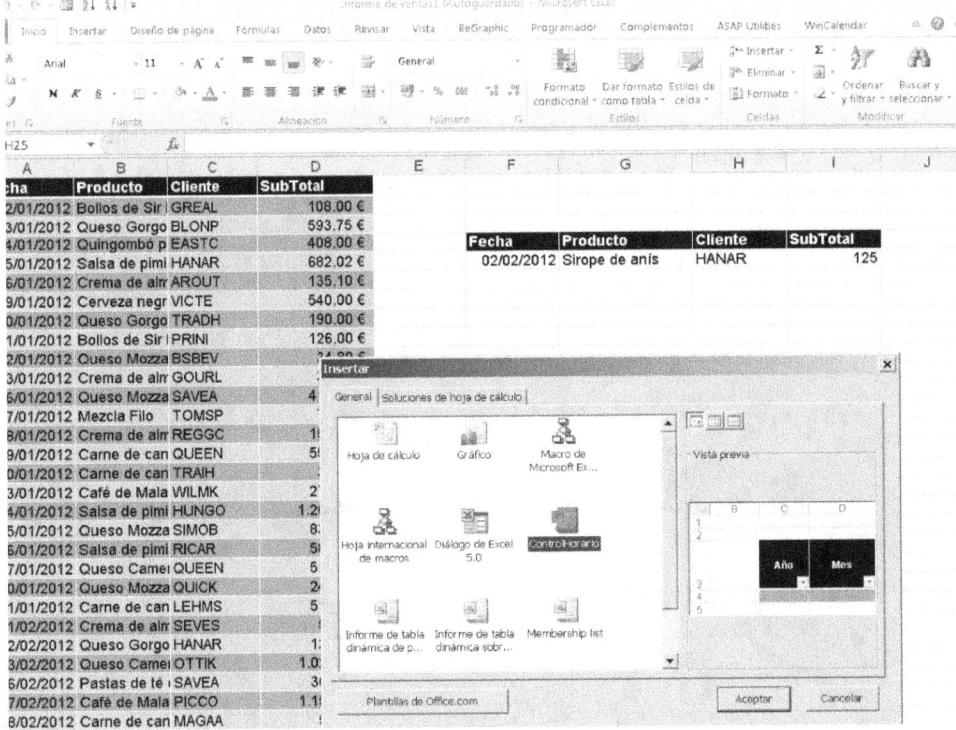

Imagen 43. Aquí insertamos una Plantilla de Hoja de cálculo.

22. Si seleccionamos *ControlHorario*, vemos su vista previa y al **Aceptar**, Excel crea una nueva hoja, a la izquierda de la que estábamos, llamada *ControlHorario*[75]. Observad el resto de opciones.

LISTAS DEPENDIENTES

1. Abrimos un nuevo libro *ControlHorario1*. Clic sobre la cabecera de la columna B y arrastrad hacia la izquierda, clic derecho y **Mostrar**. Aparece la columna A.

2. Clic sobre la cabecera de la columna C y arrastrad hasta la H, clic derecho e **Insertar**. Se insertan 6 nuevas columnas y se renombran.

3. Clic en A3, **Ctrl+Mayús+Flecha abajo** y **Ctrl+C**. Clic en B1 y **Pegado especial**, marcad **Valores** y **Transponer** y **Aceptar**. **Ctrl+Z** para deshacer la extensión automática de la tabla.

4. Arrastrad el controlador de relleno hasta la fila 2 para copiar y en esa fila añadid un 1 detrás de cada nombre. Seleccionad y arrastrad hasta la fila 7.

5. Clic en B1 y **Ctrl+Mayús+Flecha abajo**, **Ctrl+T**[76] e **Intro**. **Flecha derecha** y repetid para el resto de tablas.

---

[75] La plantilla que acabamos de crear la podemos utilizar como libro nuevo o como hoja de cálculo nueva.
Si guardamos estos archivos como *libro.xlt* u *hoja.xlt* en *C: \ Users \ Pepe \ AppData \ Roaming \ Microsoft \ Excel \ XLSTART*. Cada vez que iniciemos Excel desde cero se abrirá este libro con esta hoja.
[76] Aseguraos que esté marcado La tabla tiene encabezados.

Curso avanzado de Excel paso a paso

6. Clic sobre la columna de la tabla *Hora de comienzo*, clic derecho e *Insertar > Columnas de la tabla a la izquierda*. Arrastrad la cabecera de *Actividad* sobre *Columna1* para que se transforme en *Actividad2*. Debe quedar como en la imagen.

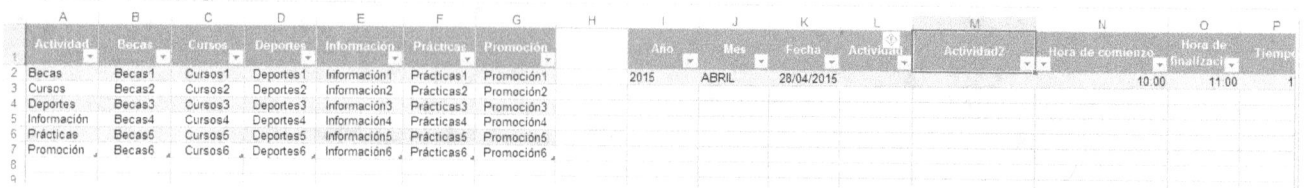

Imagen 44. El libro preparado para crear Listas dependientes.

7. Seleccionad B1:G6 y *Fórmulas > Nombres definidos > Crear desde la selección*, marcad solo la *Fila superior*.

8. Seleccionad la columna *Actividad2* y en *Datos > Herramientas de datos > Validación de datos*, seleccionad *Lista* y en *Origen* escribid: *=INDIRECTO(L2)*. Ya podemos ocultar las columnas auxiliares y comprobad que funciona[77].

9. Abrid el cuadro *Insertar función*, mirad las opciones, buscad la función Indirecto e ir a la Ayuda de esta función[78].

10. En el cuadro *Buscar una función*, escribid: *Convertir texto en número*, mirad las opciones y quedaos con **Valor**.

11. En una celda vacía escribid *=fila()&fila(a1)*. Crea un número que se almacena como texto a la izquierda de la celda. En la celda de al lado escribid *=valor(celda anterior)* y veréis como lo convierte en número.

12. También lo podemos hacer usando otra de las opciones de Pegado especial. Escribid 1 en la celda de al lado y **Copiar**, clic en la celda del número almacenado como texto y **Pegado especial** en operaciones marcad **Multiplicar**. Se convierte en número y se alinea a la derecha.

13. Ahora escribid en el cuadro *Buscar una función: Rand* y pulsad **Ir**, nos devuelve el nombre en español de una función en inglés.

VINCULAR A DATOS EN OTRAS HOJAS O LIBROS.

1. Creamos un nuevo libro y escribimos: *Código*, *Cliente* y *Número*, debajo 01, A y 1. Seleccionamos los tres y arrastramos 7 u 8 filas, si no sale, escribid otra fila y convertimos en tabla.

2. Copiamos el encabezado y pegamos en un nuevo libro. En este libro, bajo código, en A2, ponemos cualquiera y en B2 la fórmula, cambiando de libro desde *Vista > Ventana > **Cambiar de ventana** y

---

[77] Los nombres no pueden contener espacios en blanco. Los valores sí, pero entonces hay que anidar, en indirecto, sustituir. Sería =indirecto(sustituir(l2;" ";"")). *Becas propias*, no puede ser un nombre, en este caso, lo sería *Becaspropias*, pero si usamos sustituir en indirecto, sí que puede aparecer en la lista desplegable dependiente.

[78] Explicar los parámetros obligatorios () y los opcionales [corchetes]

54

la   flecha   del   ratón,
=INDICE(Libro7!Tabla1[#Datos];COINCIDIR($A$2;Libro7!Tabla1[Código];0);COLUMNA(b2)).

3. Arrastramos, cambiamos *Cliente* por *Código*.

4. Ahora, clic derecho en el libro de origen, Mover o copiar> a un nuevo libro y Aceptar.

5. Eliminamos el antiguo libro de datos, cambiamos un código en el de las fórmulas y vemos un error REF.

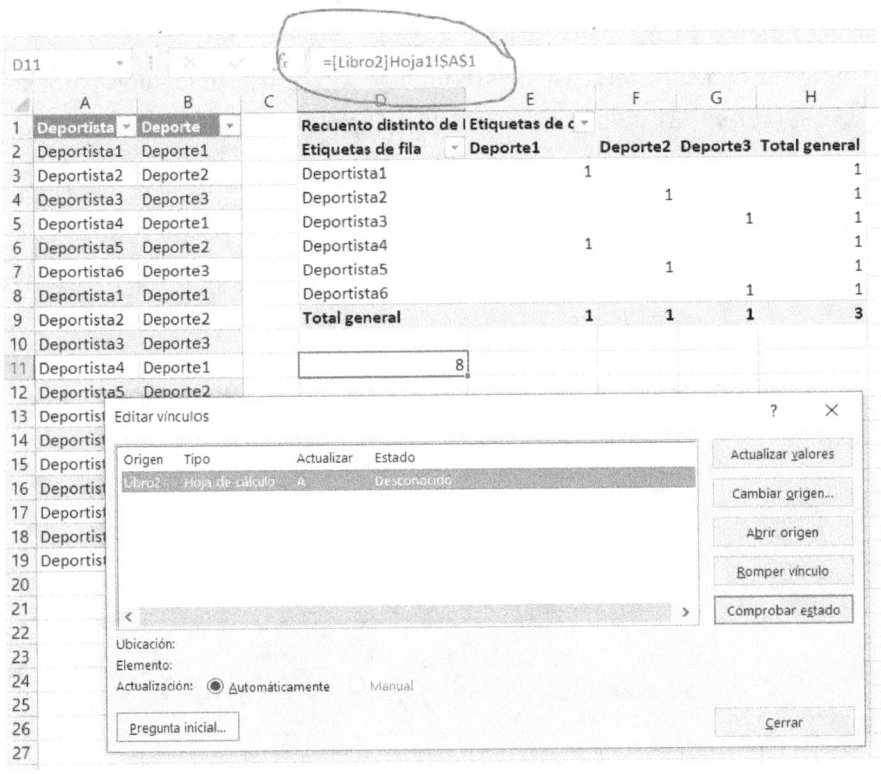

*Imagen 45. El cuadro de diálogo **Editar vínculos** y sus opciones.*

6. Clic en el botón **Editar vínculos** del grupo *Conexiones* de la pestaña *Datos*. En el cuadro de diálogo *Modificar vínculos*, clic en **Cambiar origen**. Buscamos el nuevo libro y los vínculos se vuelven a crear.

CONSOLIDANDO MÚLTIPLES CONJUNTOS DE DATOS EN UN SOLO LIBRO

1. Vamos a construir un libro nuevo de ejemplo con el nombre *EjemplosConsolidación*. Renombramos las hojas como *Semestre1, Semestre2 y TotalAnual*.

2. Clic en la pestaña de la primera hoja, pulsad **Mayús** y clic en la de la tercera.

3. Nos situamos en B2 y escribimos *Profesores*, **Flecha derecha** *Gastos*, en B3 escribimos *José*, **Flecha abajo** *Juan*, después *Pepe* y *Pedro*.

4. Clic en la pestaña de *Semestre1*, para deseleccionar las otras hojas, **Ctrl** y clic en la pestaña de *Semestre2*. Las dos primeras hojas quedan seleccionadas.

5. En C3 escribimos *999*, con pulsaciones de **Flecha abajo** vamos Introduciendo *888, 777, y 666*.

Curso avanzado de Excel paso a paso

6. Nos situamos en *TotalAnual* en C3 y escribimos =, nos vamos a C3 de la primera hoja y clic, escribimos + , clic en C3 de la segunda hoja e **Intro**. Ahora arrastramos la fórmula hacia abajo. Excel nos ha sumado los gastos de los dos semestres para calcular el total anual. Pero si tuviéramos 600 profesores y 12 meses esto sería muy costoso, por lo que lo haremos de otra forma.

7. Con el rango B3:C6 seleccionado, clic en **Consolidar** del grupo *Herramientas de Datos* de la pestaña *Datos*. Abre el cuadro de diálogo *Consolidar* con la Función: **Suma** elegida en la primera lista. En el cuadro *Referencia* pulsamos el botón **Contraer cuadro de diálogo**, nos vamos a *Semestre1* y seleccionamos el rango C3:C6.

8. Pulsamos el botón **Expandir cuadro de diálogo** y **Agregar**. Repetimos para la segunda hoja y observamos que Excel ya las ha preseleccionado[79]. **Agregar** y **Aceptar**. Excel nos suma todos los importes[80].

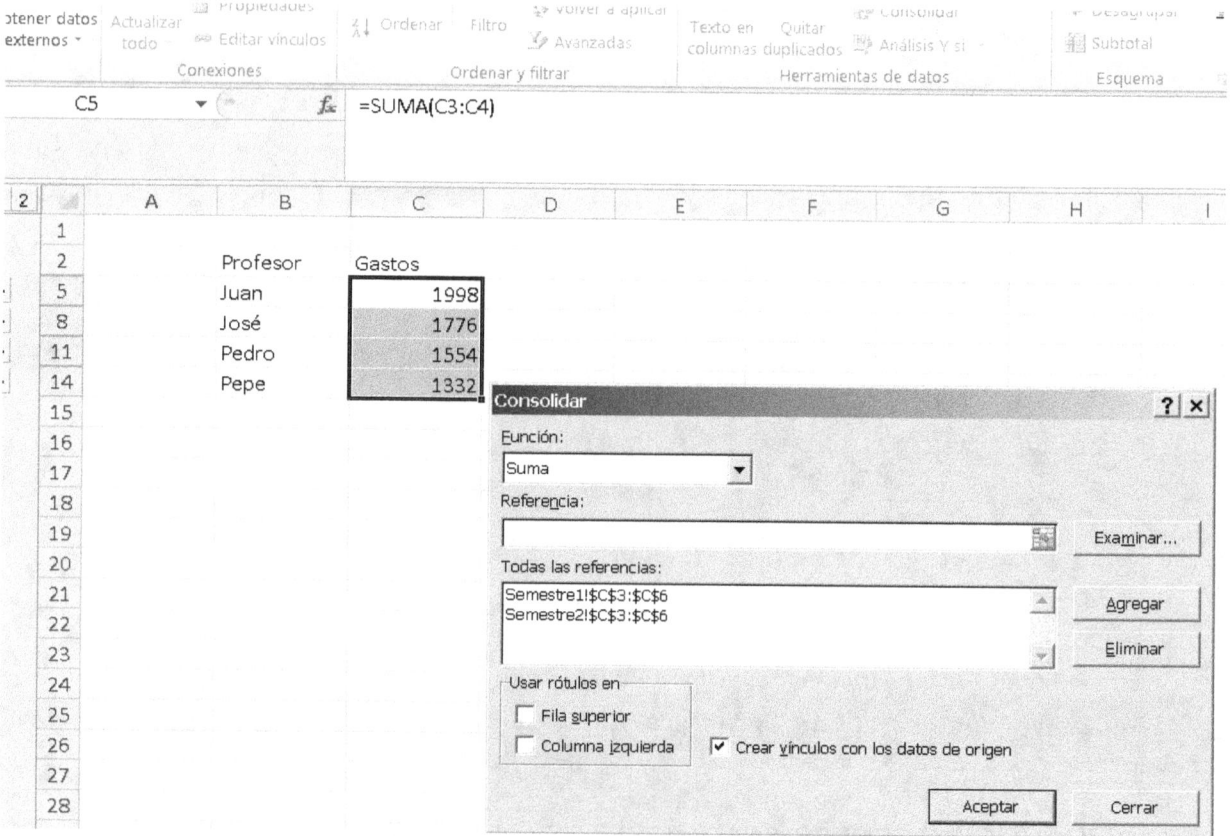

Imagen 46. Muestra la consolidación con niveles de esquema.

---

[79] Esto es porque están en la misma posición en todas las hojas.

[80] Esta estructura de datos es muy común y es completamente inadecuada e ineficiente para Excel. Hay que añadir una columna Fecha, que es el criterio que se usa para dividir en hojas, y hacer los informes y las consolidaciones con Creación de hojas dinámicas usando Tablas dinámicas.

56

9. Volvemos a abrir el cuadro de diálogo *Consolidar* y marcamos **Crear vínculos con los datos de origen** y **Aceptar**. Excel añade un nivel de esquema.

AGRUPAR MÚLTIPLES CONJUNTOS DE DATOS[81]

1. En cualquiera de los libros abiertos, clic en **Guardar área de trabajo** del grupo *Ventana* de la pestaña *Vista*. Abre el cuadro de diálogo *Guardar área de trabajo*, poned *Nombre* **CursoExcel** y **Guardar** en la carpeta que tenemos para el curso. Si no hemos guardado algún libro nos pedirá un nombre y un lugar para guardarlo.

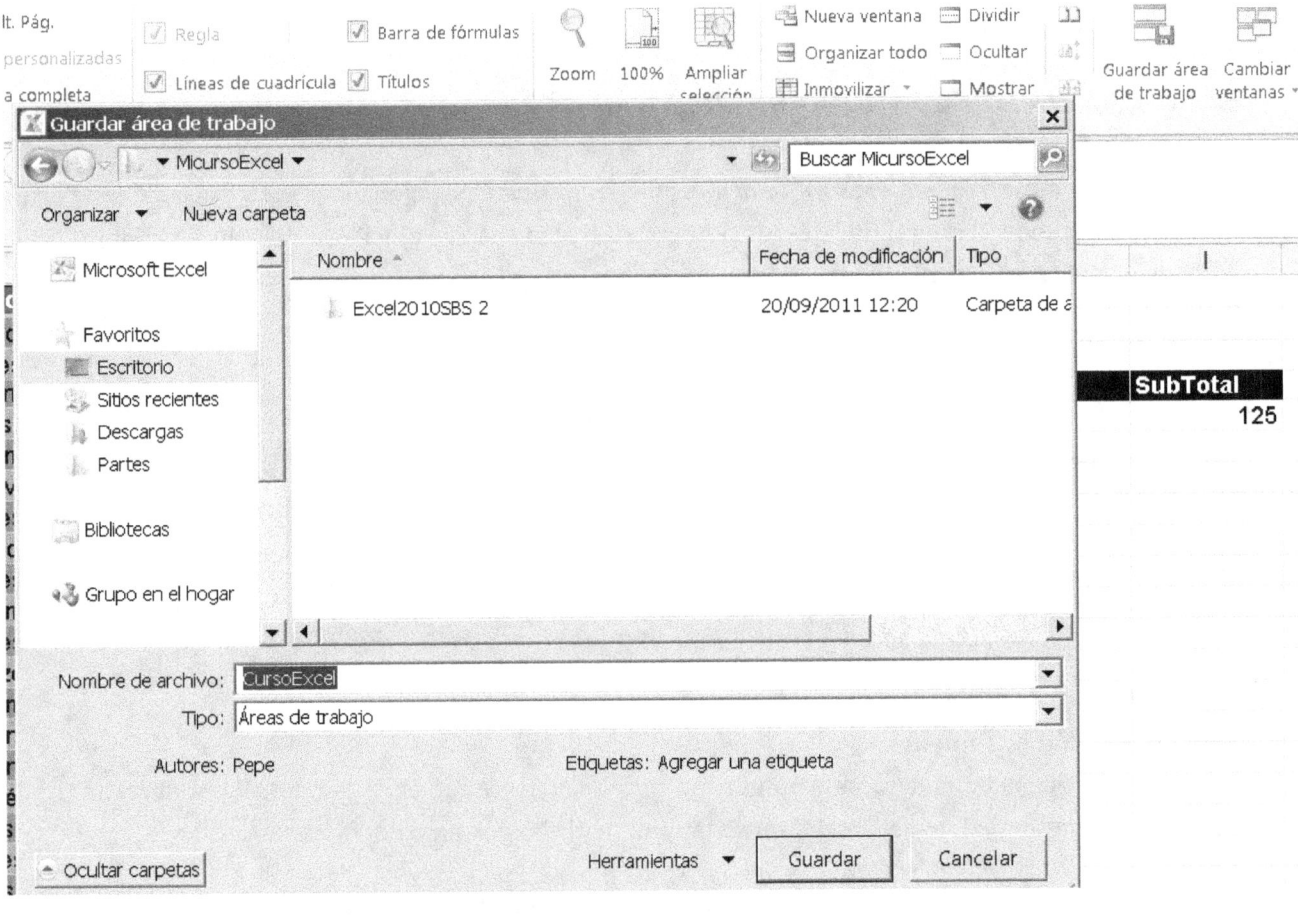

Imagen 47. Esta funcionalidad ha desaparecido de Excel 2016

2. En la pestaña *Archivo*, clic en **Cerrar** para los dos libros abiertos.
3. En *Archivo > Reciente*, clic en **Informe de tabla dinámica sobre los clientes**. Excel abre los libros que teníamos abiertos.
4. Se puede seguir utilizando, para el mismo propósito, si no hay tablas en los libros, **Vistas personalizadas**.

---

[81] Esta característica ha desaparecido en Excel 2013, si bien se pueden abrir los creados en versiones anteriores.

Curso avanzado de Excel paso a paso

5. Situaos, usando el cuadro de nombres en *C951*.

6. *Vista > Vistas de libro >* **Vistas personalizadas**

7. En el cuadro de diálogo *Vistas personalizadas*, clic en **Agregar** para abrir el cuadro de diálogo *Agregar vista*. En *Nombre* poned *Final* y **Aceptar** todos los cuadros de diálogo.

8. **Ctrl+Inicio** y pulsar en *Vistas personalizadas* la nueva que acabamos de crear. La pantalla se desplaza hasta el final del libro.

ANÁLISIS DE DATOS ALTERNATIVOS (ANÁLISIS DE HIPÓTESIS)

El análisis de datos nos muestra lo que sucede, pero Excel también nos permite conocer qué pasaría si cambiamos una o varias variables.

EXAMINAR DATOS USANDO ANÁLISIS RÁPIDO

1. En el mismo libro *EjemplosConsolidación*, hoja *TotalAnual*, posicionaos en *C3* y pulsad **Ctrl+***, para seleccionar todo el rango. En la esquina inferior derecha aparece el icono de Análisis rápido[82].

2. Clic en el icono, observad todas las opciones.

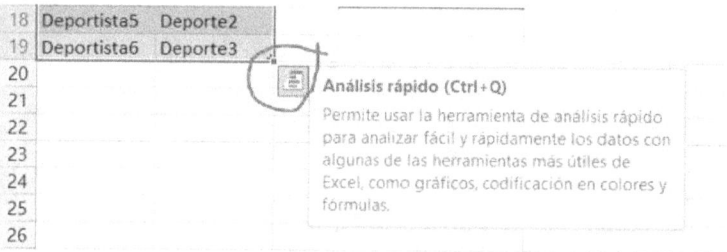

Imagen 48. El comando Análisis rápido, antes de hacer clic.

3. Clic en la pestaña **Totales** y posad el ratón por las distintas opciones.

4. Clic en **Total acumulado**.

5. Clic en la flecha de la derecha para mostrar más opciones y clic en **% del total a la derecha**. En la pantalla anterior había otro **% del total debajo**, marcado con un color diferente.

ADMINISTRADOR DE ESCENARIOS (CONJUNTOS DE DATOS ALTERNATIVOS)

1. Vamos a construir una hoja como la de la figura en un libro nuevo que llamaremos *Ysi*.

---

[82] **Ctrl+Q**, es su atajo de teclado.

58

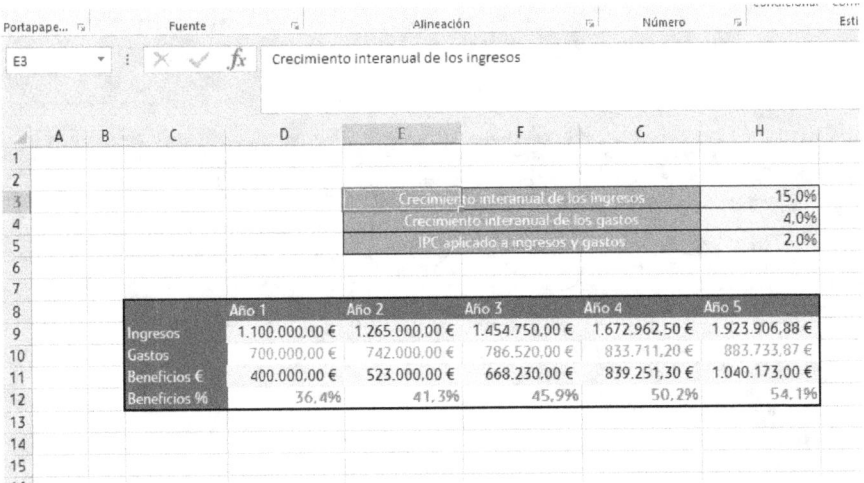

Imagen 49. Es conveniente practicar los Estilos de celda aprendidos.

2. Solo escribimos cantidades en D9 y D10, el resto son fórmulas. En D11, *=D9-D10* y arrastramos hasta H11. En D12, *=D11/D9* y arrastramos. En E9, *=D9+D9*$H$3* y arrastramos. En E10, *=D10+D10*$H$4+D10*$H$5* y arrastramos. El rango D9:H11 tiene formato **Contabilidad**.

3. Establecemos los siguientes escenarios:

	Crecimiento Ingresos	Crecimiento Gastos	IPC Interanual	Ingresos Año 1	Gastos Año 2
Pesimista	+ 0 %	+ 10 %	+ 6 %	900.000,00 €	900.000,00 €
Moderado	+ 10 %	+ 8 %	+ 4 %	1.000.000,00 €	800.000,00 €
Optimista	+ 15 %	+ 4 %	+ 2 %	1.100.000,00 €	700.000,00 €

Imagen 50. Empezamos en C15, Crecimiento Ingresos en D15. En H15 debe poner Gastos Año 1

4. D16:F18 tiene el formato Personalizado *+ 0 %*[83].

5. Clic en la flecha **Análisis de hipótesis** del grupo *Previsión* de la pestaña *Datos*[84], y clic en **Administrador de escenarios** para abrir el cuadro de diálogo *Administrador de escenarios*. Clic en **Agregar** e Introducimos:

---

[83] En un formato **Porcentaje**, para que aparezca *5%* hay que escribir *0,05* y aplicar el formato **Porcentaje**

[84] Si no está disponible, tenemos que ir a *Archivo > Opciones > Complementos*, comprobad que en la lista *Administrar* está seleccionado **Complementos de Excel**, pulsad **Ir...** y en el cuadro de diálogo *Complementos*, marcad **Herramientas para el análisis** y **Aceptar** todos los cuadros de diálogo.

Curso avanzado de Excel paso a paso

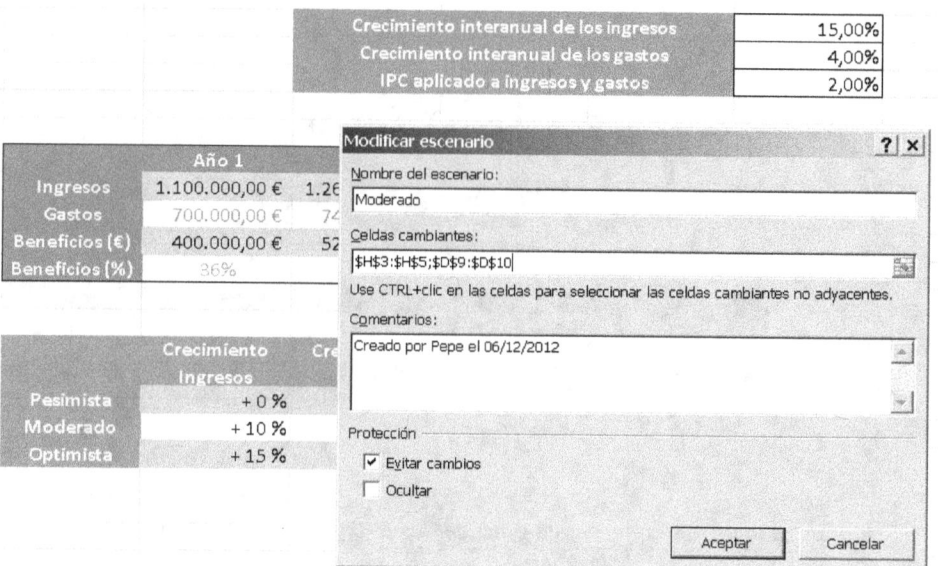

Imagen 51. En Modificar escenario introducimos los escenarios del rango C15:H18.

6. Las Celdas cambiantes las Introducimos marcando los rangos con el ratón manteniendo pulsada la tecla **Ctrl**.

7. El cuadro de diálogo *Valores del escenario* nos recoge los datos que teníamos en las celdas cambiantes, clic en **Agregar** e Introducimos los siguientes escenarios.

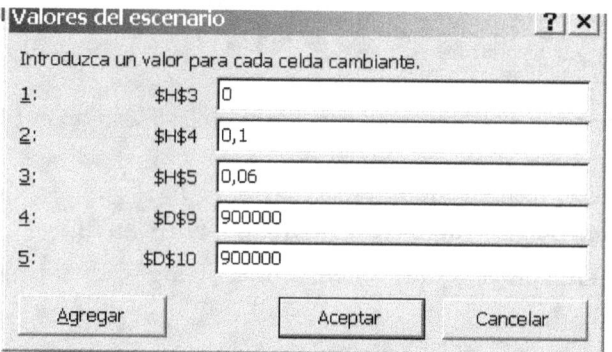

Imagen 52. Los valores son desde D16 a H16 para el escenario Pesimista...

8. Una vez Introducidos los tres escenarios, haciendo clic en **Mostrar** van cambiando los valores de las celdas, mientras el cuadro de diálogo sigue abierto para poder cambiar de escenario.

9. Si hacemos clic en **Resumen**, eligiendo el rango de beneficios, en el cuadro de diálogo *Resumen de escenario*, Excel añade una nueva hoja a la izquierda. También puede añadir un resumen de Tabla dinámica que mostraría los beneficios porcentuales para los cinco años.

TABLAS DE DATOS

1. Vamos a construir la siguiente tabla.

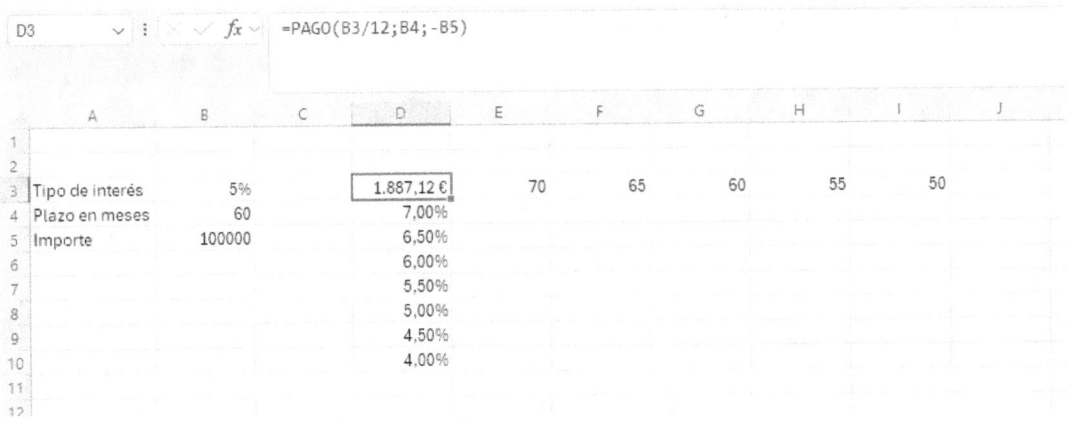

Imagen 53. Aquí veremos cómo evoluciona la cuota mensual de un préstamo al cambiar los plazos o el tipo de interés.

2. Es muy importante que la fórmula esté en la esquina superior izquierda de las variables.

3. Seleccionamos el rango D3:I10. Clic en *Datos > Previsión > Análisis de hipótesis > Tablas de datos*. Abre el cuadro de diálogo *Tabla de datos*.

4. En celda de entrada (fila), seleccionamos B4 y en Celda de entrada (columna), B3. **Aceptar**.

5. Excel rellena todos los resultados.

6. Con estos datos puedes hacer una tabla de multiplicar.

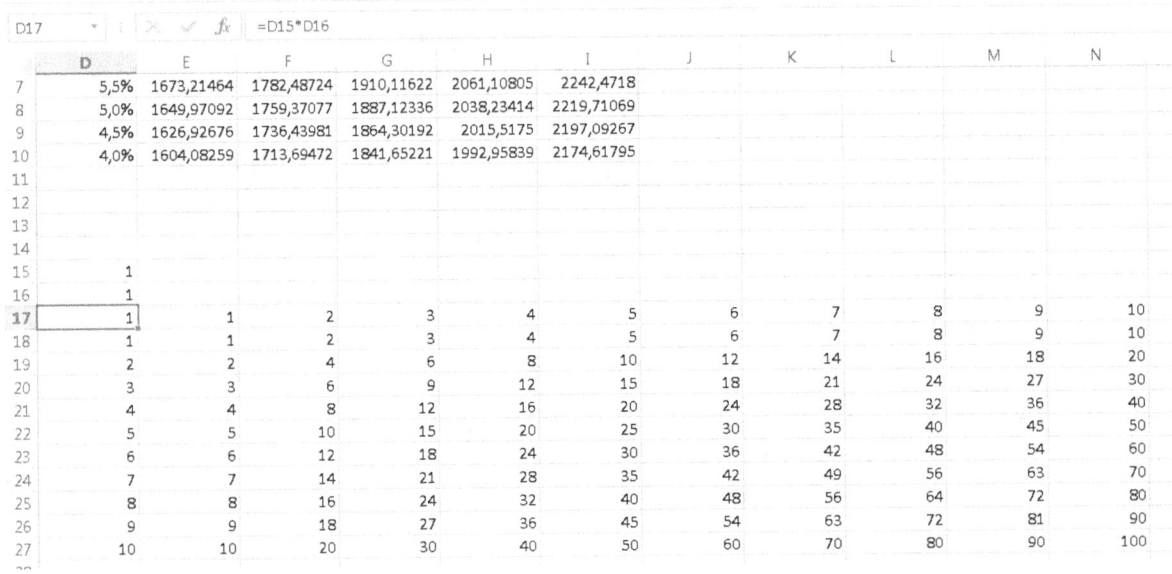

Imagen 54. Después de introducir el 1 se arrastra, con Ctrl pulsado, hasta llegar a 10.

FUNCIONES FINANCIERAS EN EXCEL

Vamos a ver cómo están relacionadas las principales funciones financieras en Excel. Los argumentos y las funciones se van intercambiando.

Curso avanzado de Excel paso a paso

1. Escribimos en una nueva hoja como en la imagen.

	A	B	C	D	E
1	Pago	100	100		=PAGO(B2/12;B3;-B4;0;0)
2	Tasa	0,05	0,05		=TASA(B3;B1;-B4)
3	Nper	60	5		=NPER(B2/12;B1;-B4)
4	Valor actual	1000	0		=VA(B2/12;B3;B1)
5	Valor final	0	1000		=VF(B2;C3;B1;C4;1)
6	Tipo	1	0		
7					
8					
9					
10					

Imagen 55. Hay que mantener la concordancia de unidades en las fórmulas. En la columna B están en meses y en la C en años los periodos. Por esto en la última fórmula Tasa no va dividido por doce, ya que el periodo está en años.

Estos son los resultados de las funciones de arriba. En rojo los desembolsos. En las primeras fórmulas no salen porque Valor actual está en negativo (-B4).

	A	B	C	D	E
1	Pago	100	100		18,87 €
2	Tasa	0,05	0,05		10%
3	Nper	60	5		10,2355725
4	Valor actual	1000	0		-5.299,07 €
5	Valor final	0	1000		-580,19 €
6	Tipo	1	0		
7					

Imagen 56. Al introducir las fórmulas observad cuidadosamente toda la información en pantalla.

La fórmula de E1 no dice que debemos pagar 18,87 € todos los meses durante cinco años (60), a una tasa de interés del 5% para amortizar un préstamo de 1000 €.

2. Cambiad en B1 a 18,87 y observad como Nper cambia a 60 y Va a 1000. Deshaced el cambio.

E5 nos muestra el ahorro que conseguiremos, al cabo de cinco años, si a principio de cada año, por esto Tipo es 1, ingresamos 100 € al 5 % de interés.

CÁLCULO DE UN PRÉSTAMO

1. Escribid en una nueva hoja como en la imagen, observando atentamente las indicaciones de **Autocompletar fórmulas**.

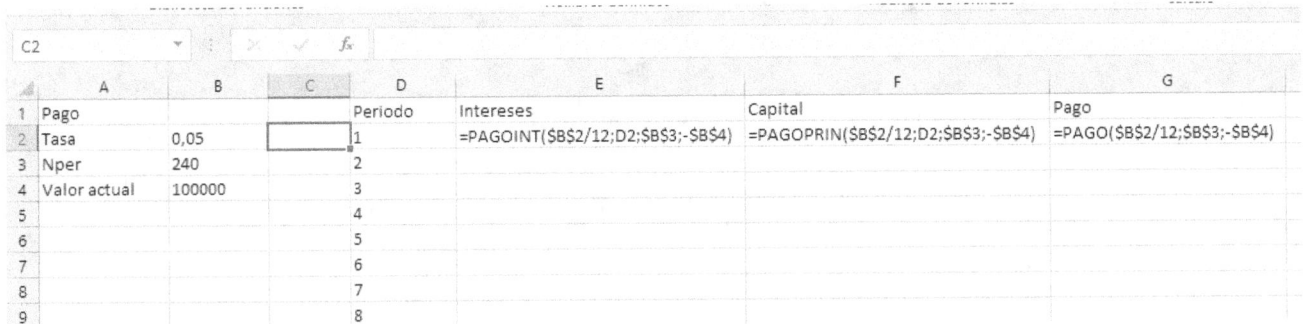

Imagen 57. Todas las referencias son absolutas excepto el Periodo (Columna D).

2. Seleccionad E2 y F2 y comprobad en la Barra de estado que la suma coincide con el importe de G2.
3. Seleccionad E2:G2 y doble clic en el controlador de relleno. Observad y analizad los resultados:
   El pago de intereses disminuye a medida que aumentan los periodos, el de capital aumenta y el total permanece constante.

VARIAR DATOS PARA OBTENER EL RESULTADO DESEADO. BUSCAR OBJETIVO

1. Escribimos en una nueva hoja:

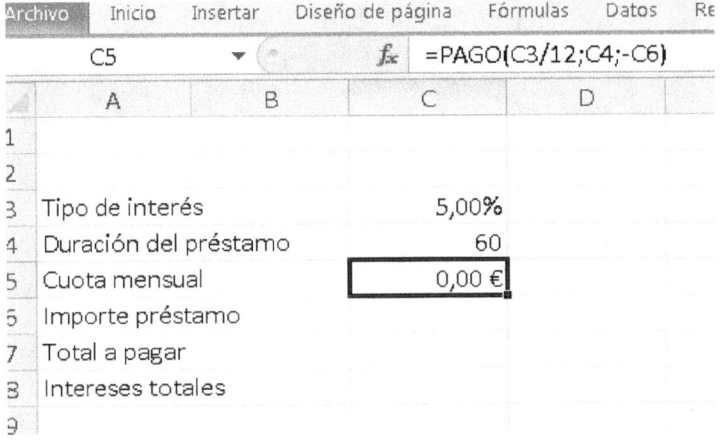

Imagen 58. De momento quitamos total a pagar e intereses totales

2. Observad la fórmula de C5. En *Datos > Previsión > Análisis de hipótesis > Buscar objetivo* para abrir el cuadro de diálogo *Buscar objetivo*.
3. En *Definir la celda*, **$C$5**; *Con el valor*, **1500** y *Para cambiar la celda*, **$C$6**.
4. Clic en **Aceptar** y Excel calcula el importe del préstamo que podemos pagar con una cuota de 1500, en el libro y en el cuadro de diálogo *Estado de la búsqueda de objetivo*.

Curso avanzado de Excel paso a paso

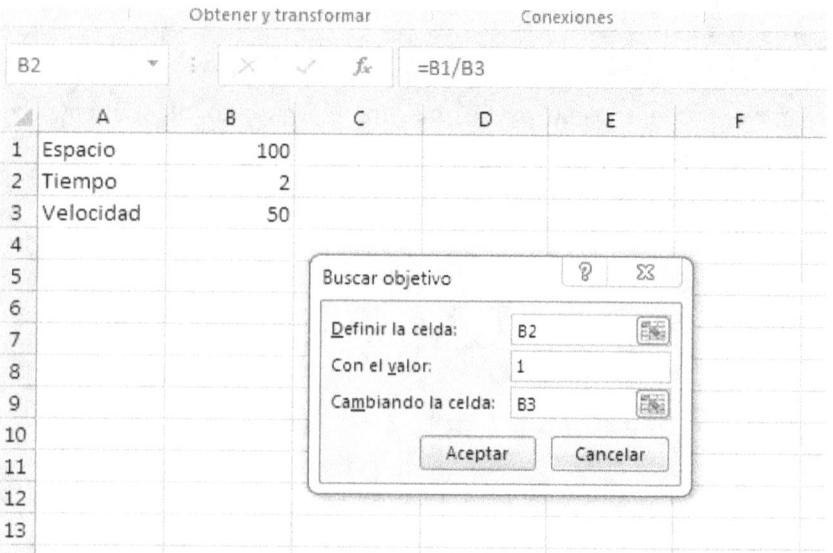

Imagen 59. Un sencillo ejemplo usando una fórmula. Esta es sencilla: e=vt.

ENCONTRANDO SOLUCIONES ÓPTIMAS CON SOLVER[85]

1. Vamos a plantear el siguiente problema, que, al tener más de una variable, no se puede solucionar con *Buscar objetivo*.

---

[85] Poned los ejemplos de Excel (Solvsamp) desde *C > Archivos de programa > Microsoft Office > Office 14 > Samples > Solvsamp*.

Problema

● Sabemos los beneficios medios que obtiene una empresa por la venta de cada unidad del producto 1 y del producto 2

● Debemos ajustarnos a las restricciones de crédito que tenemos para 3 clientes (no debemos vender a cada cliente, más de lo que éste puede endeudarse).

● La capacidad de fabricación para cada uno de los productos, es otra restricción.

¿Cómo podemos repartir la capacidad de producción de la empresa entre las ventas a los clientes, de forma que obtengamos los máximos beneficios, sabiendo (como hemos dicho antes) la rentabilidad de cada producto y el límite de ventas que debemos respetar para cada cliente?

Planteamiento

Restricciones

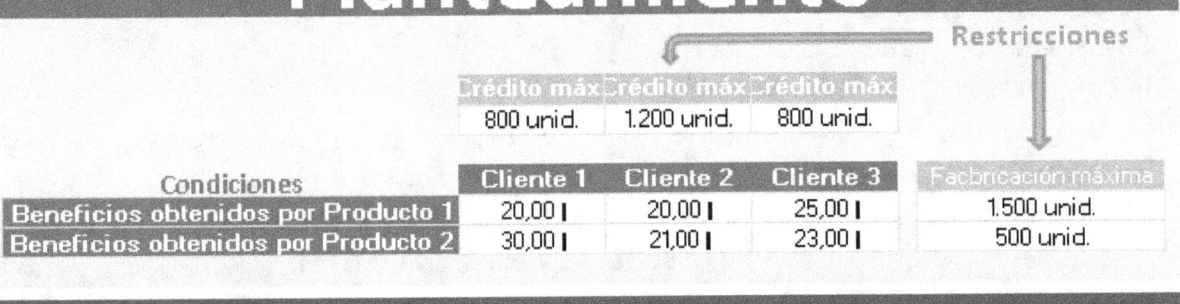

Condiciones	Crédito máx 800 unid.	Crédito máx 1.200 unid.	Crédito máx 800 unid.	Fabricación máxima
	Cliente 1	Cliente 2	Cliente 3	
Beneficios obtenidos por Producto 1	20,00	20,00	25,00	1.500 unid.
Beneficios obtenidos por Producto 2	30,00	21,00	23,00	500 unid.

Soluciones

Soluciones	Vender 800 unid.	Vender 400 unid.	Vender 800 unid.	Fabricación
	Cliente 1	Cliente 2	Cliente 3	
Ventas óptimas para el producto 1	300 unid.	400 unid.	800 unid.	1.500 unid.
Ventas óptimas para el producto 2	500 unid.	0 unid.	0 unid.	500 unid.

Beneficios máximos posibles
49.000,00 €

Conclusiones

Entre otras podemos destacar dos conclusiones que no hubieran sido fáciles de obtener sin la herramienta SOLVER (sólo con razonamiento o intuición):

● La política de ventas de la empresa debe desincentivar la venta del producto 2 a los clientes 2 y 3 (a pesar de que sus rentabilidades no son las más bajas: 21 € y 23 €).

● A pesar de que el cliente 2 tenía más crédito que los clientes 1 y 3, tan sólo es conveniente venderle la tercera parte de dicho crédito (400 € de 1.200) para optimizar beneficios.

Imagen 60. Observad las conclusiones

Curso avanzado de Excel paso a paso

2. Construimos la siguiente tabla:

G6			f_x	=SUMA(G3:G5)								
	A	B	C	D	E	F	G	H	I	J	K	L	M
1					Condiciones		Beneficio Total		Restricciones				
2			Ventas Producto1	Ventas Producto2	Beneficio Producto1	Beneficio Producto2	Importe ProductoxCliente	Venta Máxima	Crédito Máximo	Fabricación Producto1	Fabricación Producto2	Fabricación máx P1	Fabricación máx P2
3		1			20	30	0	0	800	0	0	1500	500
4	Cliente	2			20	21	0	0	1200				
5		3			25	23	0	0	800				
6		Beneficio total					0						
7													
8													

Imagen 61. Es mejor utilizar en G3: =SUMAPRODUCTO(C3:D3;E3:F3).

3. En G3 escribimos, *=C3*E3+D3*F3* y arrastramos hasta G5.

4. En G6, *=SUMA(G3:G5)*.[86]

5. En H3, *=C3+D3* y arrastramos hasta H5.

6. En J3, *=SUMA(C3:C5)* y arrastramos hasta K3.

7. Nos aseguramos de tener instalado **Solver**. Para ello *Programador > Complementos > Complementos* para abrir el cuadro de diálogo *Complementos* y marcamos **Solver**[87].

8. Ahora *Datos > Análisis > Solver* para abrir el cuadro de diálogo *Parámetros de solver*.

9. En *Establecer objetivo*, seleccionamos **$G$6**. En *Para*, marcamos **Máx.** en *Cambiando las celdas variables*, seleccionamos **C3:D5**. En *Sujeto a las restricciones* pulsamos el botón **Agregar**. Abre el cuadro de diálogo *Agregar restricción*.

10. En *Referencia de celda*, seleccionamos **$H$3:$H$5**; de la lista seleccionamos **<=** y en el cuadro *Restricción* =**$I$3:$I$5**. Hacemos clic en **Agregar** y seleccionamos las siguientes restricciones para que quede así:

---

[86] Es el equivalente a: =SUMAPRODUCTO((C3:C5)*(E3:E5)+(D3:D5)*(F3:F5)). Mucho mejor: =SUMAPRODUCTO(C3:D5;E3:F5).

[87] Otro modo de abrirlo, o si no tenemos la pestaña *Programador*, es desde *Archivo > Opciones > Complementos > Ir..., en Administrar:* **Complementos de Excel**, que también abre el cuadro de diálogo *Complementos*.

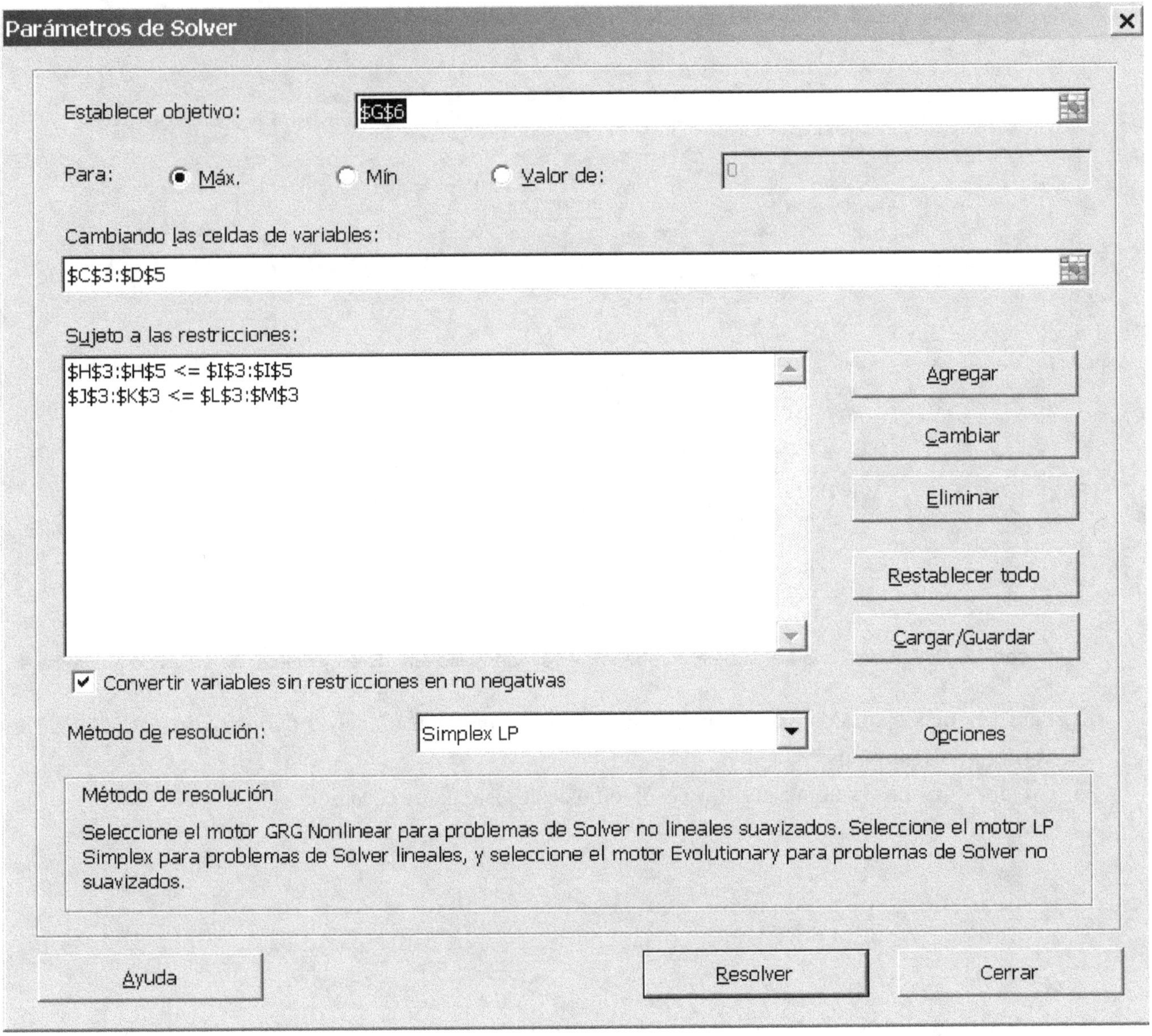

wordexperto.com

Imagen 62. Se puede cambiar el Método de resolución a GRG Nonlinear. Observad los cálculos en la Barra de estado.

11. Clic en **Resolver**. Abre el cuadro de diálogo *Resultados de Solver*. Clic en **Guardar escenario** y en el cuadro de diálogo *Guardar escenario*, en *Nombre de* escribimos **Solución 1** y **Aceptar**. Clic de nuevo en **Aceptar**. Excel rellena todas las celdas cambiantes y las que contienen fórmulas dependientes de ellas con la solución. Además, ha guardado el resultado como *Solución 1* en *Datos > Previsión > Análisis de hipótesis > Administrador de escenarios*.

Curso avanzado de Excel paso a paso

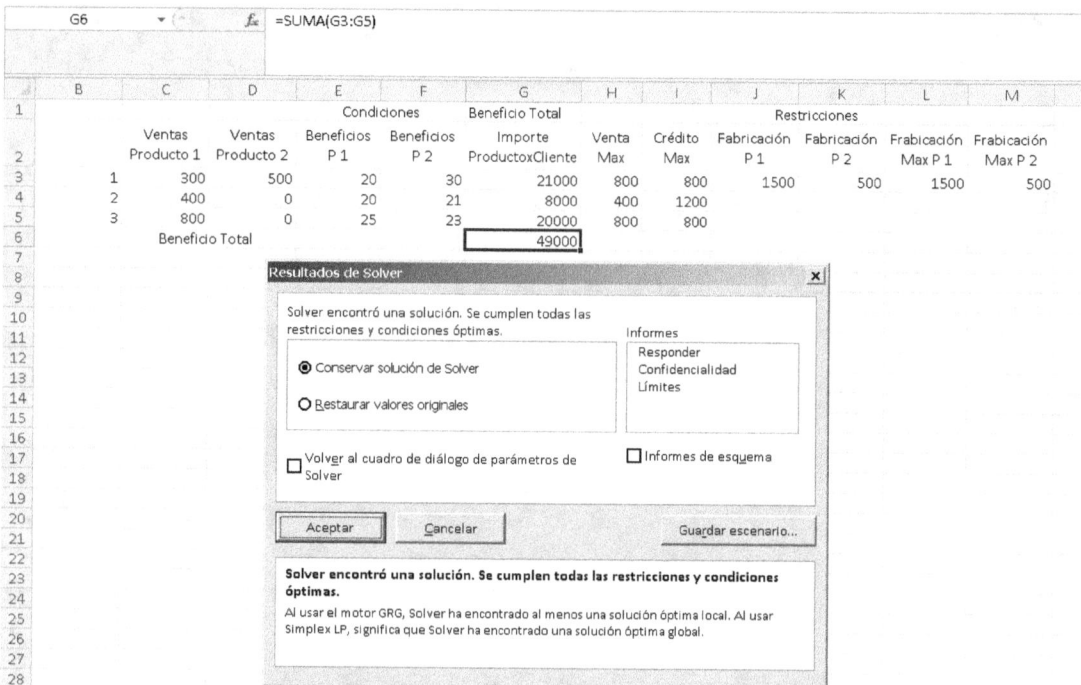

Imagen 63. Desde este cuadro de diálogo podemos navegar a los anteriores y marcar Informes de esquema.

12. Para ver más ejemplos, navegamos hasta *C:\Program Files\Microsoft Office\Office15\SAMPLES* y abrimos solvsamp.xls[88].

13. Creamos una nueva hoja SolvEq y resolvemos este sistema de ecuaciones

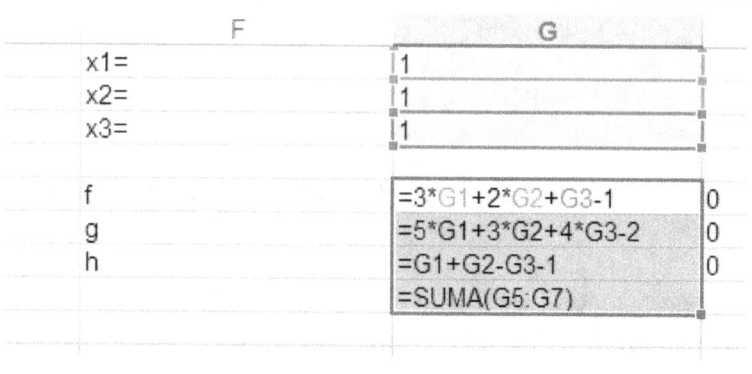

Imagen 64. Un sistema de tres ecuaciones igualado a cero.

---

[88] En los últimos Sistemas operativos, después de *Microsoft Office* va **Root**.

68

14. Los primeros valores que damos a las celdas cambiantes es *1*. Para que se vean los ceros hay que poner formato **Número** y en Solver hay que desactivar la casilla **Convertir variables sin restricciones en no negativas**.

Imagen 65. Estos son los parámetros de Solver

ANALIZAR DATOS USANDO ANÁLISIS DE DATOS. ESTADÍSTICA DESCRIPTIVA

1. Vamos a analizar todos los datos estadísticos, máx min, rango, moda, media, etc., con un solo clic.

2. Si no lo tenemos abierto, clic en *Archivo > Reciente > Informe de tabla dinámica sobre los clientes*.

Curso avanzado de Excel paso a paso

3. Copiad la tabla y pegadla en el libro *Y si*.

4. Clic en el encabezado del campo *SubTotal*. Clic en **Análisis de datos** del grupo *Análisis* de la pestaña *Datos*. En el cuadro de diálogo *Análisis de datos*, seleccionad **Estadística descriptiva** y **Aceptar**.

5. En el cuadro de diálogo *Estadística descriptiva* seleccionad como en la figura y **Aceptar**.

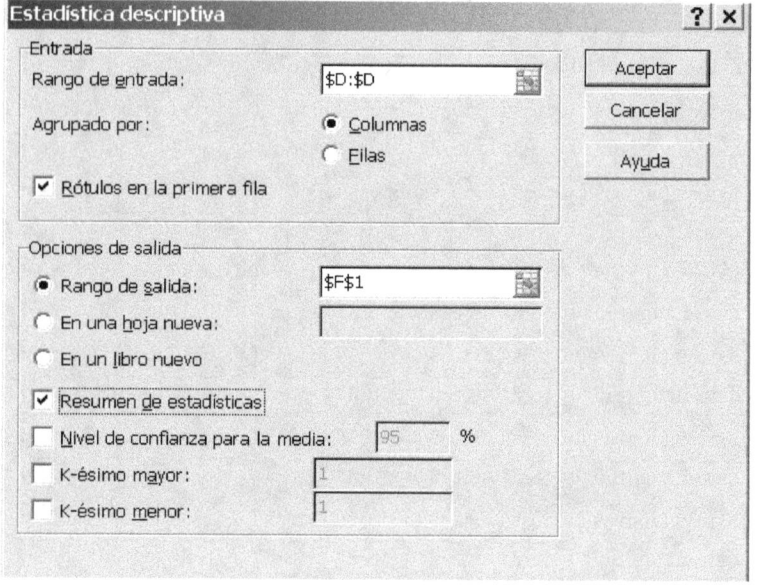

Imagen 66. Podemos marcar más opciones, como el k-ésimo mayor.

6. Excel inserta, donde elegimos, todos los datos.

7. Podemos hacer una representación gráfica. De *I3* a *I13* establecemos las clases entre *0* y *5000* de 500 en 500.

8. Volvemos a *Análisis de datos*, marcamos **Histograma**, **Aceptar**. Marcamos como en la figura y **Aceptar**.

70

wordexperto.com

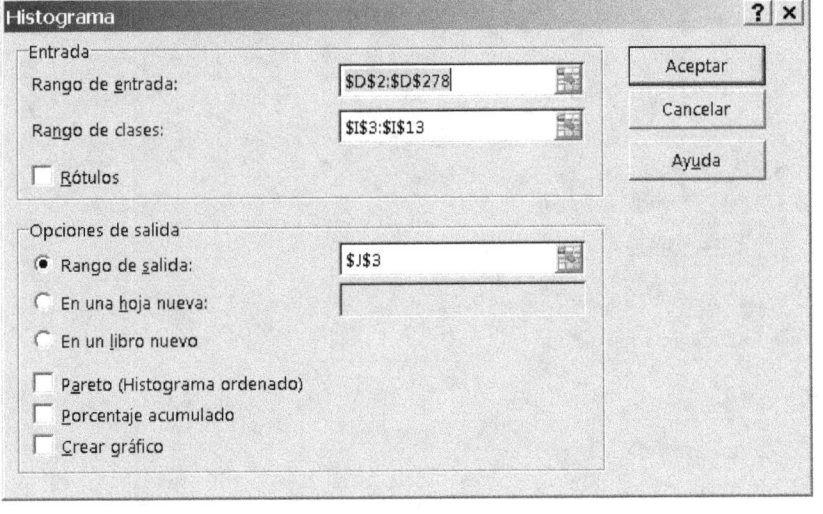

Imagen 67. Para establecer los rangos de las clases, nos fijamos en los valores máximo y mínimo del Resumen de estadísticas.

9. Presionad **F11**[89]. Se inserta una nueva hoja *Gráfico 1*, cambiamos el tipo de gráfico a *XY Dispersión* y **Dispersión con líneas suavizadas y marcadores** y examinamos los resultados.

10. En *Análisis de datos* seleccionamos *Generación de números aleatorios* y **Aceptar**. En su cuadro de diálogo lo dejamos como en la imagen.

---

[89] Si presionamos **Alt+F11**, el gráfico se inserta en la misma hoja.

Curso avanzado de Excel paso a paso

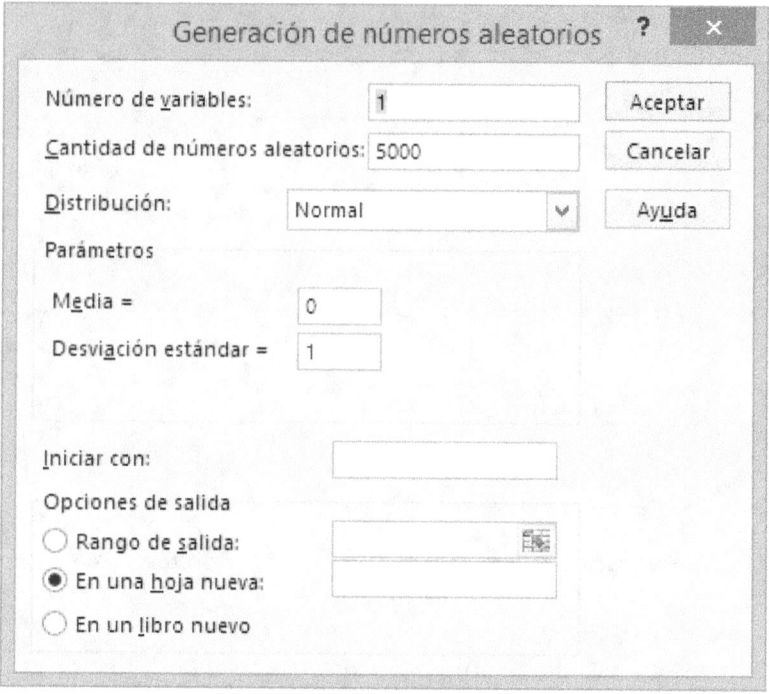

Imagen 68. Podemos elegir entre siete tipos de distribuciones.

11. Marcamos clases desde *2* hasta *-2* de *0,5* en *0,5*.

12. En el rango de al lado escribimos *=FRECUENCIA(A1:A5000;B1:B9)*. Es una función matricial que hay que introducir con **Ctrl+Mayús+Intro**.

13. Con el rango *B1:C9* seleccionado, pulsamos **F11** para insertar un nuevo gráfico en una hoja nueva.

14. Lo cambiamos a XY Dispersión con líneas suavizadas y observamos los resultados.

CREACIÓN DE HOJAS DINÁMICAS USANDO TABLAS DINÁMICAS

Las tablas dinámicas nos permiten ordenar, formatear y reorganizar los datos dinámicamente, sin necesidad de fórmulas, con un solo clic o arrastre.

PREVISIÓN

1. Partiendo de los datos de la primera imagen, Excel crea una nueva hoja de previsión como la que muestra la imagen siguiente. Desde *Datos > Previsión > Previsión*.

2. Posad el ratón sobre el comando **Previsión** y clic en **Más información**, de la *Información en pantalla*, para acceder a la *Ayuda* de la función.

3. Clic en **Opciones** en el cuadro de diálogo *Crear hoja de cálculo de pronóstico*, para verlas.

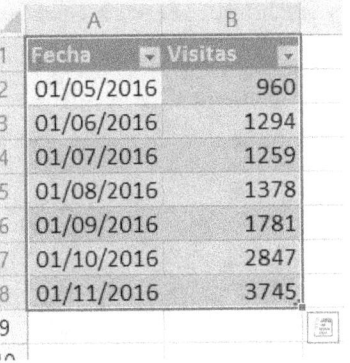

Imagen 69. Datos Iniciales

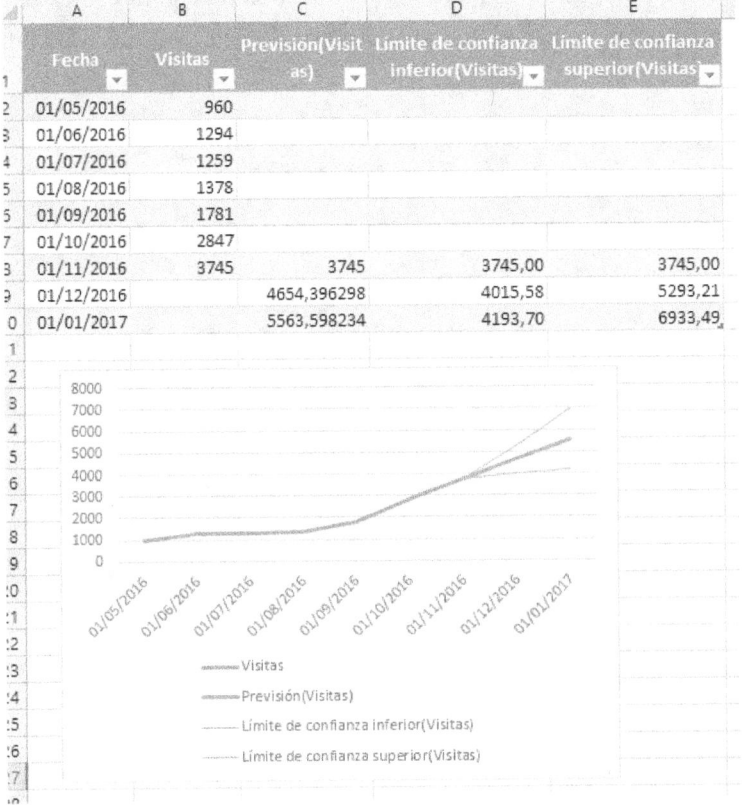

Imagen 70. Previsión de Excel para los próximos dos meses.

ANALIZAR DATOS DINÁMICAMENTE

1. Clic en **Informe de tabla dinámica sobre los clientes**, desde *Archivo > Nuevo > Plantillas de ejemplo*. Eliminad el cuadro de texto y las dos hojas de estructura e informe de tabla dinámica. Guardad como *Informe2*.

2. Con cualquier celda de la tabla seleccionada, clic en el botón **Tabla dinámica recomendada**, el que lleva el interrogante, del grupo *Tablas* de la pestaña *Insertar*. Excel abre el cuadro de diálogo *Tablas dinámicas recomendadas*.

Curso avanzado de Excel paso a paso

3. En este caso solo nos ofrece una posibilidad. **Aceptar**. Se crea una tabla dinámica en una nueva hoja, a la izquierda de la anterior y despliega dos nuevas pestañas de *Herramientas de tabla dinámica*. Vamos a hacerlo, ahora por el viejo método.

4. Con cualquier celda de la tabla seleccionada, clic en el botón **Tabla dinámica** del grupo *Tablas* de la pestaña *Insertar*.

5. **Aceptar** el cuadro de diálogo *Crear tabla dinámica* con los ajustes predeterminados.

6. Excel crea una tabla dinámica en una nueva hoja, a la izquierda de la actual.

7. Clic en **Trim 1** en el panel de tareas *Lista de campos de tabla dinámica*[90]. Al ser un valor, Excel automáticamente lo inserta en el área de valores y en la tabla aparece la suma de ventas del primer trimestre.

8. Clic, o arrastrar, en **Producto**. Excel coloca el campo en el área *Etiquetas de fila* y lo añade a la tabla.

9. Clic en **Cliente**. Excel añade este campo, en la misma área debajo del anterior e incorpora los datos a la tabla, delante del anterior campo al que añade botones para contraer. Probad.

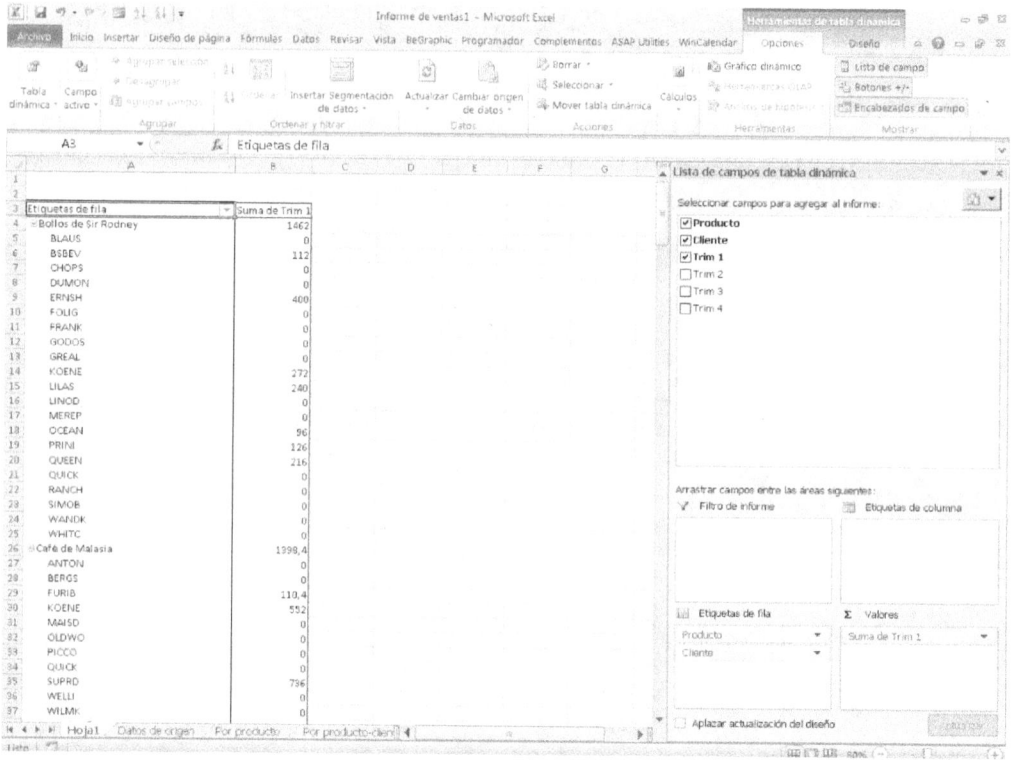

Imagen 71. Si hubiésemos arrastrado un campo de texto, como Producto o Cliente, Excel por defecto nos habría usado la función Cuenta.

10. Arrastrad el campo **Cliente**, en la misma área encima de *Producto*. Observad como cambia la tabla. El orden si importa.

11. Arrastrad *Producto* al área *Etiquetas de columna*. Observad los cambios.

---

[90] También lo podíamos haber hecho arrastrando hasta el área de valores.

12. Usad los botones **Expandir** y **Contraer** para ver sus acciones.
13. Doble clic[91] en una celda con datos para abrir[92] en una nueva hoja una tabla con todos los datos implicados en ese valor. Repetid con una de las celdas del subtotal o del total.

FILTRAR, MOSTRAR Y OCULTAR DATOS EN UNA TABLA DINÁMICA

1. En el panel de tareas *Lista de campos de tabla dinámica*, en el área *Seleccionar campos para agregar al informe*, seleccionad **Producto** y desplegad la flecha negra que aparece.
2. Desmarcad la casilla **(Seleccionar todo)** marcad **Carne de cangrejo de Boston** y **Aceptar**. La tabla solo muestra los datos de este producto.
3. En la *Barra de herramientas de acceso rápido*, clic el botón **Deshacer**[93]. Excel borra los filtros.
4. Clic el botón **Cerrar** del *Panel de tareas*. Ahora haremos los filtros desde la tabla dinámica.
5. Clic en la flecha de Etiquetas de fila, posad el ratón por **Filtros de valor** y seleccionad **Diez mejores**. **Aceptar** el cuadro de diálogo *Filtro 10 mejores (cliente)*. Excel muestra solo los diez clientes con mayores compras ese trimestre.
6. Clic en la flecha Etiquetas de columna, **Filtros de etiqueta**, **Comienza por** y escribid *ce*. Excel solo muestra las ventas de cerveza.
7. Clic en la flecha Etiqueta de fila, **Borrar filtro** anterior y volved a marcar **Diez mejores** pero ahora en la lista desplegable de su cuadro de diálogo, seleccionad **5**. Excel muestra las cinco mayores ventas de cerveza y qué clientes las hicieron.
8. En la pestaña contextual *Análisis de tabla dinámica* , grupo *Mostrar*, clic en el botón **Lista de campo**. Aparece el panel de tareas.
9. En el panel de tareas clic en la flecha de **Cliente** y en el cuadro de búsqueda, escribid *a* y después *r*, observad que solo aparecen los nombres que contienen esa cadena de texto, no solo al principio de la palabra. Probad seleccionando algunos nombres y al final **(Seleccionar todo)**.
10. En la pestaña contextual *Análisis de tabla dinámica*, grupo *Acciones*, clic la flecha **Borrar** y **Borrar filtros**. Los filtros desaparecen.
11. En la misma pestaña, grupo *Filtrar*, clic en **Insertar segmentación de datos** y, de nuevo, en **Insertar segmentación de datos**.
12. En el cuadro de diálogo *Insertar segmentación de datos*, marcad **Producto** y **Aceptar**. Excel inserta un panel *Producto*, con la lista de todos, para seleccionar y añade una pestaña contextual *Opciones* de *Herramientas de segmentación de datos*.

---

[91] Es el equivalente a Clic derecho y **Mostrar detalles**.
[92] Si en *Opciones de tabla dinámica > Datos* está marcado **Habilitar Mostrar detalles**
[93] **Ctrl+Z** también funciona.

Curso avanzado de Excel paso a paso

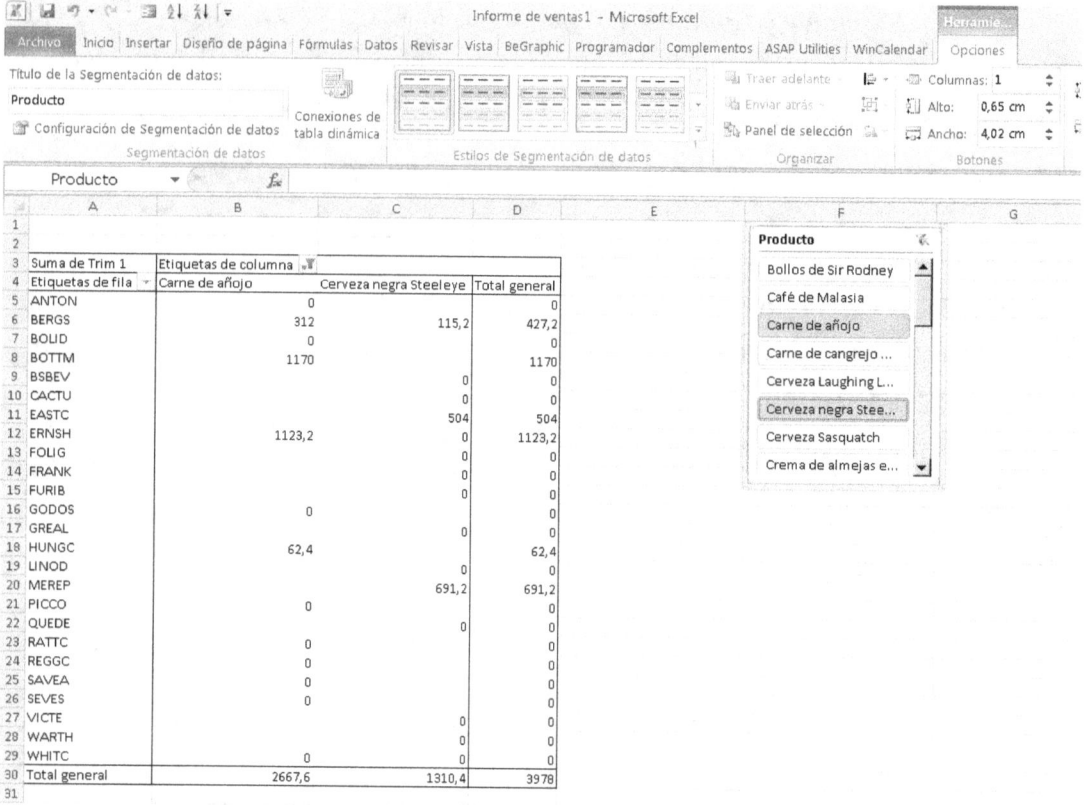

Imagen 72. La pestaña contextual muestra las opciones de diseño y formato de la segmentación de datos.
Podemos usar más de uno a la vez.

13. Las técnicas de selección son las comunes con **Ctrl,** para las no contiguas y **Mayús** para las contiguas.

14. En la esquina superior derecha clic el botón **Borrar filtro**. En el grupo Estilos de segmentación de datos, probad los diferentes estilos y observad el resto de las opciones de la pestaña contextual *Opciones*.

15. Clic derecho en el panel *Producto* y del menú emergente, clic en **Configuración de segmentación de datos**, observad y después repetid y clic en **Quitar Producto**.

EDITAR TABLAS DINÁMICAS

1. Con cualquier celda de la Tabla seleccionada, en la pestaña contextual *Análisis de tabla dinámica* , grupo *Tabla dinámica*, clic en la flecha **Tabla dinámica** y en el campo *Nombre de tabla dinámica* escribid *InformedeVentas*. Excel renombra la Tabla dinámica.

2. Volved a arrastrar *Producto* sobre *Cliente* en el *Área de etiquetas de fila*. En la pestaña contextual *Diseño*, grupo *Diseño*, clic la flecha **Subtotales** y seleccionad **Mostrar todos los subtotales en la parte inferior del grupo**. Probad el resto de opciones.

3. Experimentad ahora con las opciones del botón **Totales generales**. Verlo al final de la Tabla.

4. En la celda que muestra el subtotal de los *Bollos de pan de Wimmer*, clic derecho y en el menú emergente seleccionad **Resumir valores por** y marcad **Promedio**. Excel cambia los datos y nombres en la tabla y en el panel.

5. Pulsad **Ctrl+Z** para volver a *Suma*.

6. Clic derecho, otra vez y seleccionad **Configuración del campo de valor** para abrir su cuadro de diálogo.

7. En *Nombre personalizado*, escribid **Ventas primer trimestre**, clic en **Mostrar valores como** y en la lista del campo *Mostrar valores como*, elegid **% del total general**. **Aceptar**.

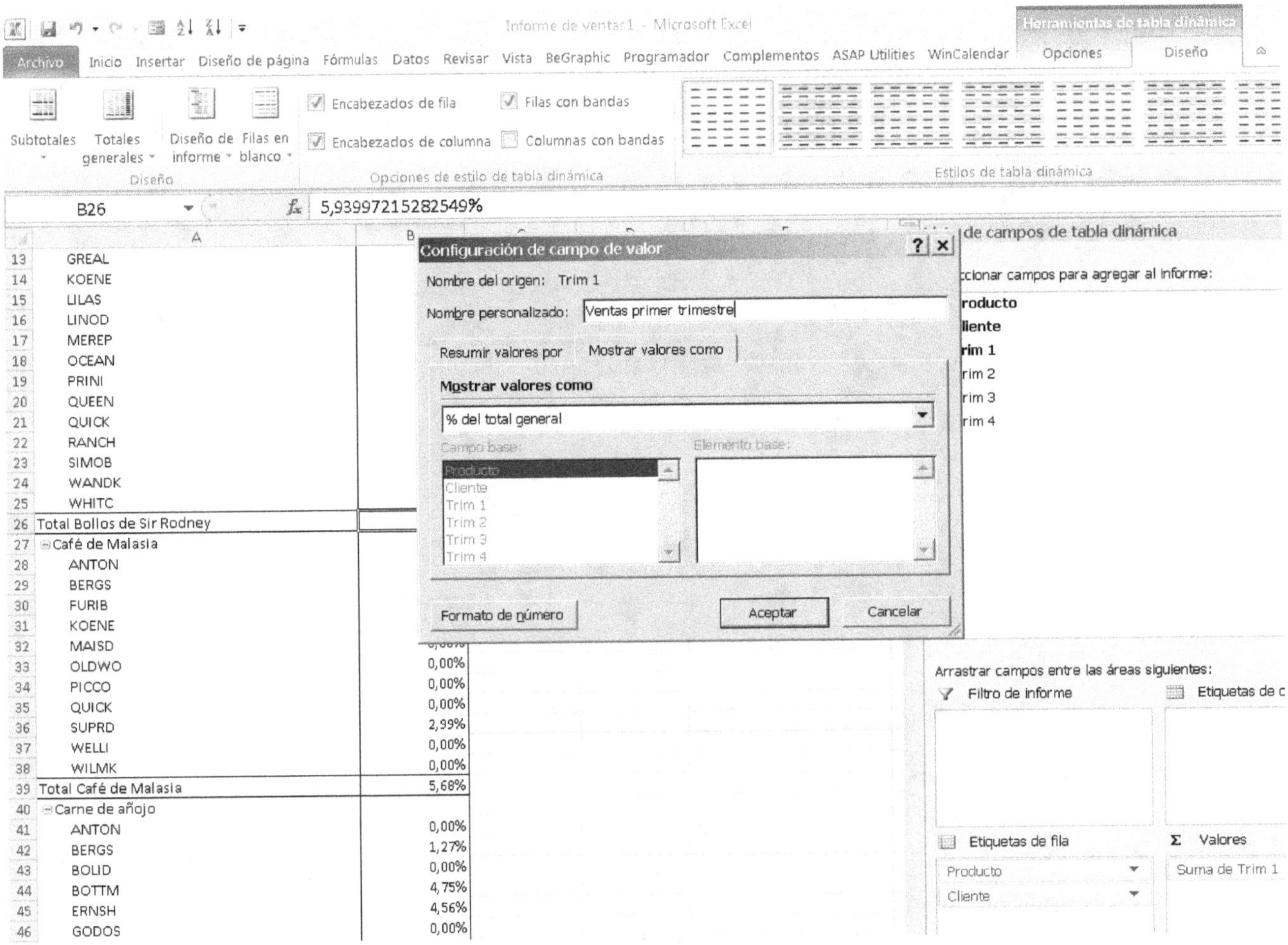

Imagen 73. Podemos meter varias veces el mismo campo de valor y visualizar o mostrar los datos de una manera diferente para cada uno de ellos.

8. Clic derecho y del menú emergente, posad el ratón en **Mostrar valores como**, del nuevo menú seleccionad **% del total principal**. Observad los cambios.

9. En la pestaña contextual *Analizar tabla dinámica* , clic en la flecha **Campo activo** del grupo *Campo activo* y seleccionad **Configuración de campo** para volver a abrir el cuadro de diálogo *Configuración de campo de valor*, clic en **Mostrar valores como** y en la lista elegid **Sin cálculo**.

10. Clic en una celda fuera de la tabla, escribid = y clic en cualquier celda de valores de la tabla e **Intro**. Excel crea la fórmula IMPORTARDATOSDINAMICOS.

11. En la hoja *Datos de origen*, seleccionad las cuatro primeras columnas, clic derecho e **Insertar**. En las nuevas columnas escribid *Año, Mes, Día y Fecha*.

Curso avanzado de Excel paso a paso

12. Bajo *Fecha* escribid *3-1-11*, seleccionad hasta la última celda, clic en **Rellenar** del grupo *Edición* de la pestaña *Inicio* y elegid **Series...** En el cuadro de diálogo *Series* en *Unidad de tiempo* cambiad a **Día laborable** y **Aceptar**.

13. Bajo *Año* escribid =*TEXTO($D2;"aaaa")* y en las otras cambiad el formato por *emes* y *des*. Seleccionad las tres celdas y doble clic en el controlador de relleno para extender la fórmula a toda la Tabla[94].

14. Copiamos el formato de E1 a A1:D1 y nos vamos a la Hoja donde está la Tabla dinámica. En la pestaña contextual *Análisis de tabla dinámica* , grupo *Datos*, clic en **Cambiar origen de datos** y en su cuadro de diálogo en **Seleccionar una tabla o rango**, cambiamos la *E* por una *A* y **Aceptar**.

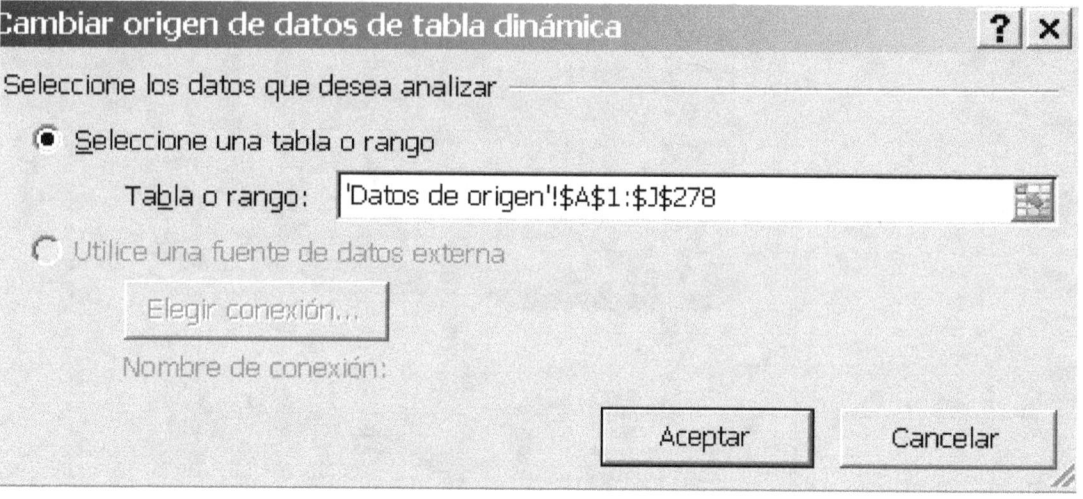

Imagen 74. Cambiar el origen permite actualizar la tabla dinámica con las nuevas columnas incorporadas a la tabla.

15. Excel añade los nuevos campos a la Tabla dinámica[95].

16. Desmarcamos *Cliente*, cambiamos *Producto* a columnas y llevamos *Fecha* a filas.

17. En el área filtro de informe[96] llevamos *Año* y *Mes*. Filtramos *Año* por **2011** y *Mes* por **enero**. Observad los cambios en la Tabla. Clic en **Borrar filtros**, botón **Borrar** grupo *Acciones*.

18. Con cualquier celda de *Fecha* seleccionada, clic derecho y **Agrupar** para abrir su cuadro de diálogo. Observad sus opciones y marcad como en la figura[97].

---

[94] Clic derecho en D2, **Formato de celdas**, **Fecha** y elegimos ***miércoles, 14 de marzo de 2001**, se comprueban las columnas anteriores. Volvemos de nuevo al cuadro de diálogo *Formato de celdas* y en la misma ficha *Número*, en *Categoría* cambiamos a **Número** y **Aceptar**. 40546 son los días transcurridos desde el 1 de enero de 1900, por eso puede hacer cálculos con fechas. Cambiamos de nuevo el formato a **03/01/2011**.

[95] Tal vez haya que pulsar **Actualizar**, en el mismo grupo.

[96] En esta área podemos hacer filtros.

[97] Para semanas, marcamos Días y Número de días a 7.

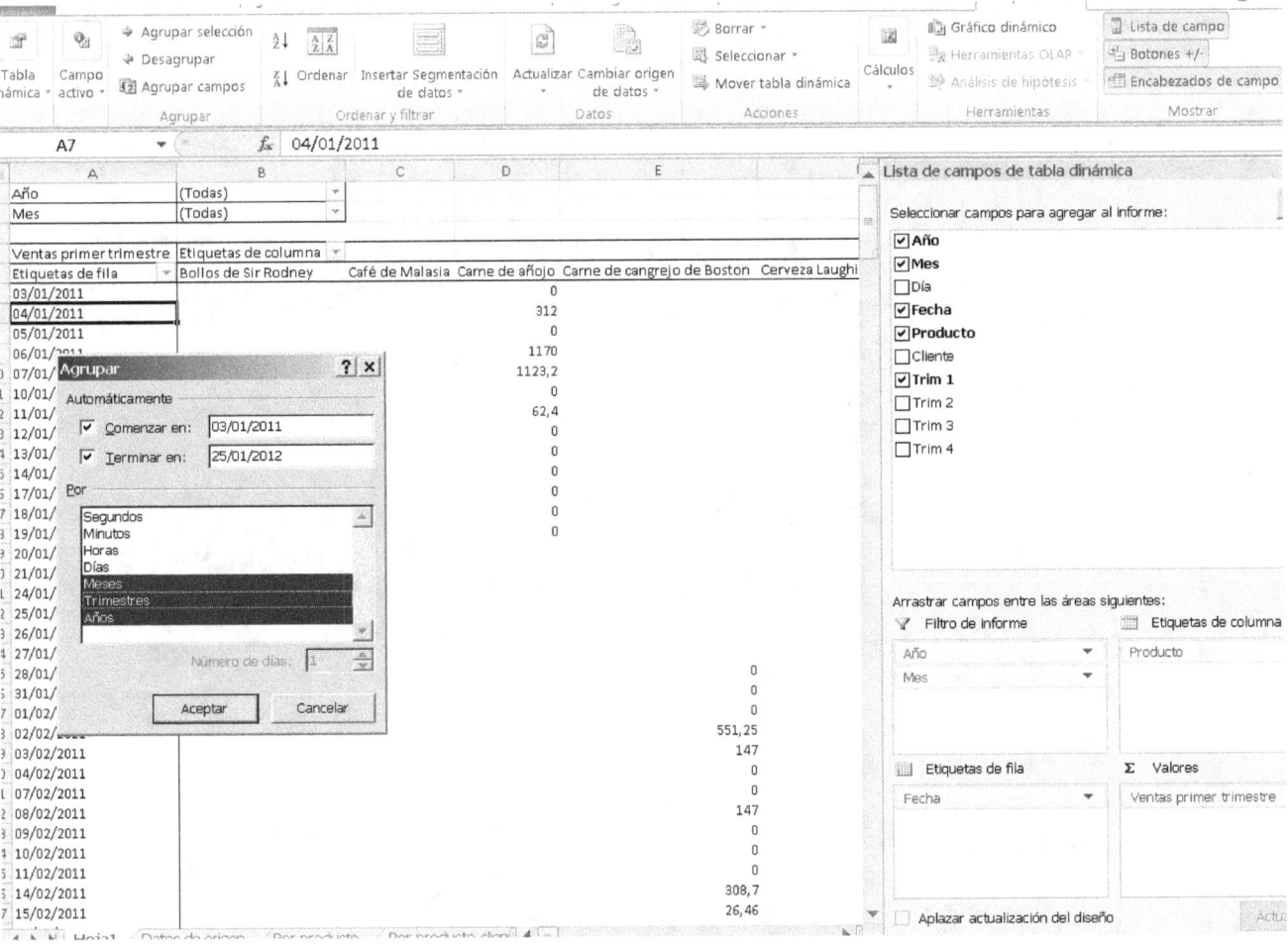

Imagen 75. Si en vez de fechas fueran localidades, municipios, productos… También se pueden hacer grupos manualmente, como en Organizar datos en niveles.

19. En la pestaña contextual *Diseño*, grupo *Diseño*, de la lista de **Diseño de informe** elegid **Mostrar en formato tabul**ar. Excel añade columnas para cada grupo. Ahora podemos utilizar los botones **Contraer** y **Expandir**.

20. Arrastrad el campo *Producto* al área de filas a la última posición. En la pestaña contextual *Análisis de tabla dinámica* , grupo *Cálculos*, clic en la flecha **Campos, elementos y conjuntos** seleccionad **Campo calculado** para abrir el cuadro de diálogo *Insertar campo calculado*.

Curso avanzado de Excel paso a paso

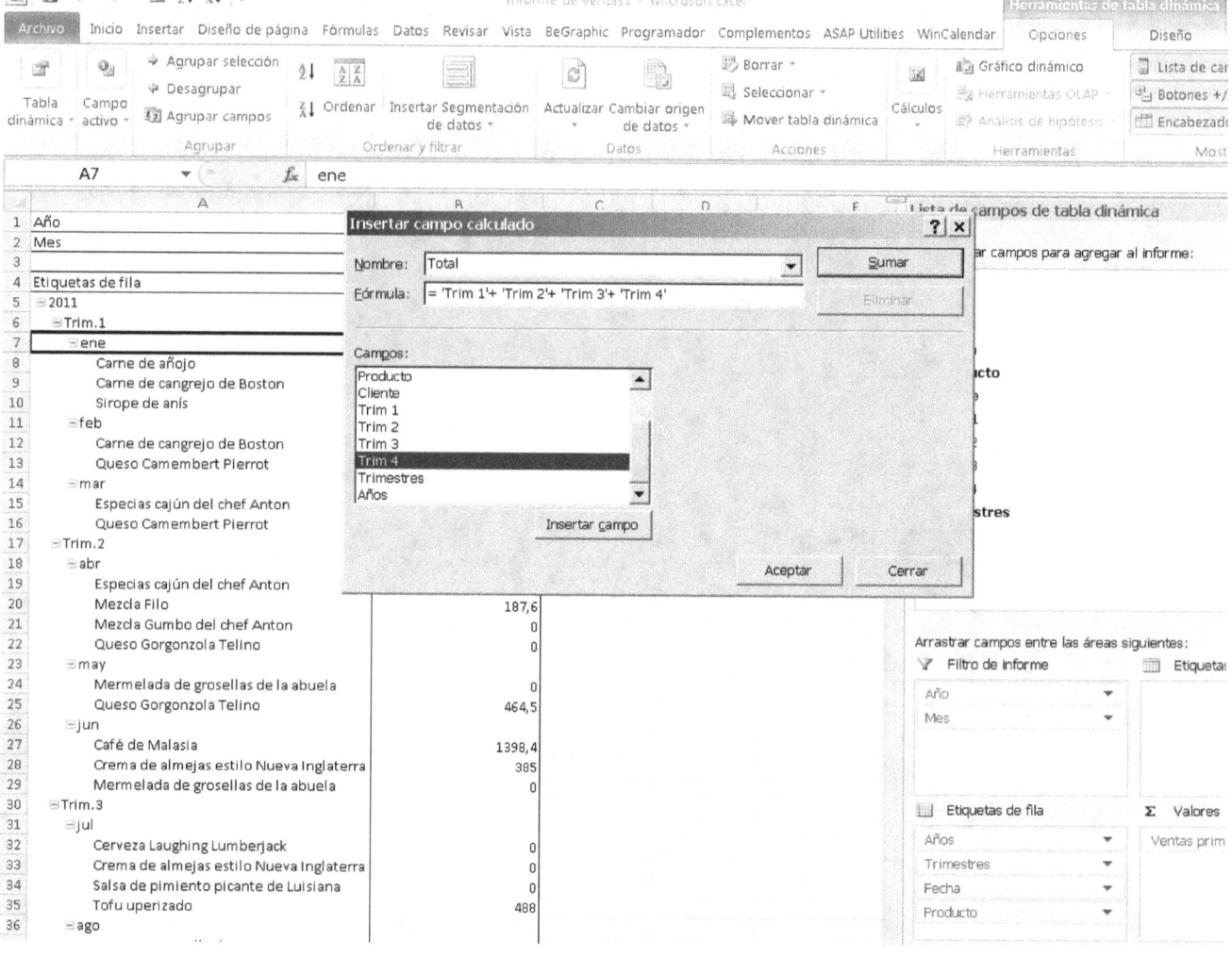

Imagen 76. Los campos que calculamos en la Tabla, no eran necesarios. La Tabla dinámica los puede calcular directamente.

21. En el campo *Nombre* escribid **Subtotal** y en el campo *Fórmula*, borrad el cero que hay detrás del signo = e Introducid, con la ayuda del botón **Insertar campo** los cuatro trimestres, después de cada uno pulsad el signo + y **Aceptar**. Excel añade una nueva columna, a la derecha, que denomina *Suma de Subtotal*.

22. Desmarcad *Trim 1* y en la pestaña *Diseño*, grupo *Diseño*, clic en **Subtotales** y elegid **Mostrar todos los subtotales en la parte inferior del grupo**. Usad los botones **Contraer** y **Expandir**.

23. Vamos a hacer otro campo calculado. Dejad solo las fechas agrupadas en filas y *Subtotal* en Valores. El cuadro de diálogo *Insertar campo calculado* lo dejamos como en la imagen y **Aceptar**. Excel añade una nueva columna *Suma de Total* a la tabla dinámica y nos aparece el nuevo campo en la lista de campos y en el área de valores.

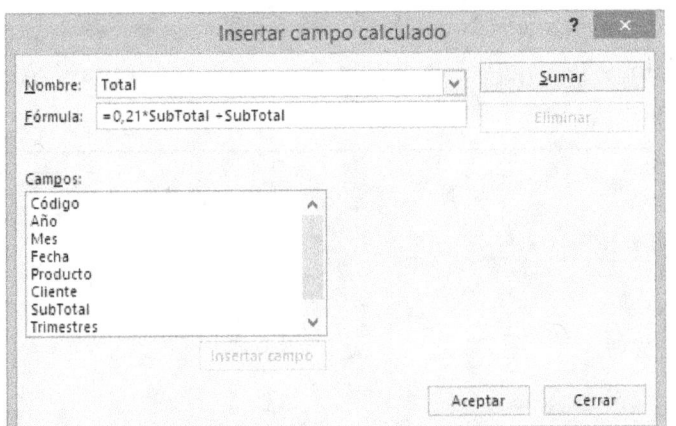

Imagen 77. 1,21*Subtotal es más rápido.

24. Vamos ahora a calcular la variación en ventas de los diez mejores vendedores en los meses de enero de los dos años. Hay que copiar la tabla a un libro nuevo, que llamaremos *Informe3*, para que no detecte agrupaciones y de errores[98]. Dejamos la tabla como en la imagen e insertamos **Elementos calculados** desde *Análisis de tabla dinámica > Cálculos > Campos elementos y conjuntos > Elementos calculados*.

Suma de Total	Etiquetas de columna	
	2012	2013
Etiquetas de fila	ENERO	ENERO
ERNSH	331.477,08 €	- €
GOURL	52.907,25 €	- €
GREAL	59.363,17 €	454.339,27 €
HUNGO	2.734,60 €	111.485,77 €
KOENE	36.860,23 €	3.455,76 €
LAMAI	1.604,46 €	284.593,21 €
MAGAA	47.238,40 €	- €
OLDWO	2.268,75 €	79.602,27 €
OTTIK	1.127,72 €	72.590,32 €
QUICK	86.254,85 €	61.017,88 €

Imagen 78. Los elementos calculados no están habilitados en Tablas dinámicas con datos agrupados.

---

[98] No se puede insertar elementos calculados en tablas con datos agrupados, como en esta, que estaban agrupados por Fecha.

Curso avanzado de Excel paso a paso

25. Debemos situarnos en una celda de la columna *Año* para que se pueda activar **Elementos calculados**. En su cuadro de diálogo lo dejamos como en la imagen y **Aceptar**. Nos aparecen los datos que buscamos.

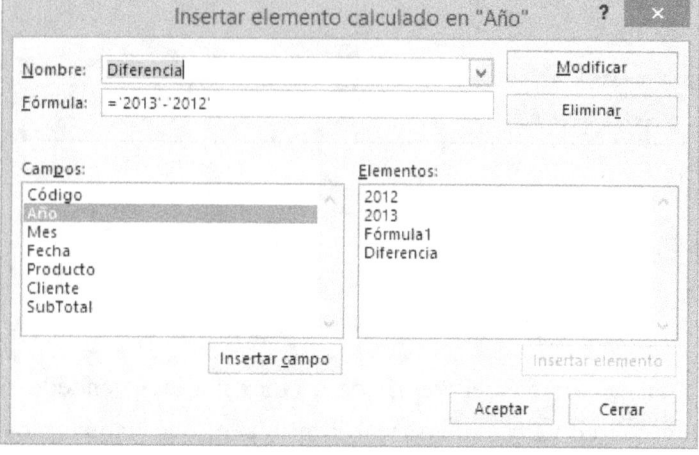

*Imagen 79. Estos cálculos son iguales a **Mostrar valores como**.*

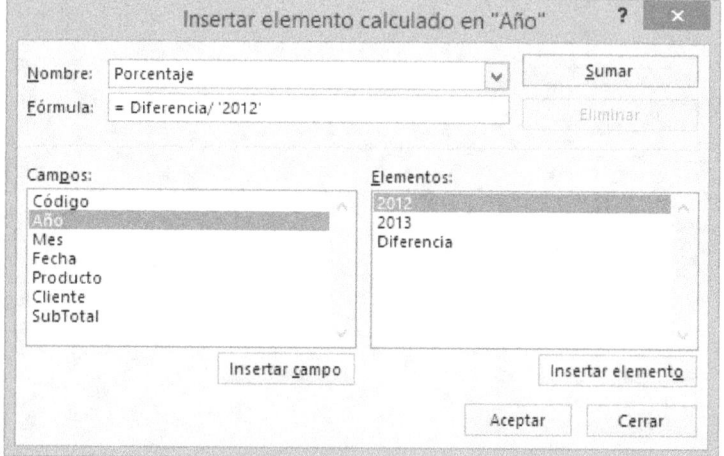

Imagen 80. Aquí aparece el elemento calculado en el paso anterior.

26. Guardamos y cerramos *Informe3*.

GRÁFICOS DINÁMICOS

1. Volvemos al libro *Informe2*.
2. Todas las operaciones que hemos hecho hasta ahora con las Tablas dinámicas las habríamos podido hacer también si en vez de *Insertar > Tabla dinámica*, en la flecha hubiésemos elegido *Gráfico dinámico*. Un gráfico se habría superpuesto mostrando todos los cambios. En la pestaña *Análisis de tabla dinámica* , grupo *Herramientas*, clic en **Gráfico dinámico**.
3. En el cuadro de diálogo *Insertar gráfico*, dejamos la opción predeterminada y **Aceptar**. Excel crea un gráfico con los datos de la Tabla.

82

4. En el panel *Lista de campos de tabla dinámica*, arrastrad fuera del panel los campos *Año Trimestre y Producto* del *área de filas* y poned el campo *Día*. El gráfico nos muestra que el jueves es el día de mayores ventas.

Imagen 81. En un gráfico dinámico se visualizan los datos mejor que en la Tabla dinámica.

5. Con el gráfico seleccionado, en la pestaña *Diseño*, grupo *Diseños de gráfico*, desplegad la flecha *Agregar elemento de gráfico* y seleccionad *Título* **Ninguno**; *Leyenda*, **Ninguno**; *Rótulos del eje* **Ninguno** en los dos ejes. En *Etiquetas de datos*, **Extremo externo**. Se llega más rápido desde el botón **Elementos de gráfico** en el extremo superior derecho del gráfico en forma de signo +.

6. En el grupo *Selección actual,* de la pestaña *Formato*, *clic* flecha **Elementos del gráfico** seleccionad **Eje vertical (Valor)** y clic **Aplicar formato a la selección**, abre el panel de tareas *Dar formato al eje*. Clic en la pestaña *Opciones del eje* y en *Unidades de visualización*, elegid **Millares**.

7. Clic en el botón **Elementos del gráfico** En **Líneas de cuadrícula**, *pulsad la flecha y desmarcad todas las casillas*.

8. Clic derecho sobre cualquier botón de filtro del gráfico y del menú emergente seleccionad **Ocultar todos los botones de campo en gráfico**. Debe quedar así.

Curso avanzado de Excel paso a paso

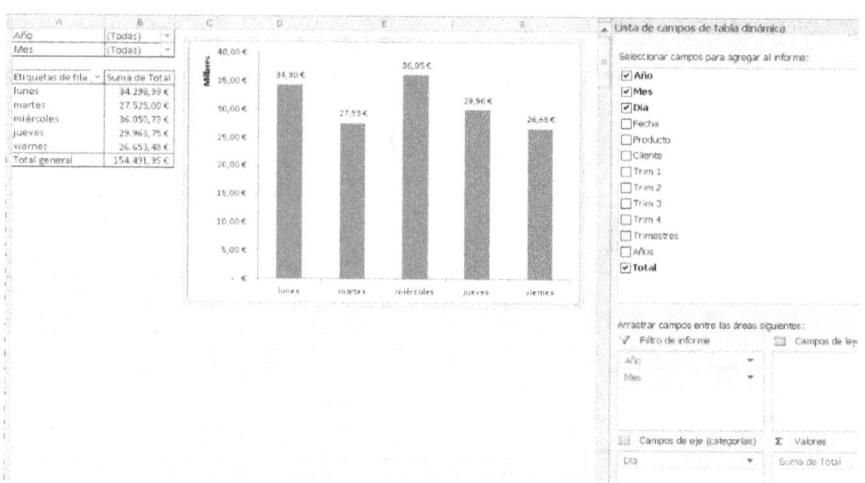

Imagen 82. Es muy importante conocer todos los elementos del gráfico, para seleccionar solo el elemento al que queremos cambiar el formato.

9. Clic en la barra de jueves, se selecciona toda la serie. Clic otra vez para seleccionar solo ese elemento, clic derecho para dar formato y en el panel, en Opciones de relleno, cambiad el color.

10. Añadid etiquetas. Quitadlas, y seleccionad un solo punto y añadidle la etiqueta solo a él.

FORMATO DE TABLAS DINÁMICAS

1. Subid *Día* al área de *Filtro de informe*, *Cliente* arrastradlo a *Filas* y *Producto* a *Columnas*.

2. Filtrad *Año* a **2011**, *Meses* a **enero, febrero y marzo** y *Día* a **miércoles**.

3. Aumentad el tamaño de la fila 6 y reducir la anchura de las columnas A a F. Clic en **Ajustar texto** para este rango.

4. Clic derecho en cualquier celda con datos y elegid **Formato de número**. Abre el cuadro de diálogo *Formato de celdas* con solo la pestaña *Número*. En *Posiciones decimales*, escribid **cero**, en *Categoría* cambiad a **Número** y **Aceptar**.

5. Excel reformatea todos los valores.

6. En el grupo *Opciones de estilo de tabla dinámica* de la pestaña contextual *Diseño*, marcad **Encabezados de fila, Encabezados de columna** y **Columnas con bandas**. En el grupo *Estilos de tabla dinámica*, desplazad la lista y elegid **Estilo de tabla dinámica oscuro 23**.

7. En la parte inferior de la galería de *Estilos de tabla dinámica*, clic en el botón **Nuevo estilo de tabla dinámica**. Abre el cuadro de diálogo *Nuevo estilo rápido de tabla dinámica*. En *Nombre*, escribid **Upct**; en *Elemento de la tabla*, seleccionad **Fila de encabezado** y clic en **Formato**. Abre el cuadro de diálogo *Formato de celdas*.

8. En la pestaña *Fuente*, en *Estilo*, seleccionad **Negrita**. En la pestaña *Bordes*, en *Estilo*, **el último de la derecha** y en *Preestablecidos*, **Contorno**. En la pestaña *Relleno*, clic en **Efectos de relleno** y dejad **Degradado**, *Dos colores* con *Estilo de sombreado* **Horizontal**. **Aceptar** dos cuadros de diálogo y elegid **Fila de totales generales** y pulsad **Formato**. Elegid *Color* **Azul oscuro** y *Fuente* **Negrita**. Para *Primera columna*, *Fuente* **Negrita** y *Relleno* **Azul oscuro** Para *Primera franja de columnas*, seleccionad un **Azul claro** y para la *Segunda franja de columnas* el mismo **Azul oscuro** de *Relleno*.

Marcad **Establecer como estilo rápido de tabla dinámica predeterminado para este documento**. **Aceptar**.

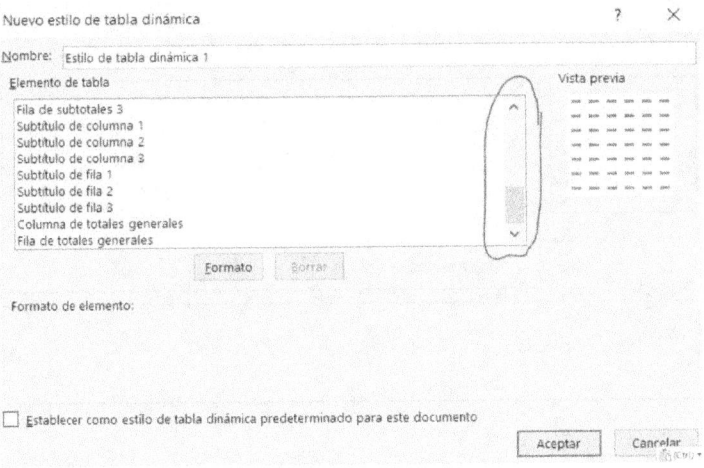

Imagen 83. Observad la cantidad de elementos que se pueden formatear.

9. El nuevo estilo *Personalizado* aparece al principio de la galería con el nombre que le hemos dado. Clic para aplicarlo.

10. Desmarcad **Columnas con bandas**. El formato desaparece de la tabla y del icono del nuevo estilo *Upct* en la galería.

11. Seleccionad las celdas con datos, sin la del total, de la columna *Total general*. En *Inicio*, *Estilos*, clic en la flecha **Formato condicional** y seleccionad **Barras de datos**, bajo *Relleno sólido*, clic en **Barra de datos azul**.

CREAR TABLAS DINÁMICAS A PARTIR DE DATOS EXTERNOS

1. Pulsad **Ctrl+U** para abrir un nuevo libro, que llamaremos *Informe4*.

2. Clic en la flecha **Obtener datos externos** de la pestaña *Datos* y seleccionad **De otras fuentes** y **Desde importación de datos XML**. Abre el cuadro de diálogo *Seleccionar archivo de origen de datos*. En la lista inferior seleccionad **Todos los archivos,** navegad hasta *Informe2* y **Abrir**. Abre el cuadro de diálogo *Seleccionar tabla*, seleccionad **Datos de origen$'** y **Aceptar**. Abre el cuadro de diálogo *Importar datos*, observad los valores predeterminados y **Aceptar**. Excel copia la tabla al libro actual.

Curso avanzado de Excel paso a paso

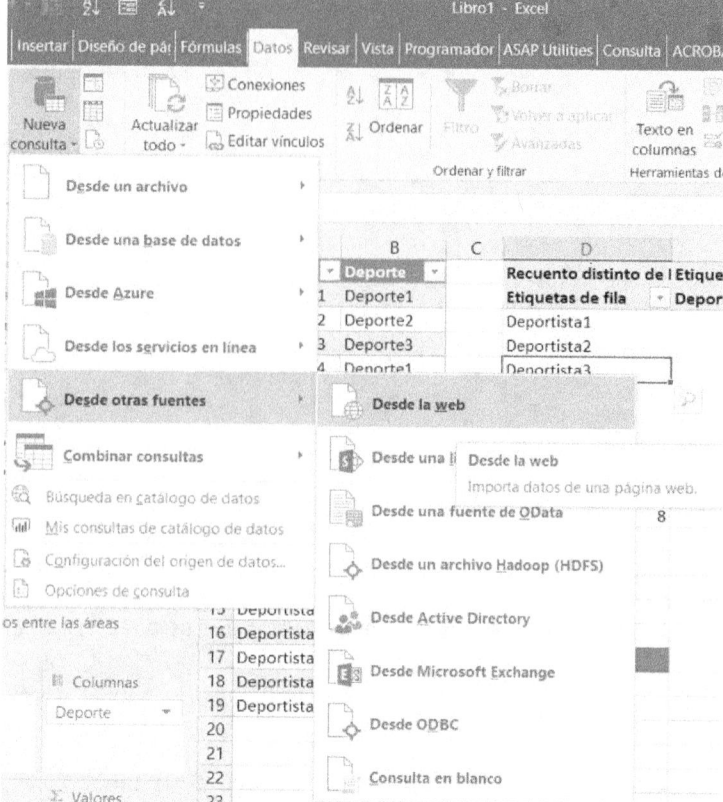

Imagen 84. Algunas opciones de importación de datos.

3. En el grupo *Tablas* de la pestaña *Insertar*, clic en **Tabla dinámica**. Con los valores predeterminados, Excel crea una Tabla dinámica en una Hoja anterior a la actual.

CREACIÓN DE GRÁFICOS

Porque una imagen vale más que mil palabras aprenderemos a crear gráficos para encontrar tendencias y conoceremos sus elementos.

CREAR GRÁFICOS

1. Volvemos a nuestro Libro *Informe2*, en la Hoja 1, donde está nuestra Tabla dinámica. En la pestaña contextual *Análisis de tabla dinámica* , grupo *Acciones*, clic en **Borrar**, **Borrar filtros**.
2. Desmarcamos **Día** y **Cliente** y arrastramos **Producto** al área *Etiquetas de fila*.
3. Filtramos *Producto* por **Filtros de valor**, **Diez mejores** y en el cuadro de diálogo *Filtro 10 mejores (Producto)*, en el segundo campo seleccionamos **5**.
4. Con una celda de la columna *Total* de la Tabla dinámica seleccionada, pulsamos el botón **Ordenar de mayor a menor** en el grupo *Ordenar y filtrar* de la pestaña *Datos*. Nuestra tabla queda así.

86

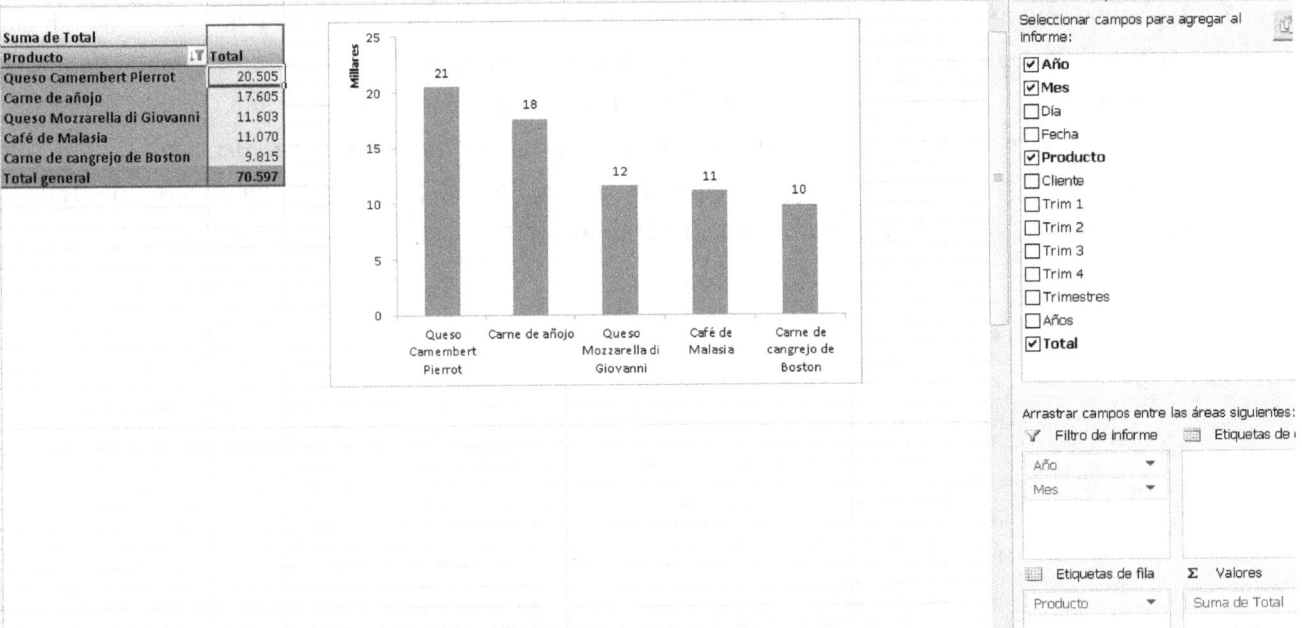

Imagen 85. Hay que conocer qué tipo de gráfico usar para cada distribución de datos.

5. Con el gráfico seleccionado, en la pestaña contextual *Diseño* de *Herramientas de gráfico dinámico*, clic en **Cambiar tipo de gráfico** en el grupo *Tipo*. En el cuadro de diálogo *Cambiar tipo de gráfico*, seleccionad **Gráfico circular seccionado 3D** y **Aceptar**. Aparece el nuevo tipo de gráfico.

6. Añadid el campo *Cliente*, bajo *Producto*. El gráfico se vuelve ilegible. Desmarcad su casilla[99].

7. Copiad en una hoja en blanco esta tabla, desde A1. Cambiar nombre a la hoja por *GráficoDinámico*.

Año	Ventas
2003	14000791
2004	19942031
2005	27366521
2006	38020917
2007	76010392
2008	87418334
2009	99310754

Imagen 86. A veces, Excel no interpreta bien los datos. En cualquier caso, para un control total, hay que usar
Seleccionar datos.

---

[99] Es muy importante elegir el tipo de gráfico más adecuado para cada ocasión (Ver Gráficos recomendados. Elegir el tipo de gráfico.).

Curso avanzado de Excel paso a paso

8. Con una celda seleccionada, pulsad **F11**. Excel crea una nueva hoja, a la izquierda, denominada *Gráfico1*. Pero incluye *Año* y *Ventas* en el gráfico, mientras el eje horizontal muestra *1 a 7*[100].

9. En la pestaña contextual *Diseño*, grupo *Datos*, clic en **Seleccionar datos** y en su cuadro de diálogo en *Entradas de leyenda (Series)*, clic en **Año** y **Quitar**. En *Etiquetas del eje horizontal (categoría)*, clic **Editar** y en el cuadro de diálogo *Rótulos del eje*, con el botón **Contraer cuadro de diálogo** seleccionad A2:A8 y **Aceptar** dos veces. El gráfico ahora está bien.

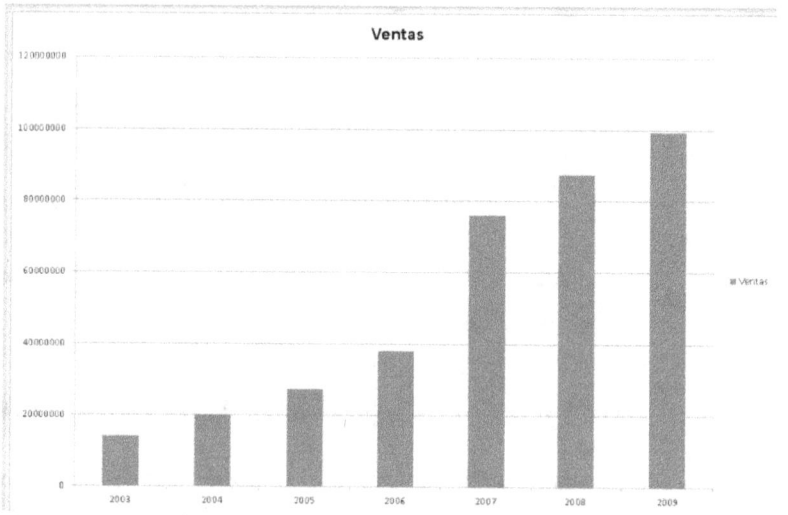

Imagen 87. Después de los ajustes, el gráfico ahora si representa bien los datos.

10. Clic en **Mover gráfico** en *Diseño > Ubicación*. En el cuadro de diálogo *Mover gráfico*, marcad **Objeto en** y en la lista seleccionad la hoja del libro actual (*GráficoDinámico*), en el que queremos colocarlo y **Aceptar**.

11. El gráfico va donde están los datos y la anterior hoja, *Gráfico1* desaparece.

PERSONALIZAR LA APARIENCIA DE LOS GRÁFICOS.

1. Con el gráfico seleccionado, clic en **Diseño 1** grupo *Diseños de gráfico* de la pestaña contextual *Diseño*. Probad con el resto de diseños y dejadlo en **Diseño 1**.

2. En el grupo *Estilos de diseño*, desplegad la lista de la galería, posad el ratón sobre varios estilos para ver su previsualización y dejadlo en **Estilo 7**.

3. Clic derecho sobre los valores del eje vertical y en el menú clic **Dar formato a eje** para abrir el cuadro de diálogo *Dar formato a eje*.

---

[100] Para ver la segunda serie, en la pestaña contextual *Formato*, grupo *Selección actual*, desplegamos la lista y seleccionamos **Serie Años**. Clic derecho sobre ella, **Dar formato a serie de datos** para abrir el cuadro de diálogo *Formato de serie de datos*, en *Trazar serie en*, marcamos **Eje secundario** en la ficha *Opciones de serie*. Clic derecho, otra vez y **Cambiar tipo de gráfico de serie**, se abre el cuadro de diálogo Cambiar tipo de gráfico con **Cuadro combinado** seleccionado, ahí cambiamos el tipo de gráfico para la serie año. Así se observan perfectamente las dos series.

88

4. Clic en el panel izquierdo en **Número**, en *Categoría* seleccionad **Número**, en *Posiciones decimales* **cero**, dejad marcado **Usar separador de miles (.)**

5. En *Opciones del eje> Unidades de visualización >Millares.*

6. *Disposición de página > Temas > Tema > UPCT.*

7. clic derecho en el gráfico y **Guardar como plantilla**. En el cuadro de diálogo *Guardar plantilla de gráficos,* en *Nombre de archivo* escribid **GráficoUpct** y **Guardar**.

8. Volvemos a la hoja de nuestro gráfico circular, la *Hoja 1* del libro *Informe2.* En *Diseño > Tipo >Cambiar tipo de gráfico.* En el cuadro de diálogo *Cambiar tipo de gráfico* clic en **Plantillas**, aparece *GráficoUpct*, clic y el gráfico adopta el formato que guardamos antes.

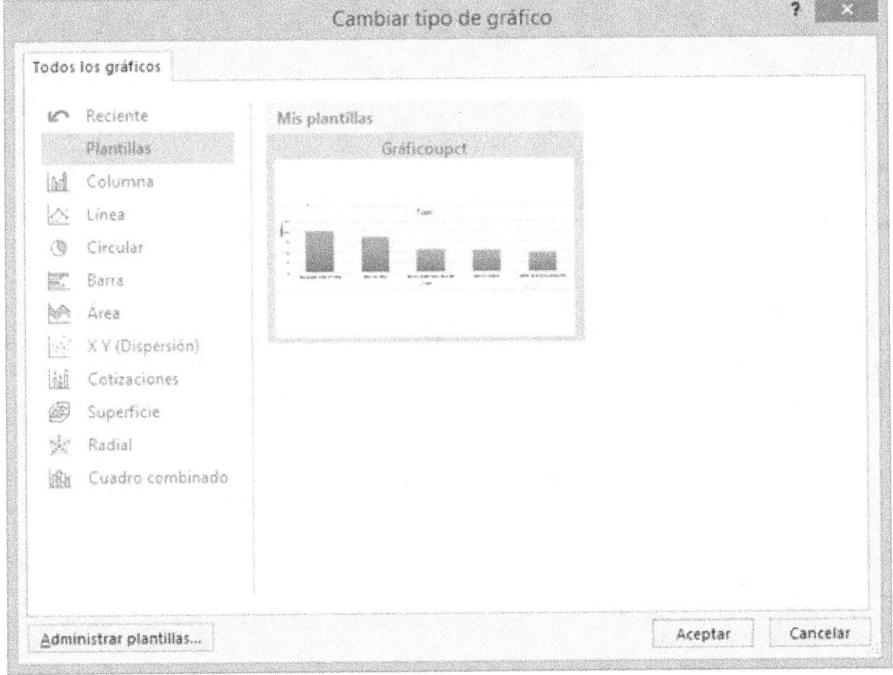

Imagen 88. Todos los elementos de nuestros informes, incluidos los gráficos, sobre cosas iguales, al menos, tienen que tener el mismo formato. De ahí la importancia de los estilos y de las plantillas para tablas y gráficos.

GRÁFICOS RECOMENDADOS. ELEGIR EL TIPO DE GRÁFICO.

1. Ni todos los gráficos tienen las mismas opciones, ni todos los datos admiten, o aconsejan, el mismo tipo de gráfico. Veamos un ejemplo en una nueva hoja con los datos de la imagen.

Curso avanzado de Excel paso a paso

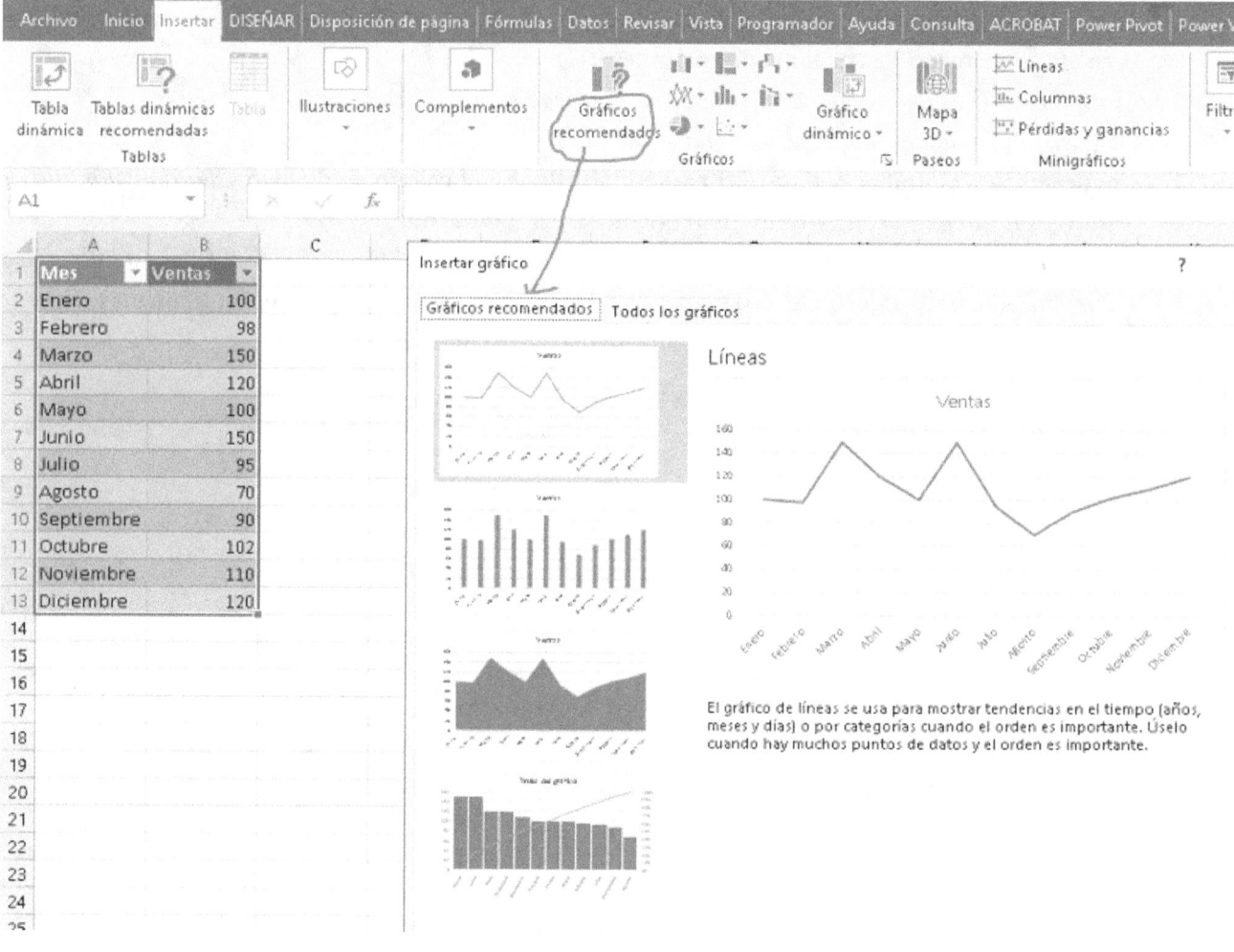

Imagen 89. De todos los gráficos posibles, Gráficos recomendados nos ofrece solo cuatro, con sus indicaciones.

2. Clic en **Ver todos los gráficos**[101] y clic en otros tipos. Observad como algunos gráficos, aunque se pueden insertar, no son los indicados. Es el caso de los gráficos circulares o los de columnas o barras apiladas. Clic en **XY (dispersión)**.

3. Aparentemente el gráfico es igual que el de líneas, pero si observamos detenidamente vemos que el eje x no muestra los meses sino números.

4. Clic en *Diseño > Datos > Seleccionar origen de datos,* para abrir el cuadro de diálogo *Seleccionar origen de datos.* Observad como no podemos editar, el comando está inhabilitado.

---

[101] El expansor del cuadro de diálogo *Gráficos*, situado en su esquina inferior derecha.

90

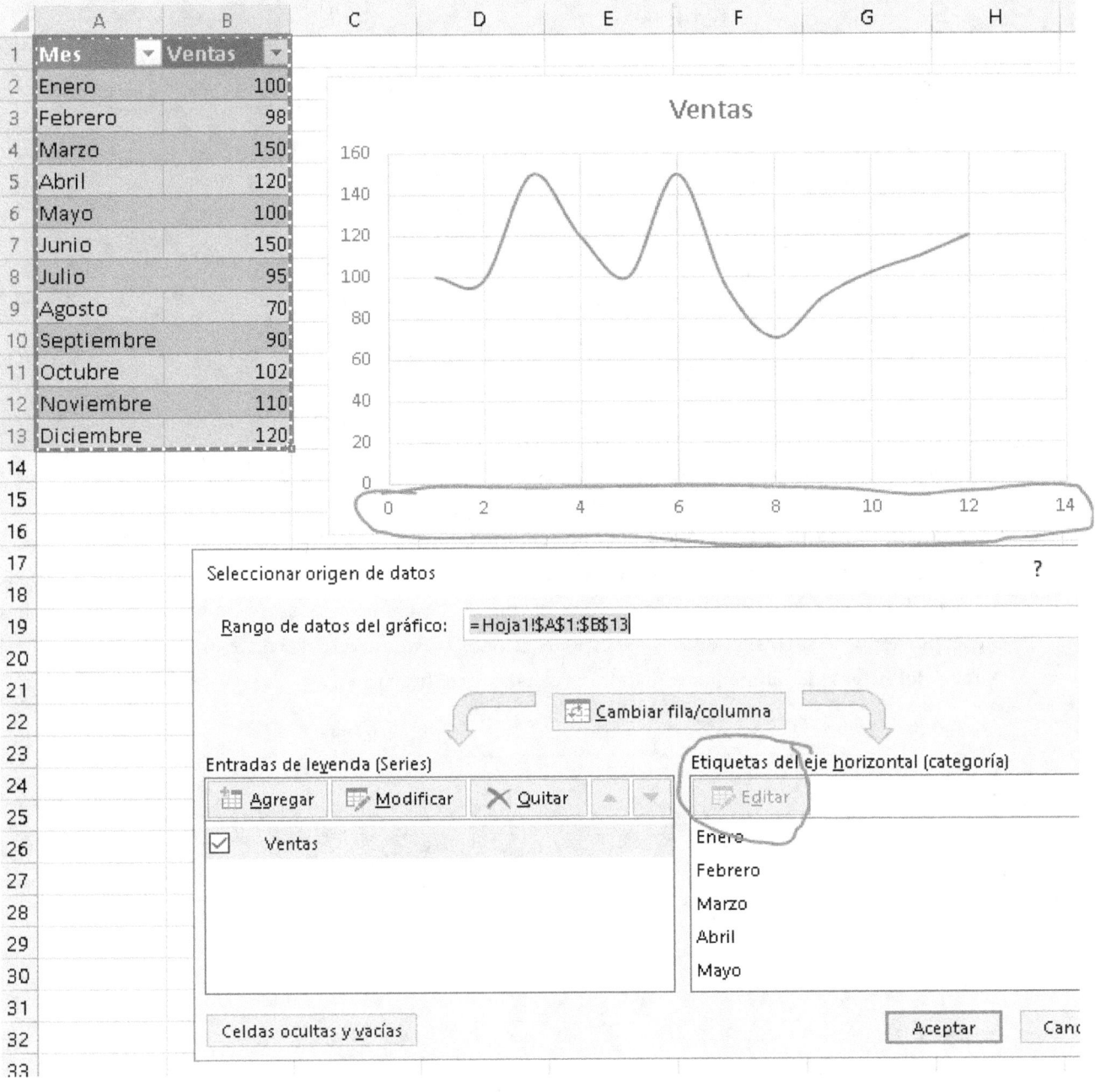

Imagen 90. Un gráfico XY (dispersión) está indicado para comparar dos conjuntos de datos, dos variables. En este caso solo hay una (las ventas).

5. Regresamos a la hoja *GráficoDinámico*, que creamos en Crear gráficos, donde está el gráfico que hemos guardado como plantilla.

BUSCAR TENDENCIAS EN LOS GRÁFICOS.

1. En nuestro *Gráfico de tabla dinámica*, colocamos *Año* y *Mes* en el área *Campos de eje* y *Suma de total* en *Valores*. Quitamos los filtros que teníamos antes.

Curso avanzado de Excel paso a paso

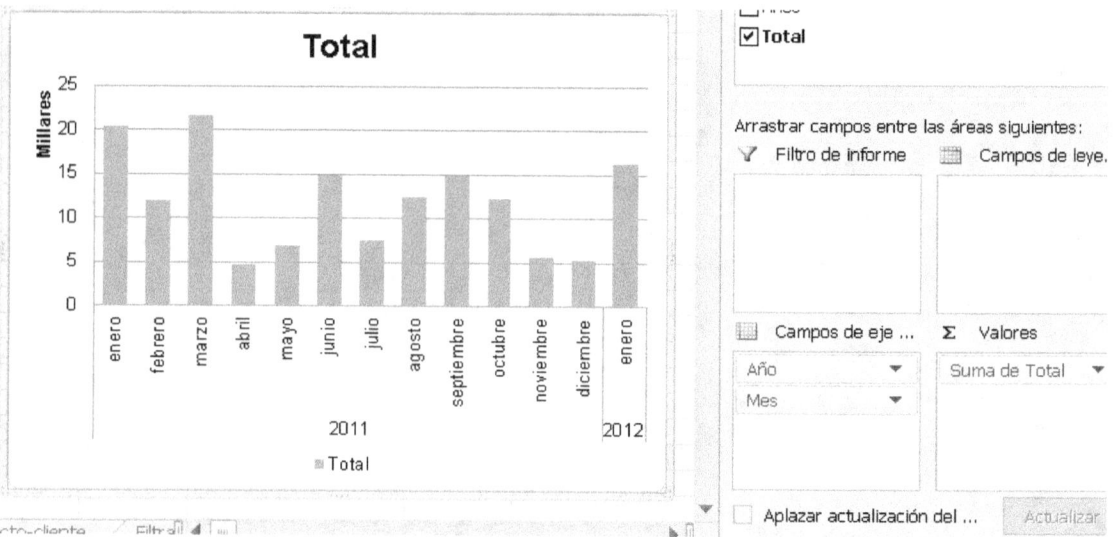

Imagen 91. En este caso, una tendencia temporal, un gráfico de líneas sería más adecuado.

2. Si cambiamos *Año* a *Campos de leyenda* nos compararía los diferentes años, mes a mes.

3. Con una barra seleccionada, clic derecho, **Dar formato a serie de datos** para abrir el cuadro de diálogo *Formato de serie de datos*. En el panel **Opciones de serie**, moviendo las flechas **Superposición de series**, podemos superponer las dos barras, acercarlas o alejarlas. Y con el control **Ancho del intervalo**, aumentar o disminuir el espacio entre barras.

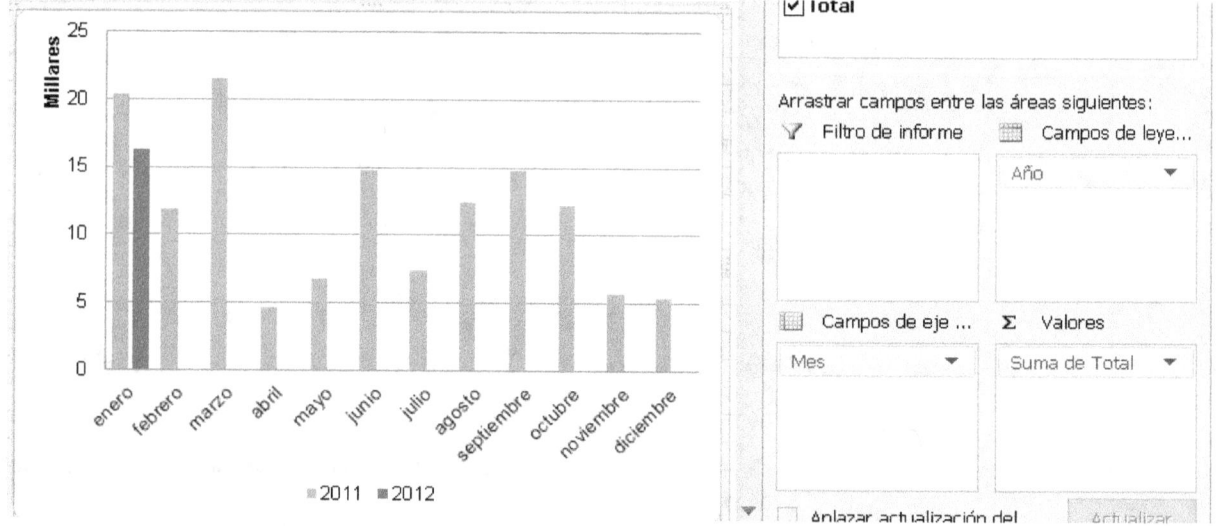

Imagen 92. Un pequeño cambio en la colocación de los datos y muestra una interpretación completamente distinta.

4. **Ctrl+Z** para deshacer. Volvemos a colocar Año en Filas. *Clic el botón Elementos del gráfico y Marcad Línea de tendencia, Clic en su flecha, observad las previsualizaciones y clic en Más opciones.*

5. En el panel *Formato de línea de tendencia*, clic en el botón **Opciones de línea de tendencia**, dejad *Lineal*, **Automático** y en *Extrapolar*, en el cuadro *Adelante*, escribid **3** y **Cerrar**.

6. Excel añade una línea de tendencia y la prolonga los próximos tres meses.

RESUMIR DATOS USANDO MINIGRÁFICOS

1. Colocamos *Año*, filtrado al 2011, en el *Campo de informe*; *Producto* en *Filas* y *Mes* en *Columnas*. Esta es la forma en la que la mayoría de los usuarios desea ver los datos y tiende a construir los libros así. Error, si lo hace, solo los podrá ver así. Mientras que, si los datos los coloca correctamente, como en nuestra Tabla, además de verlos como ahora, con los meses en columnas, podrá verlos de todas las otras formas, como los hemos visto hasta ahora y los que quedan, que no hemos visto. Solo hay una manera correcta[102] de introducir los datos, en una tabla con estructura de base de datos, y muchísimas de verlos con Tablas dinámicas.

2. Elegid el rango B7:M7, todos los meses del primer producto excepto total, y clic en **Línea** del grupo *Minigráfico* de la pestaña *Insertar*. Comprobad en el cuadro de diálogo *Crear grupo Minigráfico*, que el *Rango* de datos corresponde a las celdas seleccionadas y en *Ubicación*, seleccionad **Q7**. Excel inserta un *Minigráfico* en la celda seleccionada y muestra la pestaña contextual *Minigráfico*.

3. Volved a seleccionar el mismo rango y clic en **Columna**, del mismo grupo, ahora en *Ubicación*, seleccionad **R7**. Excel crea un minigráfico de columna a la derecha del anterior.

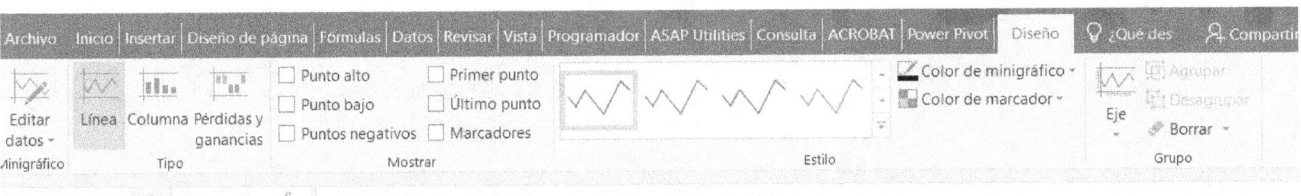

Imagen 93. También los Minigráficos tienen sus opciones de diseño y formato.

4. Repetid para el *Minigráfico* de *Ganancia y pérdida*. Si el ejemplo tuviera cantidades positivas y negativas lo reflejaría.

5. Seleccionad cada una de las tres y cambiad los estilos.

6. Seleccionad las tres y arrastrad hacia abajo incluyendo el total de cada mes.

7. Seleccionad Q7 y clic en **Borrar** del grupo *Agrupar* de la pestaña contextual *Diseño*.

8. Clic en **Deshacer** en la *Barra de herramientas de acceso rápido*, para que vuelva a aparecer.

CREAR GRÁFICOS DINÁMICOS

1. Desmarcad **Producto**. Cambiad **Fecha** al área *Etiquetas de Fila*. Ahora tenemos un gráfico con la distribución mensual de las ventas para el año 2011.

2. Añadid al área *Valores* **Trim 1, Trim 2, Trim 3 y Trim 4**.

3. Cambiad *Tipo de gráfico* a **Columnas**.

4. Desde el gráfico quitad el filtro para *Año*.

5. En el panel, desplazad **Año** al área *Etiqueta de fila*.

6. Desmarcad **Total**.

---

[102] Más que correcta sería Más eficiente.

Curso avanzado de Excel paso a paso

7. En los filtros del gráfico, filtrad *Año* a **2011** y *Mes* para los tres primeros.

8. Cambiad el tipo de gráfico a *Columna apilada*.

9. Desmarcad los cuatro trimestres y arrastrad Total dos veces al área de valores.

10. Cambiad Tipo de gráfico a **Cuadro combinado,** como en la imagen. En *Recuento de Total2 Mostrar valores como* **Recuento**.

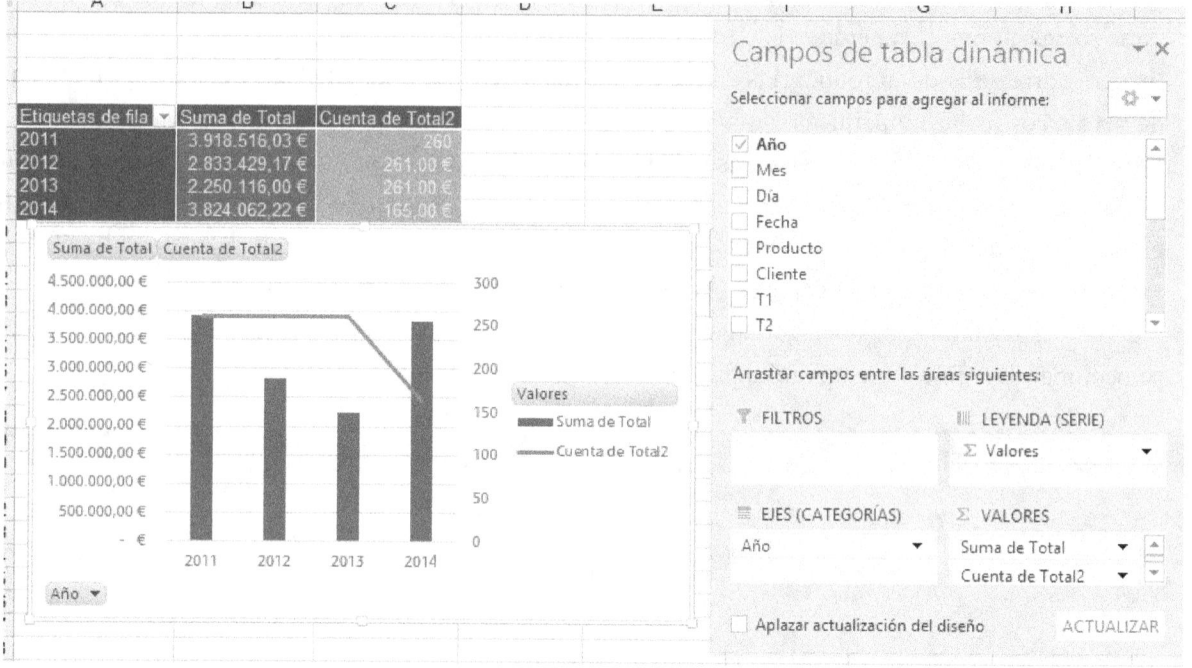

Imagen 94. La utilización de Eje secundario permite mostrar varias series en el mismo gráfico.

CREAR DIAGRAMAS CON SMARTART

1. En una hoja nueva clic en **SmartArt** del grupo *Ilustraciones*, pestaña *Insertar*. Abre el cuadro de diálogo *Elegir gráfico SmartArt*.

2. Clic en **Jerarquía** y elegid el primero. Excel crea el gráfico **Organigrama**.

3. En el panel *Escribir aquí el texto*[103], escriba en el primer cuadro *Jefe de Servicio* y pulse **Flecha abajo**. Lo que acabamos de escribir aparece en la primera figura del organigrama.

4. Clic derecho en la segunda figura del organigrama y **Cortar**. Este cuadro de texto desaparece y los cuadros del tercer nivel ascienden al segundo.

5. Clic en el cuadro más a la izquierda y escriba *Orientación*; en el del centro, *Información* y *Empleo* en el de la derecha.

6. Estando en el cuadro central, clic en la flecha **Agregar forma** del grupo *Crear gráfico* de la pestaña contextual *Diseño* de *Herramientas de SmartArt*, y elegid **Agregar forma debajo**. Escribid *Promoción*.

---

[103] Si no aparece, clic en la flecha del lateral izquierdo.

7. En el grupo *Diseños* de la pestaña contextual *Diseño*, clic en la tercera miniatura **Organigrama con nombres y puestos**. Escribid los nombres y **Centrar** desde el grupo *Alineación* de la pestaña *Inicio*.

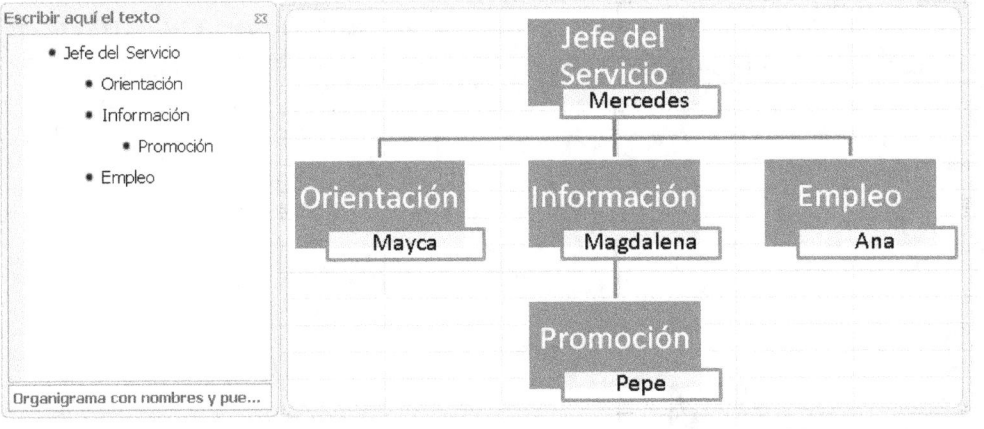

Imagen 95. Para Agregar formas, y muchas más cosas, también se pueden usar las opciones del Menú contextual (Clic derecho)

8. Clic derecho en la forma *Promoción* y del menú clic en **Formato de forma**. En el panel *Formato de forma*, sección *Relleno*, clic en **Relleno de trama** y elegid *90%*. Observad el resto de opciones con la previsualización.
9. Cambiad *Color de línea* a **Rojo** y en *Estilo de línea* el *Ancho* a **4** puntos.
10. En la pestaña *Disposición de página*, grupo *Temas*, clic en la flecha **Tema** y elegid **UPCT**. Todos los colores cambian para adaptarse al nuevo tema.

CREAR FORMAS Y ECUACIONES MATEMÁTICAS

1. En la pestaña *Insertar*, grupo *Ilustraciones*, clic en la flecha **Formas** y bajo *Formas básicas*, clic en **Elipse**. El ratón se convierte en una delgada cruz negra con la que dibujar la forma[104]. Dibujamos una.
2. Desplegad la flecha del grupo **Estilos de forma** de la pestaña contextual *Formato*, posad el ratón despacio por los diferentes estilos y elegid *Efecto intenso – Azul, Énfasis 3*.
3. Dibujad un rectángulo, al lado y aplicadle un estilo con color rojo.
4. Clic en la elipse y escribid *Visitas a UPCT 2013*, **Centrar** y **Alinear en el medio**, grupo *Alineación*, pestaña *Inicio*.
5. Pulsad **Mayús** y clic en la elipse y el rectángulo y desde el grupo *Organizar* de la pestaña contextual *Formato*, clic **Alinear** y **Alinear horizontalmente**, sin deshacer la selección, clic ahora en **Alinear verticalmente**. Las dos formas quedan superpuestas y perfectamente alineadas.
6. Clic en cualquier celda de la hoja fuera de las formas para deshacer la selección y clic en el rectángulo. Clic en **Enviar atrás** en el grupo *Organizar*.

---

[104] Si se mantiene presionada la tecla **Mayús**, se mantienen las proporciones de largo y ancho. Así, en este caso dibujaríamos un círculo. De otro lado desde el grupo *Tamaño* de la pestaña contextual *Formato* de *Herramientas de dibujo*, podemos precisar el alto y ancho.

Curso avanzado de Excel paso a paso

7. **Ctrl+Z** para dejar otra vez el rectángulo delante de la elipse.

8. Clic en el rectángulo y desde *Insertar*, *Símbolos*, clic en **Ecuación**. El texto *Escriba aquí la ecuación* aparece en el rectángulo.

9. Desde el grupo *Estructuras* de la pestaña contextual *Diseño* de *Herramientas de ecuación*, clic en la flecha **Índices** y elegid **Subíndice**, el segundo por la izquierda de la fila superior.

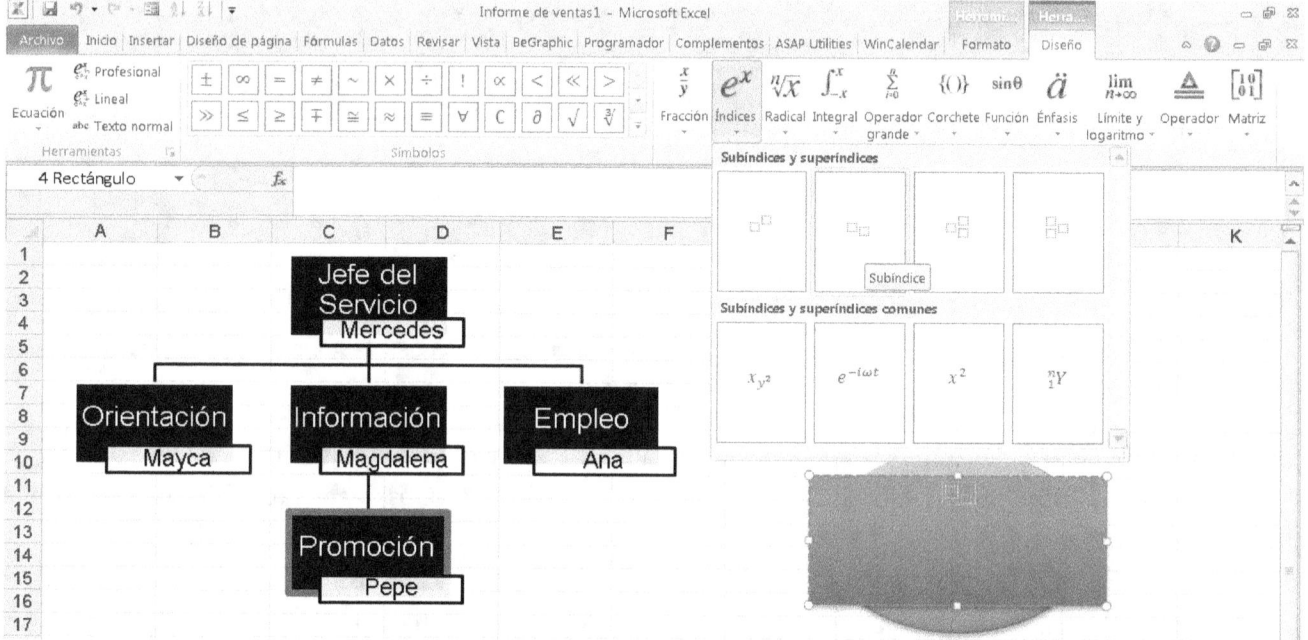

Imagen 96. Excel no solo es una hoja de cálculo y base de datos. Permite añadir otros elementos a los libros.

10. Clic en el cuadro de la izquierda y escribid *Año actual*, **Flecha abajo** y escribid *Año anterior*, **Flecha derecha** y en la galería del grupo *Símbolos,* clic en el primero, **Más menos,** después en **Infinito**.

11. Pulsad **Ctrl+Mayús+Inicio**, para seleccionar todo el texto y pulsad dos veces el botón **Aumentar tamaño de fuente** del grupo *Fuente*, pestaña *Inicio*.

12. Finalmente, desde *Formato*, *Estilos de forma*, desplegad la flecha **Relleno de forma** y seleccionad **Sin relleno**.

13. Clic en el rectángulo, pulsad **Mayús** y clic en la elipse y *Formato > Organizar > Agrupar*. Arrastrad el grupo debajo del organigrama.

IMPRIMIR

En este apartado aprenderemos a añadir encabezados y pies de página a nuestras hojas, prepararlas para imprimir, todo o partes y a imprimir gráficos.

AÑADIR ENCABEZADOS Y PIES DE PÁGINA

1. En la pestaña *Insertar*, grupo *Texto*, clic **Encabezado y pie de página**. Excel despliega la vista *Diseño de página* y la pestaña contextual *Encabezado y pie de página*[105].

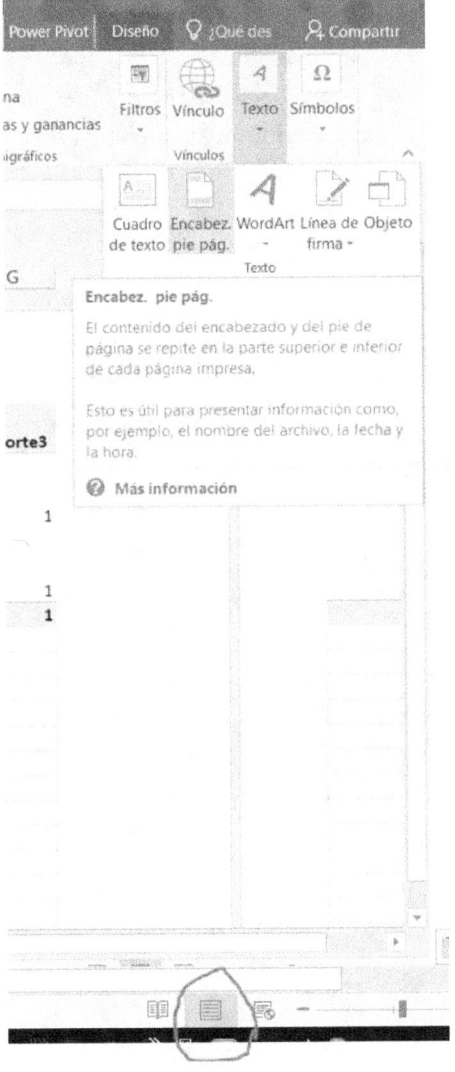

Imagen 97. Al insertar encabezado y pie de página se abre la vista Diseño de página.

2. En el cuadro de texto de la mitad de la sección *Encabezado*, escribid *2013* e **Intro**.
3. En la pestaña contextual *Diseño*, grupo *Elementos de encabezado y pie de página*, clic **Nombre de archivo**. Excel añade este campo al encabezado.
4. Escribid , (coma y espacio) y clic, en el mismo grupo, **Fecha actual**.

---

[105] Si lo hacemos con un gráfico seleccionado, abre el cuadro de diálogo *Configurar página* en su ficha *Encabezado y pie de página* desde la que podemos seleccionar diferentes encabezados y pies de página en sus listas desplegables.

Curso avanzado de Excel paso a paso

5. Presionad **Tab**. Excel resalta la sección derecha del encabezado y aparece el nombre del archivo y la fecha en la sección central.

6. Clic en **Ir al pie de página** del grupo *Navegación*. Excel resalta la sección derecha del pie de página.

7. Clic en la sección central y clic **Imagen** del grupo *Elementos de encabezado y pie de página*. Abre el cuadro de diálogo *Insertar imagen*.

8. Elegid el escudo de la upct. De nuevo aparece el campo, para ver la imagen hay que hacer clic fuera del área de pie de página.

9. Clic en **Dar formato a la imagen** en el grupo *Elementos de encabezado y pie de página*. Abre el cuadro de diálogo *Formato de imagen* con la pestaña *Imagen* activa, en *Escala*, *Alto*, escribid **50** y **Aceptar**.

PREPARAR HOJAS PARA LA IMPRESIÓN

1. Clic *Archivo > Imprimir* (**Ctrl+P**).

2. Cambiad la orientación a horizontal.

3. Clic en el botón **Escalado** y elegid **Personalizar opciones de escala**. Abre el cuadro de diálogo *Configurar página* en la pestaña *Página*. En el campo *Ajustar al*, escribid **80%** y **Aceptar**[106]. Excel redimensiona la hoja.

4. En la cinta, clic **Disposición de página**. Clic en el encabezado de la fila 13[107] y en el grupo *Configurar página*, clic en la flecha **Saltos** para elegir **Salto de página**. Excel coloca un salto de página sobre la fila 13.

5. En el mismo grupo, clic en **Márgenes** y elegid **Ancho**.

6. Clic en **Vista previa de salto de página** en el panel de tareas. Arrastrad el salto de página hacia abajo hasta que desaparezca.

7. Arrastrad también hacia la derecha la línea punteada azul del final de página impresa.

8. Clic en el lanzador del cuadro de diálogo *Configurar página*. En la pestaña *Hoja*, seleccionad **Hacia la derecha, luego hacia abajo**. En la pestaña Márgenes, área *Centrar en la página*, marcad **Horizontalmente** y **Verticalmente**. Clic en **Vista preliminar** y observad el documento.

---

[106] Lo que más utilizaremos aquí, normalmente, será **Ajustar a 1 páginas de ancho** por dejad en blanco este cuadro de *Alto*.

[107] Si lo hacemos en una celda, Excel insertará dos, uno a la izquierda y otro a la derecha.

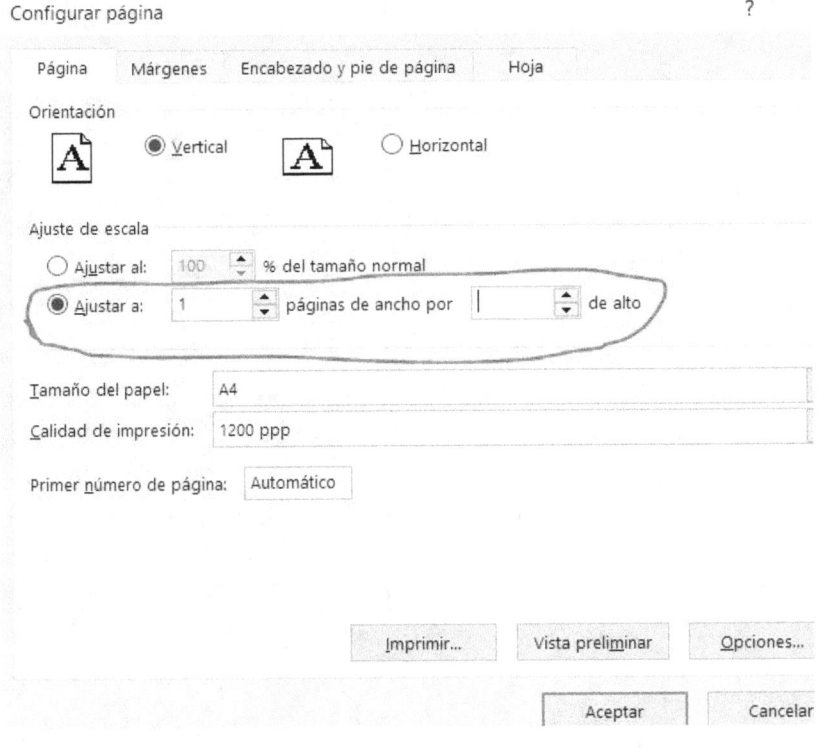

Imagen 98. Los ajustes de la pestaña Página.

IMPRIMIR HOJAS

1. Clic en el lanzador del cuadro de diálogo *Configurar página*. Mostrad su pestaña **Hoja**. En lista *Errores de celda como:* elegid **<espacio vacío>** y **Aceptar**.
2. Pulsad **Ctrl** y seleccionad varias hojas no consecutivas.
3. Pulsad **Ctrl+P** para ir a *Imprimir*. En el área *Configuración*, aseguraos que está seleccionado **Imprimir hojas activas**.
4. Clic en cualquier otra pestaña para cancelar la impresión o seleccionad la impresora Adobe pdf para imprimir en pdf.

IMPRIMIR PARTES DE HOJAS

1. Ir a la hoja *Datos de origen* y clic en *Disposición de página > Configurar página > Imprimir títulos*. Excel despliega el cuadro de diálogo *Configurar página* con la pestaña *Hoja* activa.
2. En *Área de impresión*, pulsad el botón **Contraer cuadro de diálogo** y seleccionad la tabla entera.
3. En el área *Repetir filas en el extremo superior*, con su botón seleccionad los encabezados de columna. Clic en **Vista preliminar**.

Curso avanzado de Excel paso a paso

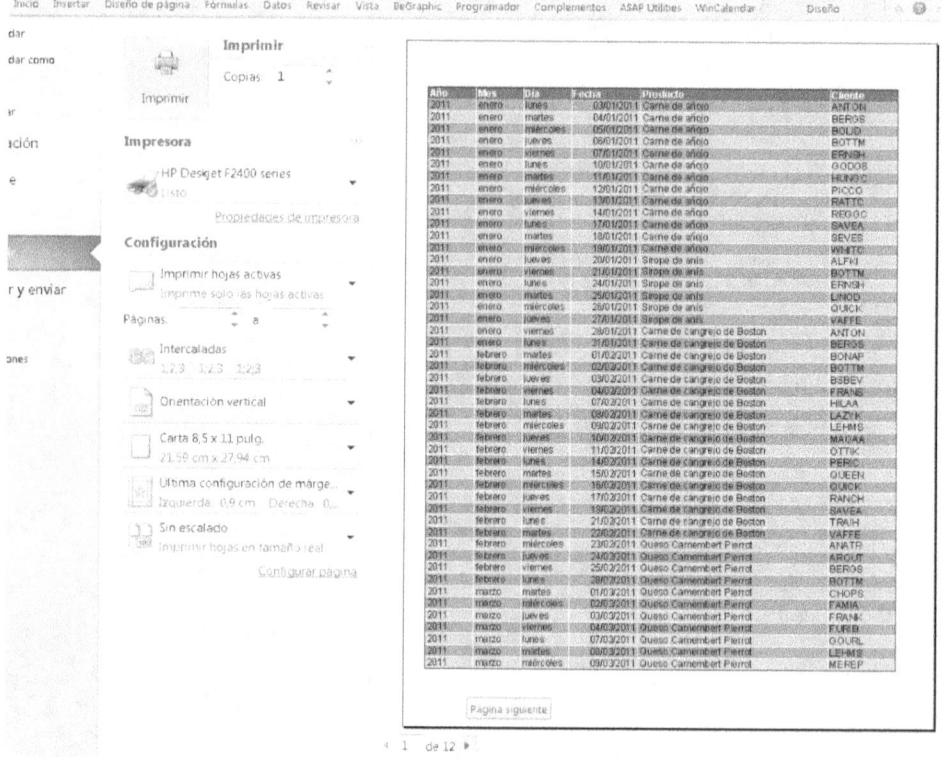

Imagen 99. Ojo con el tamaño. Aquí me ha salido Carta en vez de DIN A4.

4. En los cuadros *Páginas*, en el área *Configuración*, escribid **1 a 2**.

5. Clic en *Disposición de página > Ajustar área de impresión > Ancho*, desplegad la lista y elegid **1 página**. En el *Alto* elegid **2 páginas**. Excel redimensiona la hoja para que quepa en dos páginas, la nueva escala aparece en el cuadro **Escala** del grupo *Ajustar área de impresión*. También lo podemos ver en el panel *Vista previa* de *Imprimir*.

6. Seleccionar A1:F8, pulsad **Ctrl** y seleccionad A38:F45.

7. Clic **Área de impresión** del grupo *Configurar página* y después **Establecer área de impresión**.

8. Abrid el cuadro de diálogo *Configurar página* y en la pestaña *Márgenes*, marcad las casillas **Horizontalmente** y **Verticalmente** del área *Centrar en la página*. Clic en **Vista preliminar**.

9. En el grupo *Configurar página*, clic en la flecha **Área de impresión** y **Borrar área de impresión**.

IMPRIMIR GRÁFICOS

1. Seleccionad el gráfico dinámico de Hoja 1, *Archivo > Imprimir*. Y ya está seleccionado, bajo *Configuración*, **Imprimir el gráfico activo**.

2. Volvemos a la pestaña *Inicio*, clic fuera del gráfico y *Archivo > Imprimir*. Ahora está seleccionado **Imprimir hojas activas**.

AUTOMATIZAR TAREAS REPETITIVAS CON MACROS

Automatizar con un botón o atajo de teclado las tareas repetitivas en el uso de Excel.

CREAR Y MODIFICAR MACROS

1. Abrid el libro *Informe de ventas sobre los clientes*. En el grupo *Macros* de la pestaña *Vista*, clic en la flecha **Macro** y de la lista elegid **Grabar macro**. Abre el cuadro de diálogo *Grabar macro*, configuradlo como en la imagen y **Aceptar**.

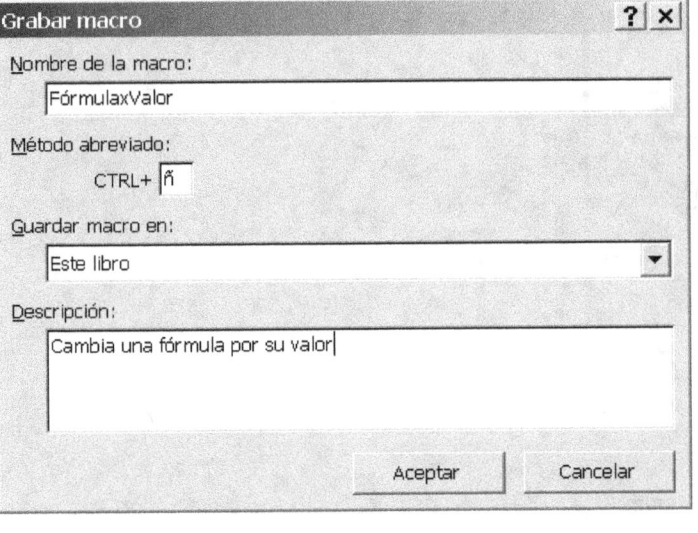

Imagen 100. Es mejor guardar las macros en el libro personal.xlsb, para tenerlas disponibles en todos los libros.

2. En la barra de tareas cambia el icono para informarnos que se está grabando una macro.
3. Clic en la celda G7 de la columna SubTotal, **Ctrl+C**, clic en *Inicio* y en el grupo *Portapapeles*, clic en la flecha **Pegar** y elegid **Pegar valores**, **Valores (V)**. clic en la *Barra de estado* en el botón **Detener grabación**. Pulsad **Esc** para deseleccionar la celda.
4. Clic en G8. Nos vamos a *Vista > Macros > Ver macros > Ejecutar*. Aparentemente no pasa nada, pero en vez de *=SUMA(C8:F8)* en la *Barra de fórmulas*, ahora aparece *312*, aunque en la celda, gracias al formato, seguimos viendo *312,00 €*.
5. Vamos a colocar un botón en la *Barra de herramientas de acceso rápido*. Clic en la flecha de la *Barra > Más comandos*. Abre *Opciones de Excel* en el Panel *Personalice la barra de herramientas de acceso rápido*. En *Comandos disponibles en:* elegid **Macros**, buscad la que acabamos de crear y clic en **Agregar** y **Aceptar**. Un nuevo botón se incorpora[108]. Clic en G9 y clic en el botón. De nuevo se

---

[108] Si tenemos muchas macros, debemos personalizar los botones desde el botón **Modificar** del panel *Personalice la barra de herramientas de acceso rápido* que abre el cuadro de diálogo *Modificar botón* donde podemos elegir entre más de 160 botones. En otro tipo de libros podemos utilizar formas y con clic derecho **Asignar macros**.

Curso avanzado de Excel paso a paso

produce la ejecución de la macro, pero de nuevo, también nos queda la celda seleccionada y tenemos que presionar **Esc**.

6. Volved al Cuadro de diálogo *Macros*, clic en **Modificar** para abrir el editor de vba y dejadlo como en la imagen[109].

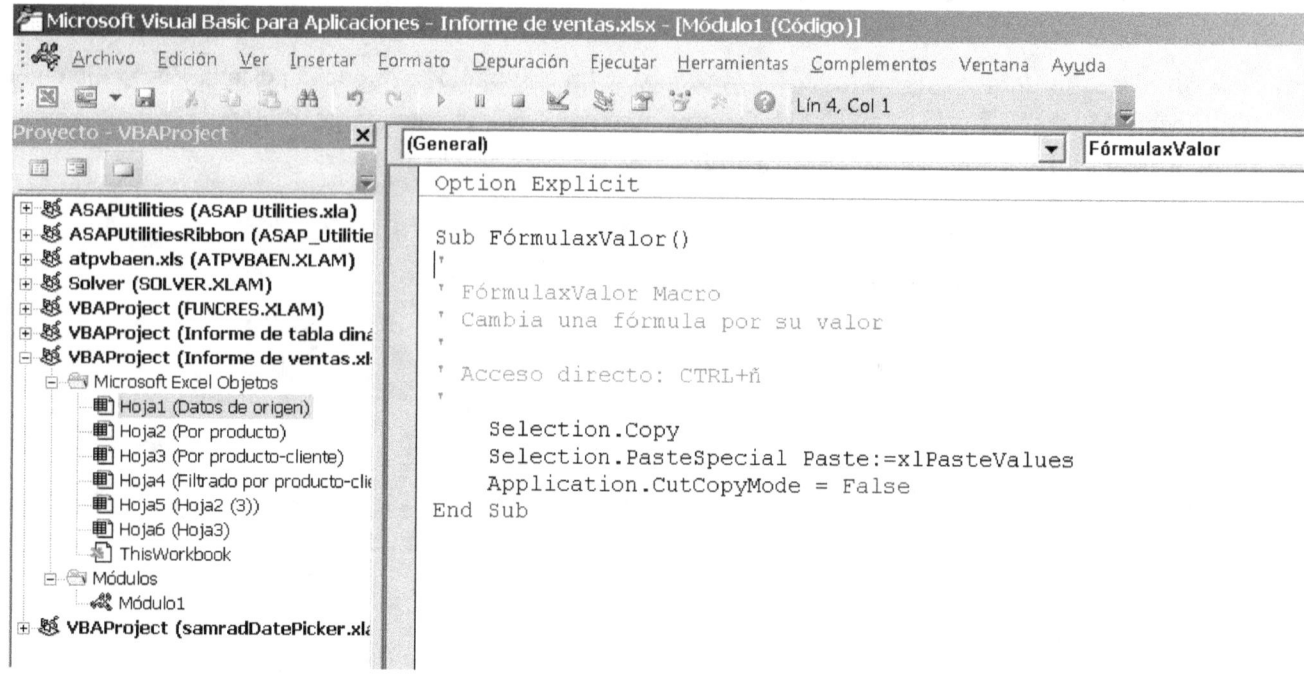

Imagen 101. Ya tenemos nuestro código editado correctamente.

7. Ahora la probamos en otra celda y vemos que funciona perfectamente.

8. Lo que no funciona es la tecla de método abreviado. Abrimos el cuadro de diálogo *Macro* y clic en **Opciones** en el nuevo cuadro de diálogo cambiamos la ñ por la r.

9. Lo probamos y vemos que funciona.

HABILITAR Y EXAMINAR MACROS

1. En la pestaña *Vista*, grupo *Macros*, clic en la flecha y en la lista, clic en **Ver macros**. Aparece el cuadro de diálogo *Macro*.

---

[109] Para ver la última línea de código añadida, podemos crear otra macro que después eliminamos.

102

wordexperto.com

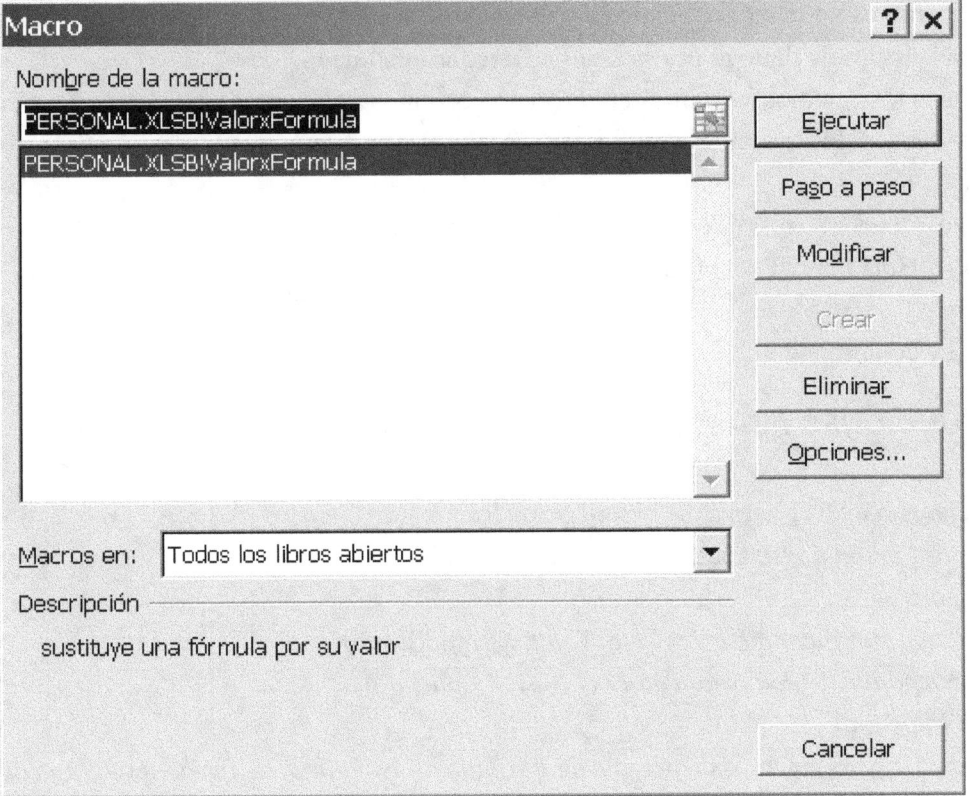

Imagen 102. Desde este cuadro de diálogo tenemos acceso al editor vba y a las opciones, entre otras.

2. Clic en *ValorxFormula* macro, para seleccionarla y clic en **Modificar** para abrir el editor vba. Como el libro Personal no está abierto, una advertencia nos dice que no se puede abrir el editor vba. Clic en **Mostrar** del grupo *Ventana* de la pestaña *Vista*, y repetid los pasos.

3. Abre el editor vba con el módulo del código de la macro seleccionada.

4. Clic en el botón **Cerrar**. Se cierra la ventana del editor vba y queda la ventana del libro Personal.

5. En la lista de Macros, clic **Ver macros**. Con la macro seleccionada, clic en **Paso a paso**. La macro aparece en el editor vba con la primera instrucción resaltada.

6. Presionad **F8** tres veces para ver cómo se desplaza.

7. Cerrar el editor vba. **Aceptar** la advertencia.

8. Clic en una celda del libro y desde el cuadro de diálogo *Macro* **Ejecutar**. La macro se ejecuta.

CREAR MACROS QUE SE EJECUTAN AL ABRIR UN LIBRO

1. Como ejemplo de macro que se ejecute automáticamente al abrir un libro, también las hay *Auto_Close*, vamos a crear una para que el libro *Informe de ventas sobre los clientes* se abra en la hoja *Datos de origen* y con el formulario de entrada de datos abierto. Necesitamos que el comando **Formulario** esté en la barra de herramientas de acceso rápido.

2. Nos situamos en una celda de la tabla de esta hoja.

3. *Vista > Macros > Grabar macro*. En *Nombre de la macro* escribimos Auto_Open y en *Guardar macro en:* dejamos **Este libro**.

Curso avanzado de Excel paso a paso

4. Nos aseguramos de tener seleccionada una celda de la tabla y clic en el botón **Formulario**. Clic en **Cerrar** el cuadro de diálogo *Formulario* y **Detener grabación**.

5. Guardamos los cambios, cerramos el libro y lo volvemos a abrir para comprobar que funciona.

6. Presionad **Alt+F11** para abrir el editor de vba. En un nuevo módulo de *VBA Project (Personal xlsb)* escribid

7. Sub Auto_Open()

8. MsgBox ("Hola Pepe, Excel te saluda")

9. End Sub

10. Guardad y comprobad.

CREAR FUNCIONES PERSONALIZADAS

1. Presionamos **Alt+F11** para abrir *Visual Basic*.

2. En el libro *Personal.xlsb* añadimos un nuevo Módulo

3. Escribimos:

   Function Baseimponible(Importe_Total, IVA_aplicado)
   Baseimponible = Importe_Total / (1 + IVA_aplicado)
   End Function

4. Guardamos y ya la tenemos disponible en *Fórmulas > Biblioteca de funciones > Insertar función*, en la categoría **Definida por el usuario**.

TRABAJAR CON OTROS PROGRAMAS DE OFFICE

Todos los programas de Office están pensados para trabajar conjuntamente.

INCLUIR DOCUMENTOS DE OFFICE EN UN LIBRO

1. Crear un nuevo documento de Word. Escribid *=rand()*, **Intro** y guardadlo en el escritorio con el nombre propuesto.

2. Nos vamos al libro de Excel y en una celda en blanco de la hoja activa, *Insertar > Texto > Objeto* para abrir el cuadro de diálogo *Objeto*.

3. Clic en la pestaña **Crear de un archivo**. Clic en **Examinar**.

4. Navegad hasta el escritorio y seleccionad el nuevo documento que acabamos de crear.

104

wordexperto.com

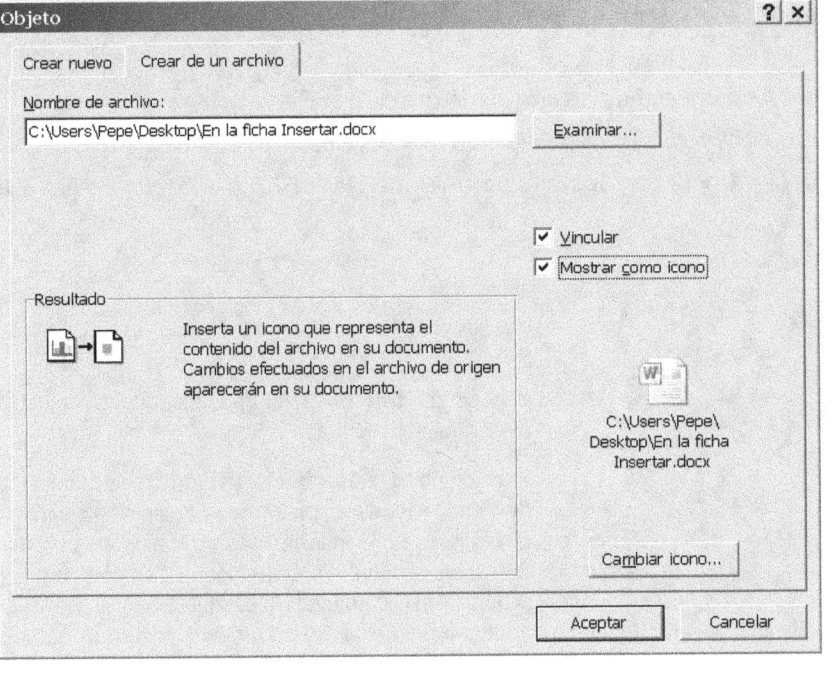

Imagen 103. Si no marcamos la casilla Vincular, posteriores cambios en Word no se reflejarán en Excel.

5. **Aceptar**. Ahora tenemos incrustado en Excel el nuevo documento de Word.

6. Ir al documento original de Word, seleccionad la primera línea y **Ctrl+N, Guardar**.

7. **Cerrar** el libro de Excel, volved a abrirlo, **Aceptar** las advertencias de actualización y comprobad que la primera línea aparece en negrita.

8. Si lo hacemos desde **Crear nuevo**, nos inserta un icono de Word que al hacer doble clic se abre para poder escribir lo que queramos.

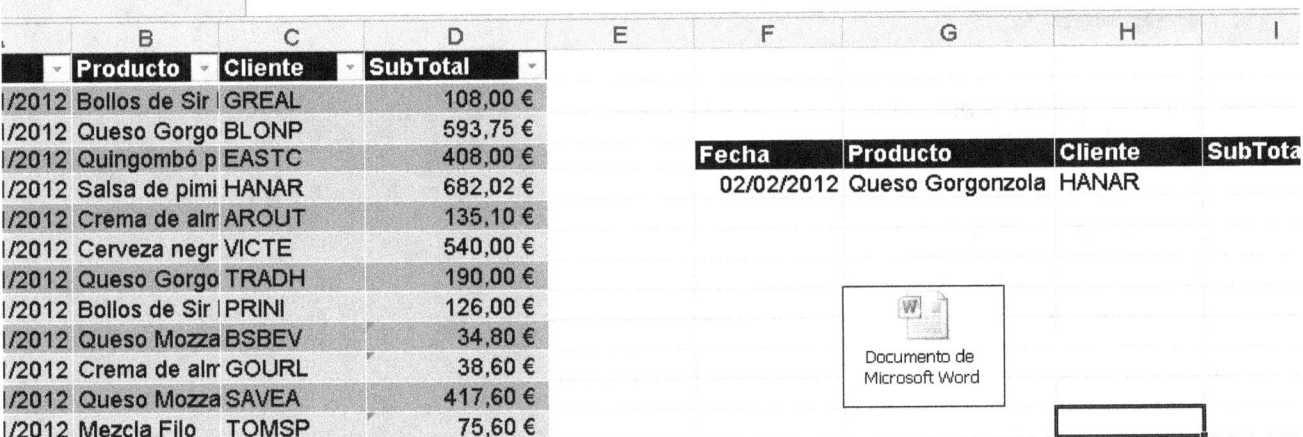

Imagen 104. Un libro de Excel con un documento de Word incrustado.

105

Curso avanzado de Excel paso a paso

ALMACENAR LIBROS COMO PARTE DE OTROS DOCUMENTOS DE OFFICE

1. Id al documento En la pestaña *Insertar* de Word. **Ctrl+Fin** e **Intro**.
2. *Insertar > Texto > Objeto > Crear de archivo > Examinar*.
3. Navegad hasta la carpeta con los ejercicios e insertar el libro *Ejercicios*. No **Vincular** y **Mostrar como icono**.

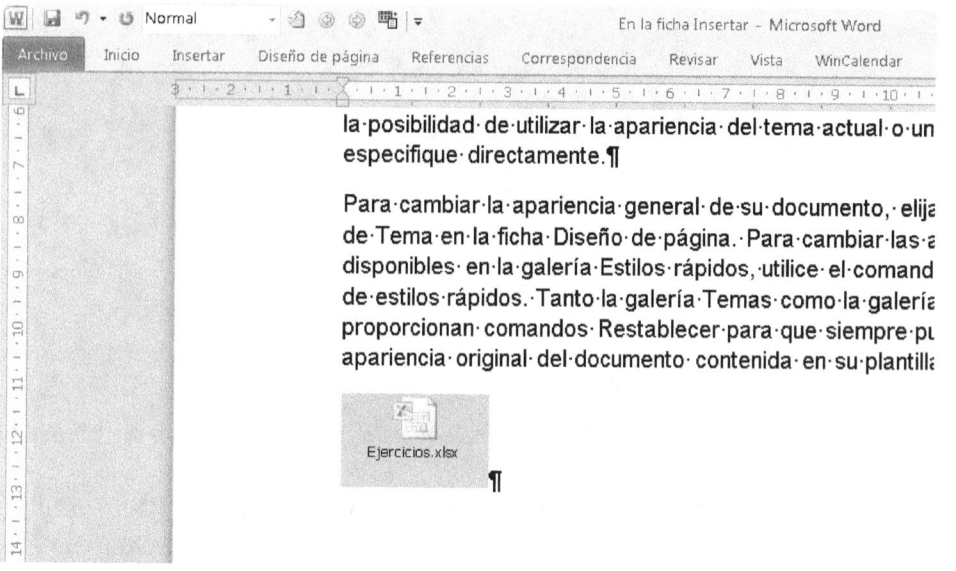

Imagen 105. Ahora es un documento de Word el que contiene el libro de Excel.

4. El libro de Excel se incrusta en el documento de Word como un icono y al hacer doble clic se abre en Excel para poder editarlo.

CREAR VÍNCULOS

1. Clic derecho en la pestaña de la primera hoja, **Insertar** y en el cuadro de diálogo *Insertar*, seleccionad **Hoja de cálculo** y **Aceptar**.
2. Escribid *Índice* en A1 y **Flecha abajo**.
3. *Insertar > Vínculos > Hipervínculo*.
4. Dejad el cuadro de diálogo como en la imagen cambiando el texto y poniendo información en pantalla. Observad detenidamente el resto de opciones.

106

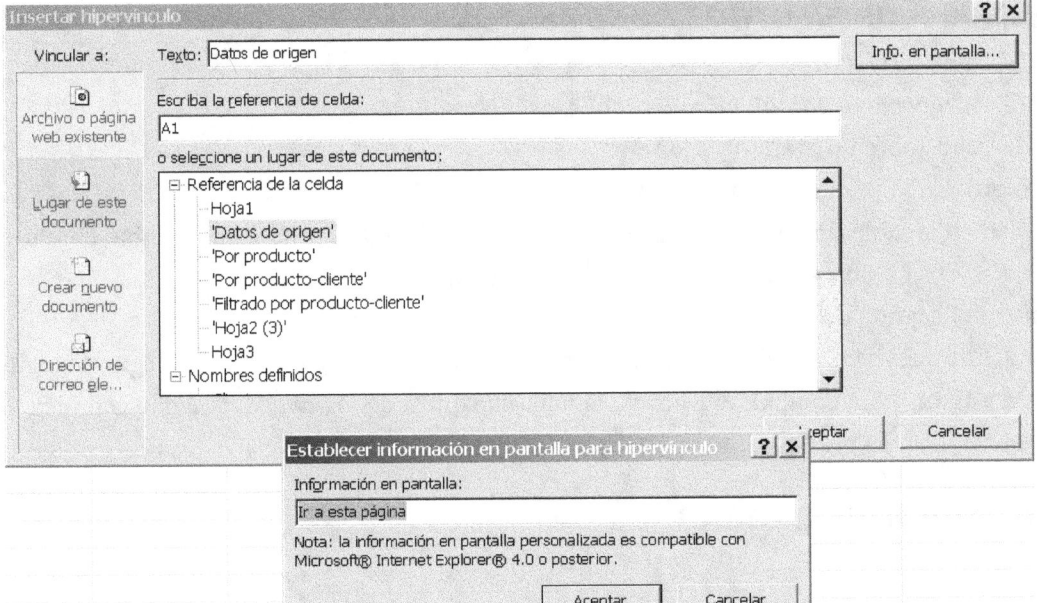

Imagen 106. Con los hipervínculos podemos crear tablas de contenido en Excel.

5. Debe quedar como la imagen.

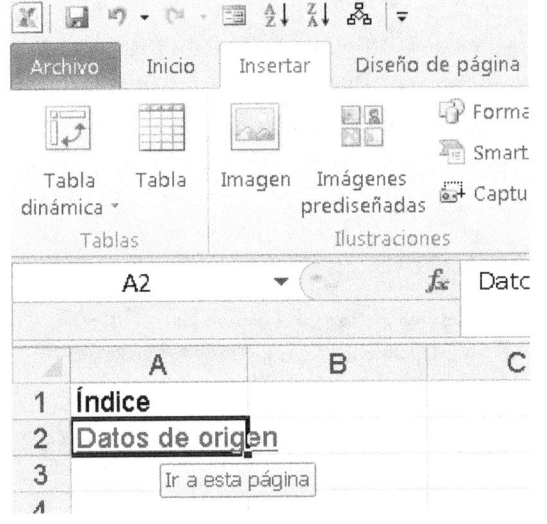

Imagen 107. Así vamos añadiendo las diferentes hojas a la tabla de contenidos.

6. Clic en el vínculo recién creado. Excel nos lleva a A1 de la segunda hoja.

7. *Insertar > Ilustraciones > Formas*. Elegid un rectángulo y dibujadlo.

8. Escribid *Ir al índice* y seleccionadlo. Antes podemos centrar, aumentar fuente etc.

9. *Insertar > Vínculos > Hipervínculos* y en el cuadro de diálogo, elegid **Lugar de este documento**, **Hoja 1** y **Aceptar**. El texto del rectángulo se convierte en un hipervínculo a la primera hoja.

Curso avanzado de Excel paso a paso

PEGAR GRÁFICOS EN OTROS DOCUMENTOS

1. Id al libro *Informe de tabla dinámica sobre los clientes*.
2. Clic derecho sobre un gráfico y **Copiar**.
3. Id a Word. En la pestaña insertar y **Ctrl+V**.
4. Cambiad en la tabla dinámica algún filtro, por ejemplo, *Producto*, para que cambie el gráfico.
5. Volved a Word y observad como el gráfico también ha cambiado.
6. Eliminad el gráfico de Word.
7. Copiadlo de nuevo en Excel y ahora para pegarlo en Word desplegad la flecha **Pegar** y elegid **Imagen**.
8. Volved a Excel para cambiar el filtro de la tabla dinámica de *Producto*, para que cambie el gráfico.
9. Volved a Word. El gráfico ahora no ha cambiado.

COLABORAR CON COLEGAS

Podemos compartir, comentar y proteger nuestros libros cuando trabajemos con otras personas.

COMPARTIR LIBROS

1. En el libro *Informe de ventas sobre los clientes*, *Revisar > Cambios > Compartir libro*. Nos aparece una advertencia de que no se puede compartir un libro con tablas.
2. Repetimos en el libro *Ejercicios*. Abre el cuadro de diálogo *Compartir libro*.
3. En la pestaña *Modificación*, marcamos **Permitir la modificación por varios usuarios a la vez**.
4. Observad la pestaña *Uso avanzado* y dejadla como en la imagen.

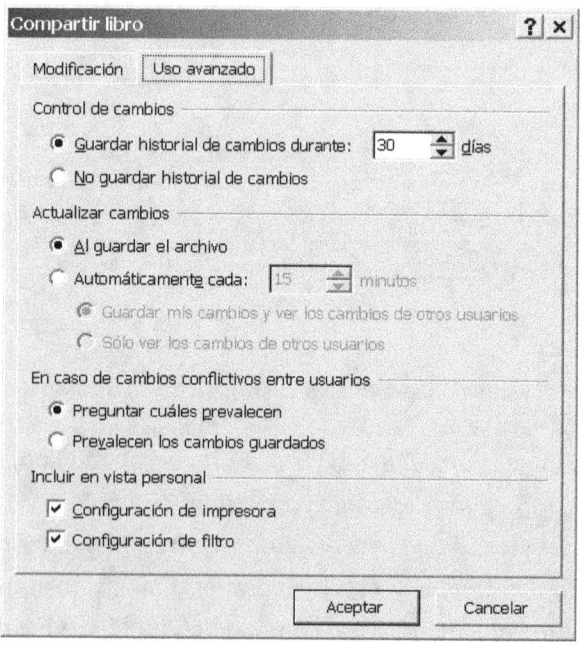

Imagen 108. Desde este cuadro de diálogo controlamos todas las opciones para el seguimiento de los cambios

108

5. **Aceptar**. Aparece una advertencia de que guardemos el libro.
6. **Aceptar**. Excel guarda y combina el libro.
7. *Archivo > Guardar y enviar > Enviar mediante correo electrónico > Enviar como datos adjuntos*. Observad el resto de opciones. Aparece un nuevo mensaje de correo electrónico con el libro adjunto.
8. Poned la dirección en *Para* y **Enviar**.

COAUTORÍA EN EXCEL

1. Haced clic en **Compartir**, en el extremo derecho de la Cinta de opciones.
2. En el Panel **Compartir**, escriba, separados por punto y coma, los correos electrónicos de los colaboradores, en el cuadro *Invitar a personas.*.
3. Añadid un mensaje en *Incluir un mensaje (opcional)* y elegid **Preguntarme** en el desplegable *Compartir cambios automáticamente*.

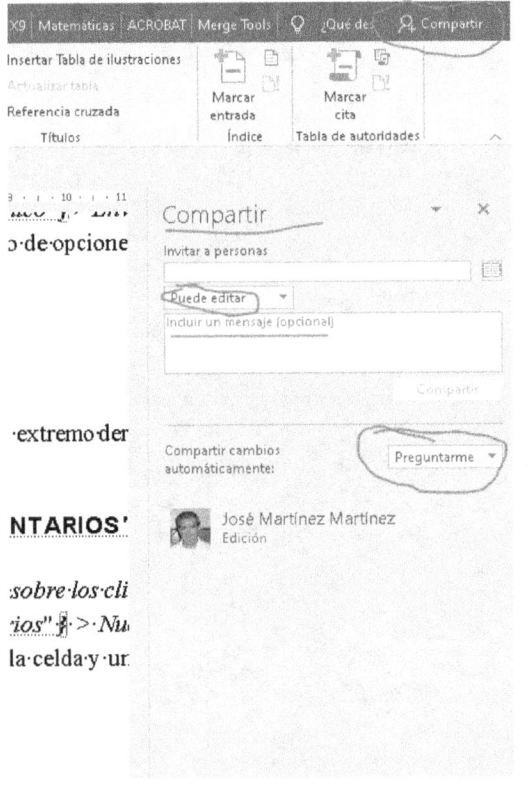

Imagen 109. El Panel Compartir.

4. Si hizo clic en el botón **Compartir**, los destinatarios recibirán un mensaje de correo electrónico donde se les invita a abrir el archivo. Pueden hacer clic en el vínculo para abrir el libro. Se abrirá un explorador Web y el libro se abrirá en Excel para la Web. Si desea usar la aplicación de escritorio de Excel para coautoría, puede hacer clic en **Editar en la aplicación de escritorio**.
5. Con el archivo aún abierto en Excel, asegúrese de que **Autoguardado** está activado en la esquina superior izquierda. Cuando los otros usuarios abran finalmente el archivo, estarán trabajando en

Curso avanzado de Excel paso a paso

conjunto. Sabrá que está trabajando en co-autoría si ve imágenes de las personas en la esquina superior derecha de la ventana de Excel. (También puede ver sus iniciales o una "I", que significa invitado).

ADMINISTRAR COMENTARIOS

1. En la hoja *Datos de origen* de *Informe de ventas sobre los clientes*, clic en D10 y *Revisar > Comentarios > Nuevo comentario*. Aparece un triángulo rojo en la esquina superior derecha de la celda y un cuadro de texto con nuestro nombre de usuario cerca de la celda.
2. Escribid *Es un dato muy malo porque el vendedor estuvo enfermo unos días*, clic en otra celda. El cuadro de texto del comentario desaparece.
3. El triángulo rojo permanece en la celda y si posamos el ratón sobre ella, Excel muestra el comentario.
4. Escribid otro comentario en D11. Clic en otra celda.

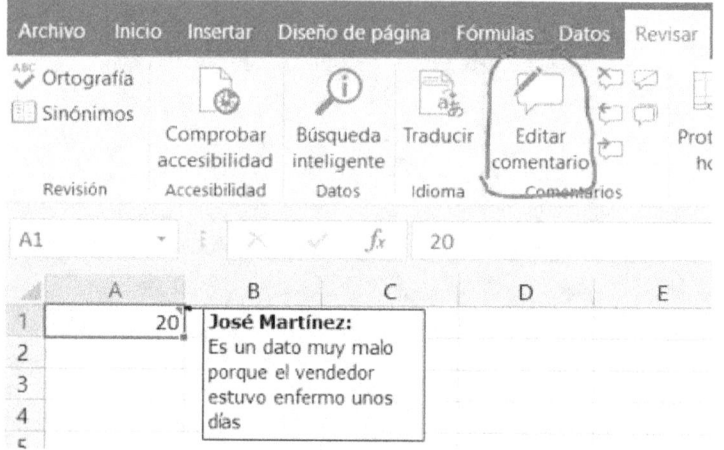

Imagen 110. Si hay comentarios podemos editarlos.

5. Clic en D11, otra vez y *Revisar > Comentarios > Eliminar*. Excel elimina el comentario de D11.

ADMINISTRAR CAMBIOS

1. En el libro *Ejercicios*, *Revisar > Cambios > Control de cambios > Resaltar cambios* para abrir el cuadro de diálogo *Resaltar cambios*.

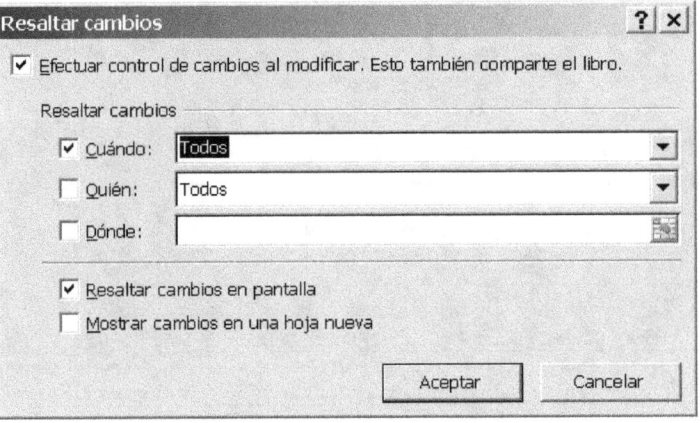

Imagen 111. Esta opción también comparte el libro.

2. Marcad **Efectuar control de cambios al modificar**, desmarcad **Cuándo** y marcad **Resaltar cambios en pantalla**. **Aceptar**. Aparece un mensaje indicando que Excel guardará el libro. **Aceptar**. Excel guarda el libro y añade *[Compartido]* al título.

3. Escribid *21* en D3, **Flecha abajo**, *22*, **Flecha abajo**. Aparece un triángulo azul en la esquina superior izquierda de D3 y D4.

4. Clic **Guardar**, en el cuadro de diálogo *Resaltar cambios*, marcad **Mostrar cambios en una hoja nueva**. Excel añade, a la derecha una hoja *Historial* con los cambios realizados.

Curso avanzado de Excel paso a paso

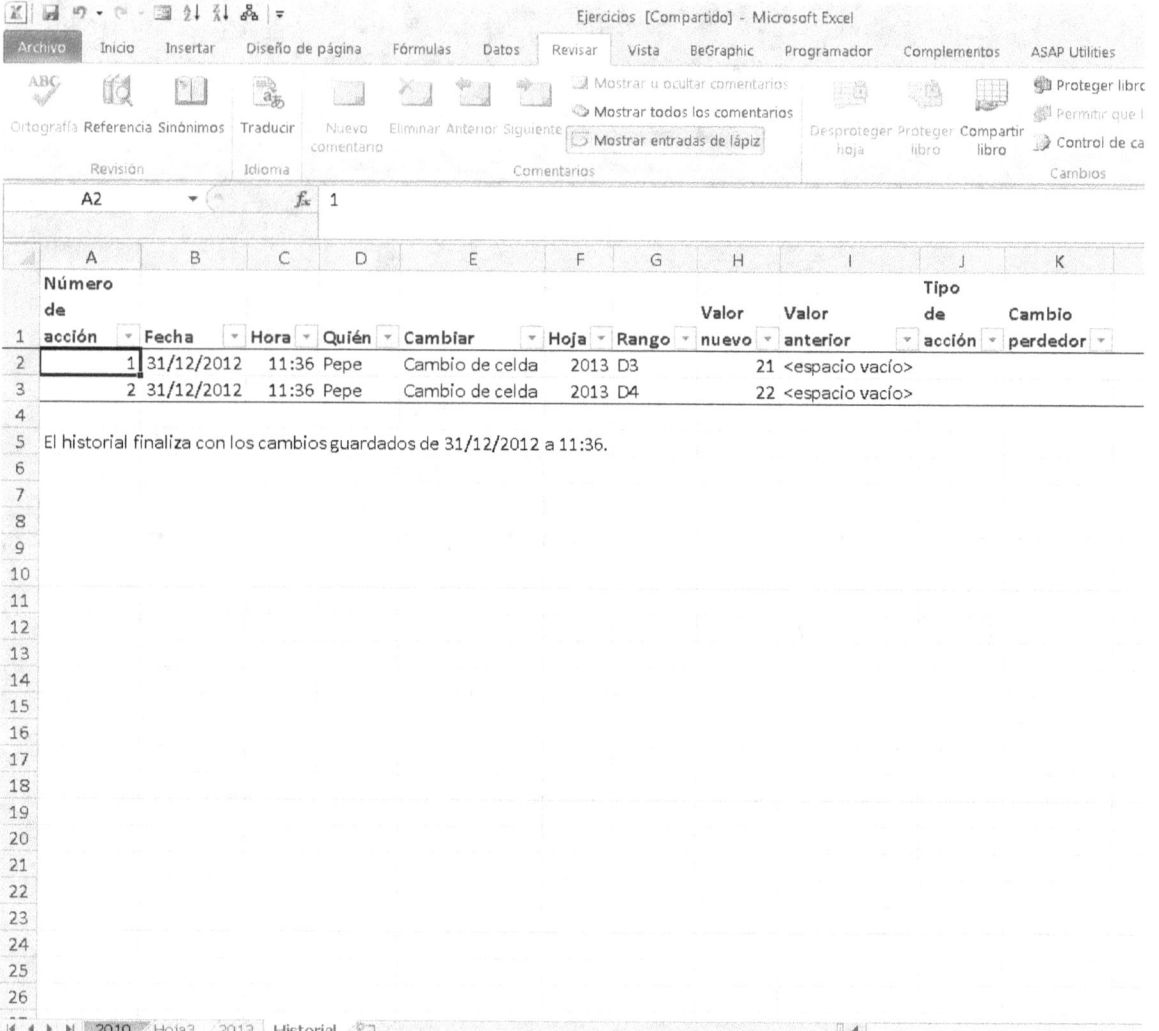

Imagen 112. Excel muestra el historial de cambios en una hoja nueva.

5. Clic en la hoja anterior y *Control de cambios > Aceptar o rechazar cambios*. Abre el cuadro de diálogo *Seleccionar cambios para Aceptar o rechazar*.

6. Clic **Aceptar**. Abre el cuadro de diálogo *Aceptar o rechazar cambios* y resalta la celda D3.

7. Clic **Aceptar**. Excel acepta el primer cambio y pasa al segundo.

8. Clic **Rechazar**. Excel elimina el cambio y cierra el cuadro de diálogo.

PROTEGER LIBROS Y HOJAS

1. En el libro *Informe de ventas sobre los clientes*, *Archivo > Información > Proteger libro > Cifrar con contraseña*. Abre el cuadro de diálogo *Cifrar documento*.

2. Escribid la contraseña dos veces y **Aceptar**. El cuadro de diálogo se cierra y aparece una advertencia en el panel central de Información: *Permisos Se requiere una contraseña para abrir este libro*.

3. Clic en **Revisar** y clic derecho en D10. En el menú emergente, clic en **Formato de celdas**. Abre el cuadro de diálogo *Formato de celdas*.

112

4. Clic en la pestaña *Proteger* y marcad **Protegida** y **Oculta**. **Aceptar**.

5. *Revisar > Cambios > Proteger hoja*. Abre el cuadro de diálogo *Proteger hoja*.

6. Desmarcad **Seleccionar celdas bloqueadas**, escribid una contraseña y **Aceptar**. Confirmar contraseña y **Aceptar**.

7. No se puede seleccionar ninguna celda ni se ve nada en la barra de fórmulas.

8. **Desproteger hoja**, escribid la contraseña.

9. Seleccionad toda la hoja desde el cuadro de la esquina superior izquierda, entre *A* y *1*. *Inicio* > clic en el expansor del cuadro de diálogo *Formato*, en la esquina inferior derecha del grupo *Número*. **Proteger** y marcad **Protegida** y **Oculta**.

10. Clic derecho en D10, **Formato de celdas**, **Proteger** y desmarcad **Protegida** y **Oculta**.

11. Proteged la hoja y ahora podemos editar en esta celda, la única en toda la hoja.

12. Desproteged la hoja de nuevo. Seleccionad el rango D2:D10. Clic en **Permitir que los usuarios modifiquen rangos**. Abre el cuadro de diálogo del mismo nombre.

13. Clic **Nuevo**. Abre el cuadro de diálogo *Nuevo rango* con nuestra selección.

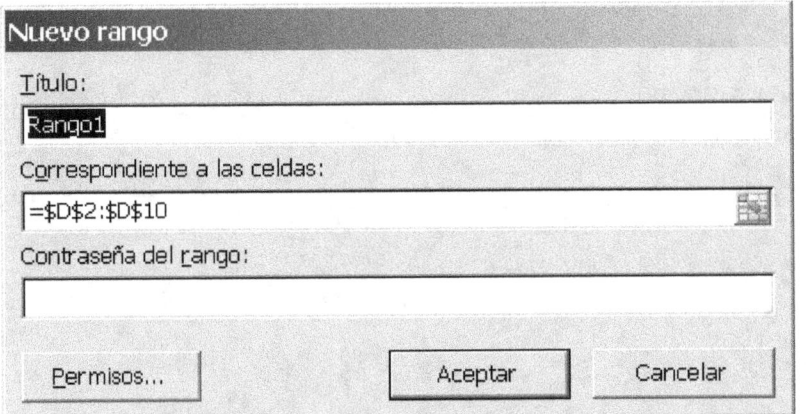

Imagen 113. En Excel podemos proteger libros, hojas, rangos o celdas.

14. Cambiad el título, poned contraseña, confirmadla y **Aceptar**. **Aceptar** el cuadro de diálogo *Permitir que los usuarios modifiquen rangos*, dónde se ha añadido el nuestro.

15. Proteged la hoja otra vez.

16. Desproteged el libro. *Archivo > Información > Comprobar si hay problemas > Inspeccionar documento*. Nos advertirá de que guardemos. Aceptamos.

17. Abre el cuadro de diálogo *Inspector de documento*. Dejad todo marcado e **Inspeccionar**. Cuando termina muestra el cuadro de diálogo *Inspector de documento* con los hallazgos y la posibilidad de quitar lo que no queramos, utilizando los botones **Quitar todo**.

Curso avanzado de Excel paso a paso

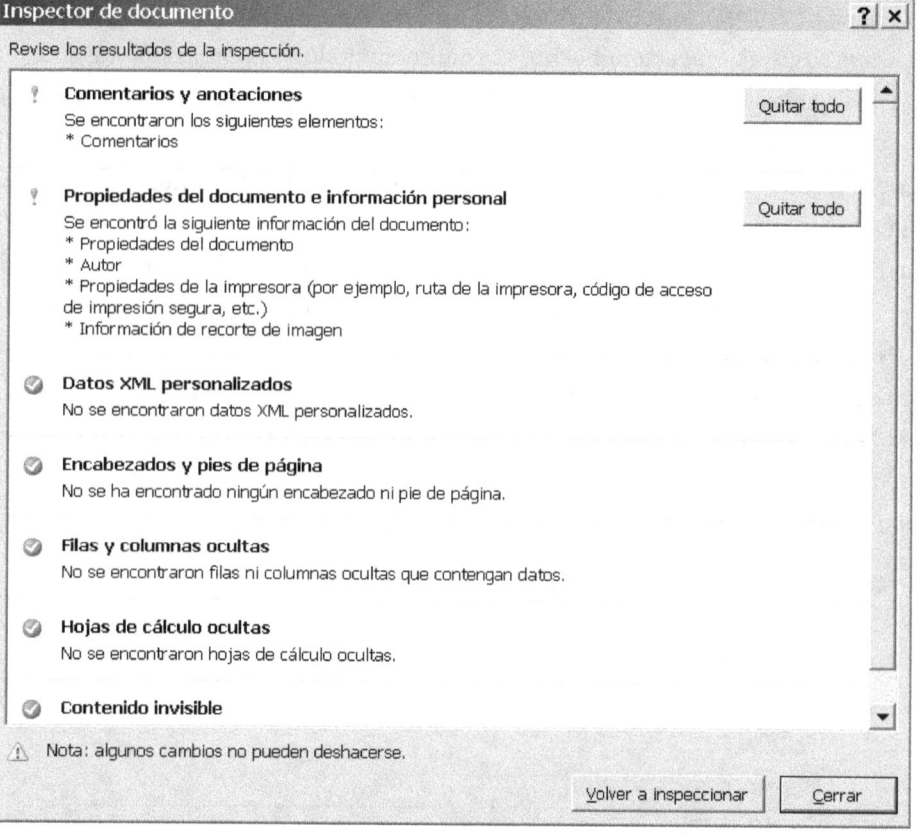

Imagen 114. El inspector del documento nos avisa cuando hay información personal en el libro y nos ofrece la posibilidad de quitarla, antes de compartir un libro.

18. Desde *Archivo > Información > Proteger libro > Marcar como final* también se impide la edición.

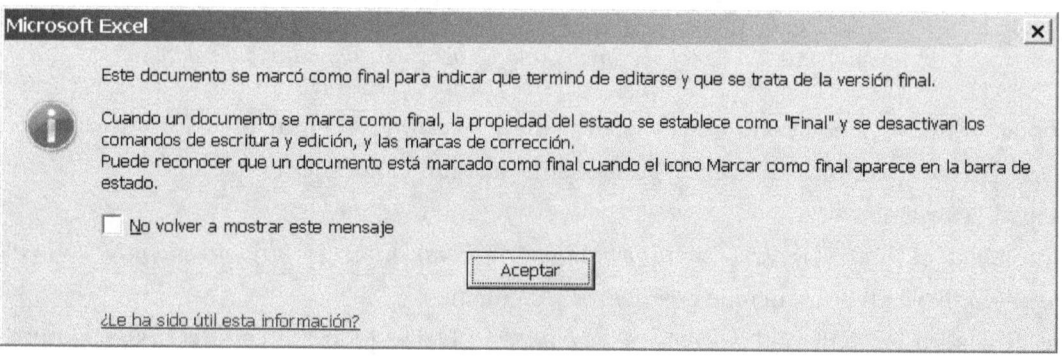

Imagen 115. Esta protección se puede quitar fácilmente, a diferencia de la contraseña.

19. Para quitarlo hay que volver a hacer clic en **Marcar como final**.

CREAR FIRMAS DIGITALES

1. En el menú *Inicio, Todos los programas, Microsoft Office, Herramientas de Microsoft Office 2010, Certificado digital para proyectos de VBA*. Abre el cuadro de diálogo *Crear certificado digital*.

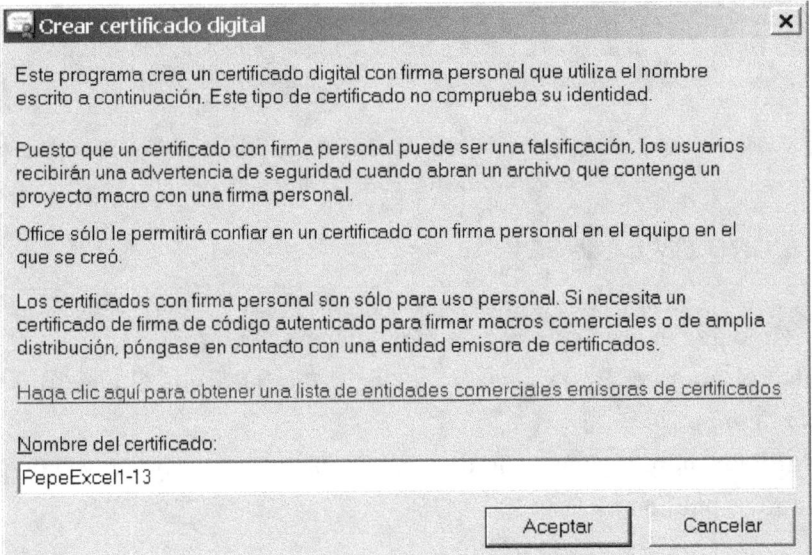

Imagen 116. Excel crea certificados digitales.

2. Poned el nombre y **Aceptar**. Abre el cuadro de diálogo *SelfCert se ha creado correctamente*. **Aceptar**.

3. *Archivo > Información > Proteger libro > Agregar una firma digital*. Abre una advertencia de Excel. **Aceptar** para cerrar el anterior y abrir el cuadro de diálogo *Firmar*.

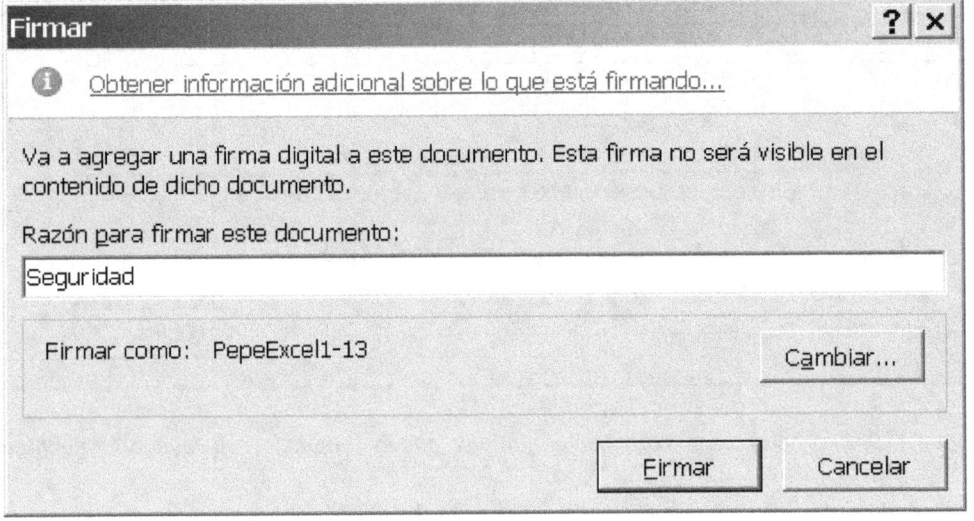

Imagen 117. Los certificados digitales creados se pueden firmar.

4. Escribid *Seguridad* en el *Propósito*, comprobad que la firma anterior está en *Firmar como* y clic en **Firmar**. **Aceptar** una o dos advertencias y se abre el *Panel de tareas de Firmas* mostrando el documento como final, deshabilitando todas las herramientas de edición. Aunque se pueden habilitar.

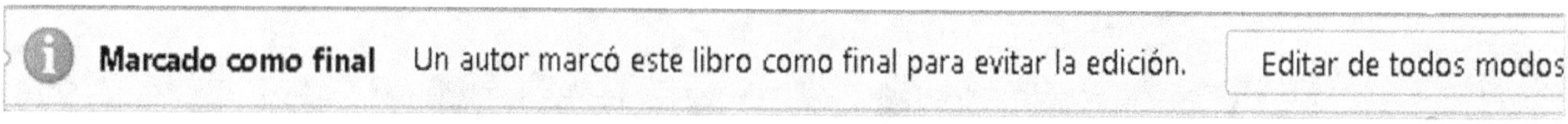

Curso avanzado de Excel paso a paso

Marcado como final   Un autor marcó este libro como final para evitar la edición.   Editar de todos modos

Imagen 118. Haciendo clic en habilitar de todos modos, fácilmente se puede editar. Si no queremos que nadie edite el libro hay que usar contraseña.

PUBLICAR UN LIBRO EN LA WEB

5. Clic *Archivo* y **Guardar como**. Abre el cuadro de diálogo *Guardar como*.

6. Dejad o cambiad el nombre. En la lista *Tipo*, elegid **Página web**. El cuadro de diálogo cambia a *Guardar como página web*.

7. Pulsando en **Publicar**, abre el cuadro de diálogo *Publicar como página web* donde podemos elegir que parte del libro se publique.

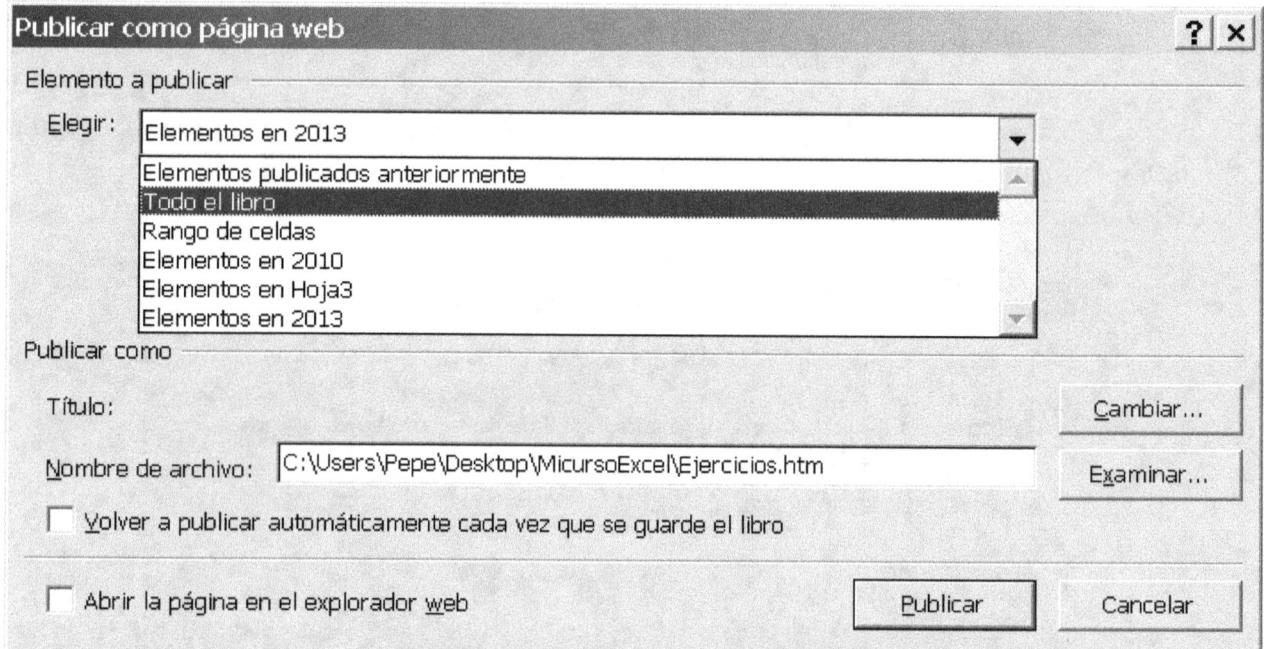

Imagen 119. Excel cambia la extensión a .htm y se puede abrir desde un navegador de internet.

8. Clic en **Guardar**. **Aceptar** la advertencia de compatibilidad.

9. Clic *Archivo* y **Cerrar**.

10. Clic *Archivo > Reciente*. Nuestro libro con formato htm aparece el primero.

116

ÍNDICE

% del total a la derecha 53
% del total debajo 53
% del total general 70
% del total principal 70
¿Dónde están los datos de la tabla? 17, 36
=(aleatorio.entre 5
=agregar 39
=Ahora 31
=BUSCARV 43
    columna 43
=columna 44
=CONCATENAR 43
    derecha 43
    fila 43
=contar 21
=contar.si.conjunto 21
=DERECHA 43
=fila 49
=FILA ....
=FRECUENCIA 65
=Hoy 31
=IMPORTARDATOSDINAMICOS 70
=indice 21
=INDICE 21, 49
    COINCIDIR 49
=INDIRECTO 49
=max 21
=MAYUSC 36
    =TEXTO 36
=promedio 21
=promedio.si 21
=PROMEDIO.SI 23
=promedio.si.conjunto 21
=rand 95
=Rand 49
=RESIDUO ....
=si 20, 21, 44

=SI 31, 45
    TEXTO 45
=SI.ERROR 44
=subtotales 39
=suma 20, 21, 39
=SUMA 60, 92
=SUMAPRODUCTO 60
=sumar.si 21
=sumar.si.conjunto 21
=SUMAR.SI.CONJUNTO 21
=TEXTO 71
=valor 49
=Valor 49
1 páginas de ancho por 46, 90
3 semáforos (con marco) 32
4 semáforos 32
Acceso directo 1
Aceptar o rechazar cambios 102
Administrador de escenarios 53, 54, 61
Administrador de nombres 18, 19
Administrador de reglas de formato
    condicionales 33
Administrar reglas 33, 34
Agregar elemento de gráfico 76
Agregar forma 86
Agregar forma debajo 86
Agregar inspección 23
Agregar nivel 42
Agregar restricción 60
Agregar una firma digital 105
Agregar vista 52
Agrupar 42, 51, 71, 85, 88
Ajustar área de impresión 91
Ajustar texto 6, 45, 77
Ajuste de escala 46
Al calcular este libro 31
Al crear nuevos libros en Usar esta fuente 25

117

Alineación del texto.................................6, 26

Alinear en el medio 6, 25, 45, 87

Alinear horizontalmente 87

Alinear verticalmente 87

Ampliar selección.....................................6

Análisis de datos................................63, 64

Análisis de datos alternativos.....................52

Análisis de hipótesis...............52, 54, 55, 58, 61

Análisis rápido.......................................53

Ancho del intervalo 84

Aplicar estos cambios a otras celdas con la
   misma configuración 40

Aplicar formato 26

Aplicar formato a la selección......................76

Archivo ii, 1, 4, 6, 9, 11, 13, 19, 22, 25, 31, 46,
   47, 52, 54, 60, 63, 66, 90, 92, 99, 102, 103,
   104, 105, 106

Área de impresión 91, 92

Argumentos de función 21

Asignar nombre 18

atajo de teclado.......................1, 16, 20, 53

atajos de teclado........*Véase* métodos abreviados

Auditor de fórmulas................................23

Auditoría de fórmulas...........................23, 24

Aumentar decimales 8

Aumentar tamaño de fuente 88

Autocompletar fórmula 19

Autocompletar función 21

Autofiltro de fecha..................................36

Autofiltro de las diez mejores 36

Autorrelleno...17

Ayuda 9, 49

Ayuda de Excel 9

barra de estado...................................3, 38

Barra de estado 38, 61, 92

Barra de fórmulas........20, 21, 23, 24, 43, 44, 92

Barra de herramientas de acceso rápido 2, 4, 6,
   7, 36, 37, 68, 85, 93

barra de tareas..........................3, 4, 13, 92

barra de Zoom 6

Barras de datos 32, 78

Biblioteca de funciones 95

Bordes...25, 27, 77

Borrar.........................20, 27, 36, 39, 68, 85

Borrar área de impresión 92

Borrar círculos de validación 40

Borrar filtro............................36, 38, 68, 69

Borrar filtros 68, 71, 79

Borrar formato de búsqueda 15

Borrar formatos 20

botón Acercar 6

Buscar...14

Buscar formato 14, 15

Buscar objetivo...................................57, 58

Buscar siguiente 14, 15

Buscar y reemplazar 14, 15

Buscar y seleccionar.............................14, 15

BUSCARX...21, 45

Cambiar de ventana..................................49

Cambiar nombre 3, 8

Cambiar origen 50

Cambiar origen de datos 71

Cambiar tipo de gráfico.......................79, 80, 81

Cambiar todas.......................................16

Cambiar ventana......................................6

Cambiar ventanas.....................................4

Campo activo..70

Campo calculado 72

Campo de informe....................................85

Campos de leyenda...................................84

Campos elementos y conjuntos 74

Campos, elementos y conjuntos 72

Cascada..6

Categoría 1, 29, 30, 71, 77, 81

Centrar.......................6, 25, 26, 45, 86, 87

Centrar en la página..............................90, 92

Centrar en la selección 6, 25, 29

Certificado digital para proyectos de VBA ...104

Cifrar con contraseña...............................102

Cifrar documento....................................102

cinta Datos .9, 35, 36, 38, 39, 42, 45, 50, 54, 63,
   78, 79

Cinta de opciones 99

cinta Formato...76

cinta Fórmulas 18, 23

cinta Revisar 8

cinta Vista.............................4, 6, 51, 92, 93, 94

COINCIDIR 49

Color de fondo 26, 27

Color de fuente 25

Color de relleno 25

Colores estándar 25

Columna apilada 85

Columnas con bandas 28, 77

Comandos disponibles en 7, 8, 93

Combinar y centrar 6, 25

Comentarios...100, 101

Comienza por 68

Compartir..99

Complementos 54, 60

Complementos de Excel 54

Comprobación de errores 23, 24

Configuración de campo 70

Configuración de segmentación de datos 69

Configuración del campo de valor 69

Configurar página...............35, 46, 88, 90, 91, 92

Conjuntos de iconos 32

Consolidar 50, 51

Contraer...........................42, 67, 72, 73, 91

Contraer cuadro de diálogo 50

Control de cambios...................................101, 102

controlador de relleno..11, 12, 22, 36, 43, 48, 71

Convertir en rango......................................17, 42

Convertir variables sin restricciones en no negativas 62

Cortar...13, 86

Crear certificado digital..................................104

Crear de un archivo 95

Crear desde la selección 19, 49

Crear nombres desde la selección 19

Crear nuevos colores del tema.........................28

Crear tabla 16, 36

Crear tabla dinámica...67

Crear una copia..4

Crear vínculos con los datos de origen............51

Ctrl+Tab 4

Cuadro combinado 80, 86

Cuadro de nombres............................18, 19, 21

Dar formato a eje 81

Dar formato a la imagen....................................89

Dar formato a serie de datos......................80, 84

Dar formato al eje 76

Dar formato como tabla...............16, 19, 27, 28

Datos...82

De más antiguo a más reciente 41

Definida por el usuario 95

Definir nombre 18

Definir nombres...20

Definir nombres desde la selección.................20

Desbordamiento..44

Deshacer 37, 68, 85

Desplazar las celdas hacia abajo 6

Desplazar las celdas hacia arriba......................6

Desproteger hoja..103

Detener grabación.......................................92, 94

Diez mejores...36, 68, 79

Diseño17, 28, 36, 42, 69, 72, 73, 76, 77, 80, 81, 82, 85, 86, 87, 89

Diseño de informe 72

Diseño *de tabla*..26

Diseños de gráfico......................................76, 81

Disminuir decimales...................................8, 17

Dispersión con líneas suavizadas y marcadores 64

Disposición de página .8, 28, 35, 46, 81, 87, 90, 91

Ecuación...87

Editar regla 33

Editar regla de formato.....................................33

Editar vínculos..50

editor de vba 93, 95

Efectos de relleno 27, 77

Efectuar control de cambios al modificar......101

Elegir de la lista desplegable 11

Curso avanzado de Excel paso a paso

elegir+coincidir 45
Elemento de tabla 27
Elementos calculados 74
Elementos del gráfico 76, 84
Eliminación de fondo 34
Eliminar celdas 6
Eliminar fondo 35
Eliminar nivel 42
Eliminar regla 33
Encabezado y pie de página 46, 88
Entradas de leyenda (Series) 80
Enviar atrás..87
Enviar como datos adjuntos 99
Enviar mediante correo electrónico.....99
Errores de celda como: 91
Es menor que… 33
Escala..89, 91
Escalado...90
Escalas de color 32
Establecer área de impresión...............92
Establecer como estilo rápido de tabla dinámica
      predeterminado para este documento 77
Establecer objetivo 60
Establecer precisión de pantalla 31
Estadística descriptiva.........................63
Estado de la búsqueda de objetivo 58
Estilo de fuente.............................15, 26
Estilo porcentual.................................20
Estilos..........8, 10, 16, 19, 25, 27, 28, 32, 34, 78
Estilos de celda.............................25, 26
Estilos de diseño.................................81
Estilos de forma............................87, 88
Estilos de segmentación de datos 69
Estilos de tabla..........................26, 27, 28
Estilos de tabla dinámica.....................77
Etiquetas de fila.........................67, 68, 79
Etiquetas del eje horizontal (categoría)...........80
Evaluar...24
Evaluar fórmula 24
Expandir 42, 67, 72, 73
Expandir cuadro de diálogo.................51

ficha Alineación 6, 26
ficha Página 46
ficha Relleno.............................26, 27, 77
Ficha Revisar.......................................7
Fichas principales 8
Fila de encabezado 27, 77
Fila de totales...................17, 28, 32, 36, 77
Fila Total 27
Filtrar la lista sin moverla a otro lugar 38
Filtro avanzado 38
filtro de informe..................................71
Filtro personalizado.............................36
Filtros de etiqueta 68
Filtros de número................................36
Fondo...35
Formato condicional...............10, 32, 33, 34, 78
Formato de celdas6, 20, 25, 26, 27, 29, 30, 71,
      77, 102, 103
Formato de forma 87
Formato de línea de tendencia.............84
Formato de número 29, 77
Formato de número de contabilidad.............20
Formato de valores y números (A)................35
fórmula matricial.................................23
Fórmulas..........................14, 21, 22, 49, 95
Fuente 15, 20, 25, 26, 27, 28, 77, 88
función matricial.................................65
Generación de números aleatorios 64
Grabar macro.................................92, 94
Gráfico circular seccionado 3D.....................79
gráfico dinámico............................76, 92
Gráfico dinámico.................................75
gráficos 81
grupo Acciones...........................68, 71, 79
grupo Ajustar área de impresión 91
grupo Alineación 6, 25, 45, 86, 87
grupo Cálculos....................................72
grupo Celdas 5, 6
grupo Conexiones................................50
grupo Crear gráfico 86
grupo Datos 71, 80

120

grupo Diseño 72

grupo Diseños...86

grupo Edición 11, 14, 15, 27, 35, 36, 41, 70

grupo Elementos de encabezado y pie de página
....89

grupo Esquema..42

grupo Estructuras...87

grupo Herramientas de datos...........9, 39, 40, 45

grupo Ilustraciones 34, 86, 87

grupo Macros...92, 93

grupo Minigráfico..85

grupo Navegación...89

grupo Nombres definidos 18

grupo Número...................8, 17, 20, 29, 35, 103

grupo Organizar...87

grupo Previsión..54

grupo Revisión 15, 16

grupo Selección actual.............................76, 80

grupo Tablas 16, 20, 36, 45, 66, 67, 78

grupo Texto 88

grupo Ventana 6, 51, 94

grupo Zoom 6

Guardar........1, 2, 4, 28, 29, 47, 96, 99, 101, 106

Guardar área de trabajo 51

Guardar como 1, 4, 46, 106

Guardar como página web...........................106

Guardar como plantilla...................................81

Guardar escenario..61

Guardar imagen como 34

Guardar miniaturas para todos los documentos
de Excel 46

Guardar tema actual.......................................29

Habilitar autocompletar para valores de celda 11

Habilitar cálculo iterativo...............................22

Habilitar vistas previas activas 13

Herramientas 17, 40, 42, 75, 87, 104

Herramientas de datos 43, 49

Herramientas de Datos 50

Herramientas de ecuación 87

Herramientas de gráfico dinámico 79

Herramientas de SmartArt..............................86

Herramientas de tabla..............................17, 28

Herramientas de tabla dinámica 66

Herramientas para el análisis.....................54

Hipervínculo..97

Histograma 64

Hoja nueva...3, 12

Importar o exportar...8

Imprimir......................................88, 90, 91, 92

Imprimir el gráfico activo...............................92

Imprimir hojas activas 91, 92

Imprimir títulos...91

Indicar qué desea hacer 10

Información 1, 40, 46, 102, 103, 104, 105

Información en pantalla...................................21

Inicio1, 4, 5, 6, 8, 9, 10, 11, 13, 14, 15, 16, 17,
19, 20, 25, 27, 28, 29, 32, 34, 35, 36, 41, 45,
70, 78, 86, 87, 92, 103, 104

Insertar5, 6, 8, 16, 20, 34, 36, 37, 43, 45, 47, 48,
66, 67, 70, 75, 78, 85, 86, 87, 88, 95, 96, 97,
98

Insertar automáticamente un punto decimal....31

Insertar campo calculado..........................72, 73

Insertar celdas..6

Insertar columnas de hoja................................5

Insertar filas de hoja 5

Insertar función.................................21, 49, 95

Insertar gráfico 75

Insertar imagen...89

Insertar segmentación de datos.................37, 68

Inspeccionar documento...............................103

Inspector de documento...............................103

Invitar a personas..100

Ir al pie de página 89

La tabla tiene encabezados 36, 48

Línea de tendencia...84

Líneas de cuadrícula......................................76

Lista de campos de tabla dinámica......67, 68, 75

listas personalizadas 4

Macro...92

Mantener cambios 34

Mantener formato de origen (M)....................13

Curso avanzado de Excel paso a paso

Marcar como final 104
Marcar las áreas para quitar......................34
Márgenes 90, 92
Más colores....................................28
Más formatos de número 29
Más información.................................9
Mensaje de entrada 40
Mensaje de error.................................40
Menú contextual 3, 87
método abreviado 93
métodos abreviados 2
minigráfico 85
Minigráfico 85
Mis datos tienen encabezados 41
Modificar vínculos 50
Mostrar...............................ii, 4, 48, 55, 68, 94
Mostrar botón opciones de pegado al pegar contenido 13
Mostrar cambios en una hoja nueva 101
Mostrar como icono.............................97
Mostrar detalles...............................67
Mostrar el panel de documentos...................ii
Mostrar en formato tabular.....................72
Mostrar hoja 75
Mostrar mensaje de error si se introducen datos no válidos....................................40
Mostrar reglas de formato para: 33
Mostrar todos los subtotales en la parte inferior del grupo 69, 73
Mostrar valores como 70, 75
Mover o copiar 3, 49
Muestra....................................31
Negrita 15, 25, 26, 27, 77
Nombre de archivo 1, 4, 46, 81, 89
Nombre de la tabla 17
Nombre de tabla dinámica.........................69
Nombre del estilo 26
Nombre nuevo 18
Nombre para mostrar 8
Nombres definidos 49
Nueva ficha....................................8

Nueva Regla de formato................................34
Nuevo estilo de celda 25
Nuevo estilo de tabla 27
Nuevo estilo de tabla dinámica 77
Nuevo estilo rápido de tabla........................27
Nuevo estilo rápido de tabla dinámica 77
Nuevo grupo (personalizado) 8
Nuevo rango 103
Número de teléfono 30
Obtener datos externos 78
Ocultar....................................3, 5, 45
Ocultar todos los botones de campo en gráfico 76
Opciones de cálculo............................22
Opciones de estilo de tabla................17, 28, 36
Opciones de estilo de tabla dinámica 77
Opciones de Herramientas de segmentación de datos....................................68
Opciones de inicio 1
Opciones de inserción 5
Opciones de línea de tendencia 84
Opciones de pegado............................13, 35
Opciones de relleno 11, 76
opciones de relleno de Flash 13
Opciones de serie............................80, 84
Opciones de tabla dinámica 67
Opciones del eje 76
Orden personalizado............................4, 41
Ordenar....................................4, 36, 41, 42, 45
Ordenar de más antiguo a más reciente..........36
Ordenar de mayor a menor.........................79
Ordenar de menor a mayor.........................35
Ordenar y filtrar............4, 35, 36, 38, 39, 41, 79
Organizar todo................................6
Organizar ventanas 6
Ortografía 7, 15
Palabras clave 1
Panel Compartir................................100
Panel de tareas 68
Panel de tareas de Firmas 105
Panel de tareas Referencia.........................16

122

Parámetros de solver 60
Pegado especial 40, 48, 49
Pegar 5, 13, 35, 92, 98, 99
Pegar valores 5, 35, 92
Permitir la modificación por varios usuarios a la vez 99
Permitir que los usuarios modifiquen rangos 103
Personalice esta cinta de opciones....................7
Personalice la barra de herramientas de acceso rápido 6, 93
Personalizada...............20, 26, 28, 30, 31, 43
Personalizar 2, 6, 7, 81
Personalizar la cinta de opciones....................8
Personalizar opciones de escala 90
pestaña contextual Análisis de tabla dinámica 68, 69, 71
pestaña contextual Análisis de tabla dinámica 72
pestaña contextual Análisis de tabla dinámica 75
pestaña contextual Análisis de tabla dinámica 79
pestaña contextual *Analizar tabla dinámica* ...70
pestaña Datos...2
Plantilla de Excel..46
Portapapeles..............................5, 13, 92
Previsión..............................55, 58, 61, 65, 66
Primera columna.............................27, 28, 77
Primera franja de columnas............................77
Primera franja de filas 27
Programador 60
Propiedades............................ii, 1, 17, 46
Propiedades avanzadas 46
Propiedades del documento.............................1
Protegida y Oculta 102, 103
Quitar flechas 23, 24
Quitar fondo 34
Rango de la lista 38
Rastrear error 24
Rastrear precedentes 23
Reciente..............................1, 52, 63, 106
Reemplazar 15
Reemplazar subtotales actuales........................42
Reemplazar todos 15

Referencia..16, 50
Referencia de celda 60
Reglas para resaltar celdas........................33
Rellenar 35
Rellenar formato solo 11
Relleno de forma 88
Relleno de trama..87
Relleno degradado..32
Relleno sólido..............................32, 78
Repetir filas en el extremo superior 91
Resaltar cambios..101
Restablecer 9
Resultados de Solver 61
Resumen de escenario 55
Resumir valores por......................................69
Revisar..................8, 15, 16, 99, 100, 101, 102
Rodear con un círculo datos no válidos...........40
Salto de página 90
Se refiere a 19
Segmentación de datos 37
Segunda franja de columnas....................28, 77
Seleccionar archivo de origen de datos 78
Seleccionar cambios para Aceptar o rechazar 102
Seleccionar campos para agregar al informe...68
Seleccionar celdas bloqueadas 103
Seleccionar datos..80
Seleccionar origen de datos 82
Series 11, 35, 70
Símbolos..87, 88
Sin cálculo 70
SmartArt 86
Solo registros únicos 38
Solver..............................58, 60, 62, 63
Subtotales 42
Sujeto a las restricciones 60
Superposición de series 84
Tabla.....xi, 16, 17, 19, 32, 36, 69, 71, 73, 75, 85
Tabla de datos..55
Tabla dinámica 10, 55, 66, 67, 68, 69, 71, 73, 75, 76, 78, 79

Curso avanzado de Excel paso a paso

Tablas de datos	55	
Tamaño de fuente	25	
Teclas de método abreviado	1	
Temas	27, 28, 29, 46, 81, 87	
Texto en columnas	9	
tipo de gráfico	81	
Todos los bordes	25	
Total acumulado	53	
Traducir	16	
Transponer	22, 48	
Unidad de tiempo	70	
Validación de datos	39, 40, 43, 45, 49	
Valores del escenario	54	

Ventana de inspección 23
Ver código fuente de la página 28
Ver macros 92, 93, 94
Vista 6
Vista Diseño de página 88
Vista preliminar 90, 91, 92
Vista previa 27, 46, 91
Vista previa de salto de página 90
Vistas personalizadas 52
XY (dispersión) 82
XY Dispersión 64
XY Dispersión con líneas suavizadas 65

124

BIBLIOGRAFÍA

[1] Mr Excel Consulting, «Microsoft Word articles,» 30 diciembre 2016. [En línea]. Available: http://officearticles.com/word/index.htm.

[2] C. D. Frye, Microsoft Excel 2013 Step By Step, Microsoft press store, 2014.

[3] Microsoft, «Centro de ayuda de Excel,» 3 Abril 2018. [En línea]. Available: https://support.office.com/es-es/excel. [Último acceso: 3 Abril 2018].

[4] J. Walkenbach, Microsoft Excel 2013 bible, John Wiley & Sons Inc, 2013.

[5] A. Sandoval, «Achinet,» 3 Abril 2018. [En línea]. Available: http://achinet.mvp-access.es/.

[6] M. Publishing, «Excel Tips & Solutions Since 1998,» 3 Abril 2018. [En línea]. Available: https://www.mrexcel.com/.

[7] Anon, «Exceluser.com,» 3 Abril 2018. [En línea]. Available: http://www.exceluser.com/.

[8] J. Peltier, «Peltier Tech Blog,» 3 Abril 2018. [En línea]. Available: https://peltiertech.com/.

[9] A. Wyatt, «Excel tips net,» 3 Abril 2018. [En línea]. Available: https://excel.tips.net/index.html.

[10] M. Ortiz, «Excel total,» [En línea]. Available: https://exceltotal.com/.

[11] S. Bansal, «Trump Excel,» 3 Abril 2018. [En línea]. Available: https://trumpexcel.com/.

[12] A. Aparicio, «Excel avanzado,» 3 Abril 2018. [En línea]. Available: http://www.excelavanzado.com/.

[13] N. López, «Fórmulas Excel,» 3 Abril 2018. [En línea]. Available: https://formulasexcel.com/.

[14] «J L D Excel en castellano,» 3 Abril 2018. [En línea]. Available: https://jldexcelsp.blogspot.com.es/.

[15] S. Propergol, «Ayuda Excel,» 3 Abril 2018. [En línea]. Available: https://ayudaexcel.com/.

[16] C. Frye, Microsoft Excel 2013 Step By Step, Microsoft Press, 2013.

www.ingramcontent.com/pod-product-compliance
Lightning Source LLC
Chambersburg PA
CBHW081101240526
45465CB00026B/2912